臨床実務家のための
家族法
コンメンタール

大塚正之　民法相続編

勁草法律実務シリーズ

勁草書房

はじめに

　本書は、民法第5編相続の条文を理論と実務の双方の観点から説明をするものであり、先に出版された『臨床実務家のための家族法コンメンタール（民法親族編）』に引き続き、家族法のうち、相続法を扱っています。

　本書の特徴は、親族編と同じく、次の点にあります。まず、第1に、多くの家族法の教科書は、既に作られている民法の条文に即して説明をしていますが、本書では、条文ごとに、それが作られてきた経緯を説明しています。その経緯が分かれば、その条文の置かれている理由も分かりますし、それが現在の実情に合わなくなっている場合には、当然、変更されるべきこともすぐに理解ができるようになります。言い換えれば、民法の条文を金科玉条とするのではなく、時代や状況が変われば、当然に条文も変更できる性質のものであることがすぐに分かるようになってくるのです。このように条文を成り立たせている現実の社会状況（これを「立法における臨床の場」と呼びます）から法というものを考えようということです。

　本書の第2の特徴は、その条文が実際にどのように利用されているのか、あまり利用されていないのかにも触れている点です。実際の実務で、その条文がどのように利用されているのかが分かると、その条文をどのような場合に、どのように使えばよいのかが分かってきます（これを「運用における臨床の場」と呼びます）。条文の機能や問題点を理解するだけでは実際にその条文を使いこなすことはできません。それは薬の効能や副作用については理解しているが、実際にどのような病気に使ってよいのかが分からないのと同じです。その治療法は、その病状を改善するのに役立たないわけではないが、もっとこちらの治療法がよいという場合があります。同じように、法的な臨床＝紛争の場面でも、どのような解決法がよいのか、どのような条文を使えばよいのかは、すぐには分かりません。個々の条文の意味が分かっていても、どのような具体的な場面でどの条文がどのように役に立つのかが分からないと、実際の紛争場面ではなかなか使いこなすことができません。また、条文の趣旨が分かっていないと、どうすれば、紛争の発生を未然に防止すればよいのかも分かりません。

i

はじめに

　本書では、それぞれの条文が、どのようにして生まれてきたのか、そして、どのような紛争場面＝臨床的場面を想定しており、どのように役に立つのかという観点からも説明しようと考えました。その条文の趣旨と作られた経緯と想定される具体的な場面が分かれば、なぜ、その条文が置かれているのかもとてもよく分かるようになります。

　本書は、若手弁護士、司法書士など法関連業務に携わる専門家、家庭裁判所の調停委員やADRに関与する方々が、具体的紛争に出会ったとき、どのような条文をどのように生かして解決することができるのかが分かるようにするために役立つ本を作りたいという出版社とのお話からできあがりました。また専門家ではない一般の方が民法の条文をご覧になり、その意味がよく分からないという場合にも役立つようにしたいということも考えて執筆したものです。本書を読むことによって、個々の紛争に出会ったとき、民法のこの条文の使える場面であるということを頭に浮かべることができるようになり、よく分からない条文の趣旨が、そういうことを言いたかったのだと分かるようになれば、望外の喜びです。

　また、法学部や法科大学院での家族法の講義では、民法にはこういう規定があり、その要件、効果はどのようなものなのかについては教えていますが、なぜ、そのような条文が置かれているのか、具体的にどのような場面でその条文が使われるのかまで丁寧には教えていません。しかし、法律実務や司法試験で必要とされているのは、具体的な臨床的事例を見て、どの条文を使ってどのように解決するのがよいのかのリーガル・センス、リーガル・マインドです。短答式試験では、家族法の問題も出題されますが、そのほとんどは、条文の知識で解決できる問題です。具体的な事例を見て、これが第何条の問題かが分かれば、解決できる問題がほとんどです（別冊法学セミナー「司法試験の問題と解説2014」拙稿参照）。そもそもなぜそのような条文が民法に規定されているのか、その制度の実質的な趣旨はどこにあるのか、それが分かれば、どのような臨床的場面で、その条文が使われるのか、そのまま適用して問題がないのかなどの推論ができるようになります。

　なお、本書では、民法の条文が形成されるプロセスに言及することにより、それぞれの条文がなぜそこにあるのかを探究する観点から、しばしば、現行の

民法典から更に明治期に遡って、ボアソナードの旧民法から明治31年に制定された明治民法相続編にも言及し、その起草理由にも辿ることにします。一般に、ボアソナードを中心として起草された旧民法に対し、明治31年6月21日法律第9号として制定され、昭和22年12月22日法律第222号により全面改正されるまでの民法第四編・第五編を明治民法と呼んでいます。これらの資料については、名古屋大学「明治期の民法の立法沿革に関する研究資料の再構築」を参考にさせていただいています。

戦後の昭和21年7月に臨時法制調査会が設けられ、民法の改正についての審議がされ、昭和22年4月に「日本国憲法の施行に伴う民法の応急的措置に関する法律」(昭和22年法律第74号)が成立し、同年12月に「民法の一部を改正する法律」(昭和22年法律第222号)が成立しました。その結果、家督相続制度が廃止され、戦前無能力者とされていた妻にも相続権が与えられるなど大きな改正がされましたが、しかし、時間的余裕がなかったため、憲法違反にならない限度で、ほとんどの明治民法の規定がそのまま承継されました。そのため、「本法は、可及的速やかに、将来において更に改正する必要があることを認める。」との附帯決議が衆議院司法委員会でされていたのにもかかわらず、抜本的改正がされないまま現在に至っています。

その後、度々改正試案が出されましたが、大きな改正がされないままになっています。そして、最近では、平成28年6月21日に相続法改正についての法制審議会の中間答申が出されました。今後、相続法の改正に向けて、この答申を中心にして議論がされていくことになると思われます。そこで本書では、この中間答申の抱えている問題点について、コラムの形で取り上げました。本書は、条文毎に気軽に読んでいただける内容となっていますので、家族法に関心のある方であれば、必ずしも専門的知識がなくても、興味深くお読み頂けるのではないかと思います。また、コラムでは、相続制度全般について、より理解が深まるように工夫をしていますので、併せてお読みいただければ幸いです。

なお、本書は、私が招聘研究員として帰属し、かつ、私も研究メンバーとなっている早稲田大学臨床法学教育研究所の日本学術振興会科学研究費・基盤研究(B)・課題番号15(H)03305・研究課題「法専門職教育の再定義と臨床法学教育の研究」の一部となるものです。

はじめに

平成 28 年 12 月

大　塚　正　之

（凡例）

梅・民法要義巻之 5：梅謙次郎『民法要義』巻之 5 を指しています。梅謙次郎は、明治民法の起草者の 1 人で、この『民法要義』は、明治民法の最も定評のある解説書とされており、本書ではしばしば言及しています。

百選 52 〜 100：水野紀子・大村敦志編『民法判例百選Ⅲ』別冊ジュリスト（No.225 2015/2）に掲載されている判例の番号です。重要な判例として、ほとんどすべてに言及しています。

判例民法 10：能見善久・加藤新太郎編『論点体系判例民法 10 相続［第 2 版］』（第一法規 2013/12）を指しています。これは、判例をメインとしたコンメンタールです。多数の判例を論点毎に網羅した実務用の解説書です。

基本法コメ相続：島津一郎・松川正毅編「基本法コンメンタール相続［第 5 版］」別冊法学セミナー

中間答申：法務省法制審議会平成 28 年 6 月 21 日相続法改正に関する中間答申（案）

目　次

はじめに ……………………………………………………………… i

民法第 5 編　相続

第 1 章　総　則

- 882 条（相続開始の原因）……………………………………… 3
- 883 条（相続開始の場所）……………………………………… 6
- 884 条（相続回復請求権）……………………………………… 7
- 885 条（相続財産に関する費用）……………………………… 12

第 2 章　相続人

- 886 条（相続に関する胎児の権利能力）……………………… 16
- 887 条（子及びその代襲者等の相続権）……………………… 18
- 888 条（削除）…………………………………………………… 21
- 889 条（直系尊属及び兄弟姉妹の相続権）…………………… 22
- 890 条（配偶者の相続権）……………………………………… 23
- 891 条（相続人の欠格事由）…………………………………… 25
- 892 条（推定相続人の廃除）…………………………………… 28
- 893 条（遺言による推定相続人の廃除）……………………… 30
- 894 条（推定相続人の廃除の取消し）………………………… 31
- 895 条（推定相続人の廃除に関する審判確定前の遺産の管理）……… 33

第 3 章　相続の効力

第 1 節　総則 …………………………………………………… 36

v

- 896条（相続の一般的効力）……………………………………36
- 897条（祭祀に関する権利の承継）……………………………38
- 898条（共同相続の効力）………………………………………40
  - コラム①　遺産分割と配偶者の保護……………………………43
  - コラム②　遺産分割と可分債権…………………………………46
- 899条………………………………………………………………48

第2節　相続分……………………………………………………50
- 900条（法定相続分）……………………………………………50
  - コラム③　嫡出でない子の法定相続分…………………………53
  - コラム④　配偶者の相続分………………………………………54
- 901条（代襲相続人の相続分）…………………………………56
- 902条（遺言による相続分の指定）……………………………58
- 903条（特別受益者の相続分）…………………………………60
- 904条（同前）……………………………………………………63
- 904条の2（寄与分）……………………………………………65
  - コラム⑤　特別受益と寄与分……………………………………67
  - コラム⑥　遺産分割と相続人以外の者の寄与…………………69
- 905条（相続分の取戻権）………………………………………70

第3節　遺産の分割………………………………………………71
- 906条（遺産の分割の基準）……………………………………71
- 907条（遺産の分割の協議又は審判等）………………………73
  - コラム⑦　一部分割と残余財産の分割…………………………76
- 908条（遺産の分割の方法の指定及び遺産分割の禁止）……77
- 909条（遺産の分割の効力）……………………………………79
- 910条（相続の開始後に認知された者の価額の支払請求権）……82
- 911条（共同相続人間の担保責任）……………………………84
- 912条（遺産の分割によって受けた債権についての担保責任）……86
- 913条（資力のない共同相続人がある場合の担保責任の分担）……87
- 914条（遺言による担保責任の定め）…………………………89

第4章　相続の承認及び放棄

第1節　総則 …………………………………………………………… 92
- 915条（相続の承認又は放棄をすべき期間）……………………… 92
- 916条 …………………………………………………………………… 95
- 917条 …………………………………………………………………… 97
- 918条（相続財産の管理）…………………………………………… 98
- 919条（相続の承認及び放棄の撤回及び取消し）………………… 100

第2節　相続の承認 …………………………………………………… 102
第1款　単純承認 ……………………………………………………… 102
- 920条（単純承認の効力）…………………………………………… 102
- 921条（法定単純承認）……………………………………………… 103
第2款　限定承認 ……………………………………………………… 104
- 922条（限定承認）…………………………………………………… 104
- 923条（共同相続人の限定承認）…………………………………… 107
- 924条（限定承認の方式）…………………………………………… 108
- 925条（限定承認をしたときの権利義務）………………………… 109
- 926条（限定承認者による管理）…………………………………… 110
- 927条（相続債権者及び受遺者に対する公告及び催告）………… 112
- 928条（公告期間満了前の弁済の拒絶）…………………………… 113
- 929条（公告期間満了後の弁済）…………………………………… 115
- 930条（期限前の債務等の弁済）…………………………………… 116
- 931条（受遺者に対する弁済）……………………………………… 118
- 932条（弁済のための相続財産の換価）…………………………… 120
- 933条（相続債権者及び受遺者の換価手続への参加）…………… 121
- 934条（不当な弁済をした限定承認者の責任等）………………… 123
- 935条（公告期間内に申出をしなかった相続債権者及び受遺者）… 125
- 936条（相続人が数人ある場合の相続財産の管理人）…………… 126
- 937条（法定単純承認の事由がある場合の相続債権者）………… 127

第3節　相続の放棄 ……………………………………………… 128
- 938条（相続の放棄の方式）………………………………… 128
- 939条（相続の放棄の効力）………………………………… 131
- 940条（相続の放棄をした者による管理）………………… 132

第5章　財産分離
- 941条（相続債権者又は受遺者の請求による財産分離）…… 136
- 942条（財産分離の効力）…………………………………… 138
- 943条（財産分離の請求後の相続財産の管理）…………… 139
- 944条（財産分離の請求後の相続人による管理）………… 140
- 945条（不動産についての財産分離の対抗要件）………… 141
- 946条（物上代位の規定の準用）…………………………… 142
- 947条（相続債権者及び受遺者に対する弁済）…………… 143
- 948条（相続人の固有財産からの弁済）…………………… 144
- 949条（財産分離の請求の防止等）………………………… 145
- 950条（相続人の債権者の請求による財産分離）………… 147

第6章　相続人の不存在
- 951条（相続財産法人の成立）……………………………… 152
- 952条（相続財産の管理人の選任）………………………… 154
- 953条（不在者の財産の管理人に関する規定の準用）…… 156
- 954条（相続財産の管理人の報告）………………………… 157
- 955条（相続財産法人の不成立）…………………………… 158
- 956条（相続財産の管理人の代理権の消滅）……………… 160
- 957条（相続債権者及び受遺者に対する弁済）…………… 161
- 958条（相続人の捜索の公告）……………………………… 163
- コラム⑧　相続人不存在の公告 …………………………… 165
- 958条の2（権利を主張する者がない場合）……………… 166

・958 条の 3（特別縁故者に対する相続財産の分与）……………… 167
・959 条（残余財産の国庫への帰属）…………………………… 168

第7章 遺 言

第1節　総則 …………………………………………………… 172
・960 条（遺言の方式）…………………………………………… 172
・961 条（遺言能力）……………………………………………… 173
・962 条 ……………………………………………………………… 175
・963 条 ……………………………………………………………… 176
・964 条（包括遺贈及び特定遺贈）……………………………… 177
・965 条（相続人に関する規定の準用）………………………… 181
・966 条（被後見人の遺言の制限）……………………………… 182

第2節　遺言の方式 …………………………………………… 184
第1款　普通の方式 …………………………………………… 184
・967 条（普通の方式による遺言の種類）……………………… 184
・968 条（自筆証書遺言）………………………………………… 185
・コラム⑨　自筆証書遺言の方式の緩和 ……………………… 188
・969 条（公正証書遺言）………………………………………… 189
・969 条の 2（公正証書遺言の方式の特則）…………………… 192
・970 条（秘密証書遺言）………………………………………… 194
・971 条（方式に欠ける秘密証書遺言の効力）………………… 196
・972 条（秘密証書遺言の方式の特則）………………………… 198
・973 条（成年被後見人の遺言）………………………………… 199
・974 条（証人及び立会人の欠格事由）………………………… 201
・975 条（共同遺言の禁止）……………………………………… 202

第2款　特別の方式 …………………………………………… 205
・976 条（死亡の危急に迫った者の遺言）……………………… 205
・977 条（伝染病隔離者の遺言）………………………………… 207
・978 条（在船者の遺言）………………………………………… 209

- 979条（船舶遭難者の遺言）……………………………………………210
- 980条（遺言関係者の署名及び押印）…………………………………211
- 981条（署名又は押印が不能の場合）…………………………………212
- 982条（普通の方式による遺言の規定の準用）………………………213
- 983条（特別の方式による遺言の効力）………………………………214
- 984条（外国に在る日本人の遺言の方式）……………………………216

第3節　遺言の効力……………………………………………………217
- 985条（遺言の効力の発生時期）………………………………………217
- コラム⑩　遺言による権利承継と対抗要件…………………………219
- 986条（遺贈の放棄）……………………………………………………220
- 987条（受遺者に対する遺贈の承認又は放棄の催告）………………222
- 988条（受遺者の相続人による遺贈の承認又は放棄）………………223
- 989条（遺贈の承認及び放棄の撤回及び取消し）……………………225
- 990条（包括受遺者の権利義務）………………………………………226
- 991条（受遺者による担保の請求）……………………………………227
- 992条（受遺者による果実の取得）……………………………………229
- 993条（遺贈義務者による費用の償還請求）…………………………230
- 994条（受遺者の死亡による遺贈の失効）……………………………232
- 995条（遺贈の無効又は失効の場合の財産の帰属）…………………234
- 996条（相続財産に属しない権利の遺贈）……………………………237
- 997条………………………………………………………………………239
- 998条（不特定物の遺贈義務者の担保責任）…………………………240
- コラム⑪　遺贈の目的物と担保責任…………………………………242
- 999条（遺贈の物上代位）………………………………………………243
- 1000条（第三者の権利の目的である財産の遺贈）……………………244
- 1001条（債権の遺贈の物上代位）………………………………………245
- 1002条（負担付遺贈）……………………………………………………246
- 1003条（負担付遺贈の受遺者の免責）…………………………………248

第4節　遺言の執行……………………………………………………249
- 1004条（遺言書の検認）…………………………………………………250

- コラム⑫　自筆証書遺言の保管 …………………………………… 252
- 1005条（過料）………………………………………………… 253
- 1006条（遺言執行者の指定）………………………………… 255
- 1007条（遺言執行者の任務の開始）………………………… 257
- 1008条（遺言執行者に対する就職の催告）………………… 258
- 1009条（遺言執行者の欠格事由）…………………………… 259
- 1010条（遺言執行者の選任）………………………………… 260
- 1011条（相続財産の目録の作成）…………………………… 262
- 1012条（遺言執行者の権利義務）…………………………… 264
- 1013条（遺言の執行の妨害行為の禁止）…………………… 267
- コラム⑬　遺言執行者の権限 ……………………………………… 269
- 1014条（特定財産に関する遺言の執行）…………………… 270
- 1015条（遺言執行者の地位）………………………………… 271
- 1016条（遺言執行者の復任権）……………………………… 274
- 1017条（遺言執行者が数人ある場合の任務の執行）……… 276
- 1018条（遺言執行者の報酬）………………………………… 278
- 1019条（遺言執行者の解任及び辞任）……………………… 281
- 1020条（委任の規定の準用）………………………………… 282
- 1021条（遺言の執行に関する費用の負担）………………… 283

第5節　遺言の撤回及び取消し …………………………………… 284

- 1022条（遺言の撤回）………………………………………… 284
- 1023条（前の遺言と後の遺言との抵触等）………………… 286
- 1024条（遺言書又は遺贈の目的物の破棄）………………… 288
- 1025条（撤回された遺言の効力）…………………………… 290
- 1026条（遺言の撤回権の放棄の禁止）……………………… 292
- 1027条（負担付遺贈に係る遺言の取消し）………………… 293

第8章　遺留分

- 1028条（遺留分の帰属及びその割合）……………………… 298

- 1029条（遺留分の算定） ……………………………………………………… 300
- 1030条 ……………………………………………………………………… 302
- コラム⑭　遺留分の算定方法 …………………………………… 304
- 1031条（遺贈又は贈与の減殺請求） ………………………………… 305
- 1032条（条件付権利等の贈与又は遺贈の一部の減殺） …………… 307
- 1033条（贈与と遺贈の減殺の順序） ………………………………… 309
- 1034条（遺贈の減殺の割合） ………………………………………… 310
- 1035条（贈与の減殺の順序） ………………………………………… 311
- 1036条（受贈者による果実の返還） ………………………………… 312
- 1037条（受贈者の無資力による損失の負担） ……………………… 314
- 1038条（負担付贈与の減殺請求） …………………………………… 316
- 1039条（不相当な対価による有償行為） …………………………… 317
- 1040条（受贈者が贈与の目的を譲渡した場合等） ………………… 318
- 1041条（遺留分権利者に対する価額による弁償） ………………… 320
- コラム⑮　遺留分減殺請求権の効力及び法的性質 …………… 322
- 1042条（減殺請求権の期間の制限） ………………………………… 323
- 1043条（遺留分の放棄） ……………………………………………… 324
- 1044条（代襲相続及び相続分の規定の準用） ……………………… 325

- 判例索引 …………………………………………………………………… 329
- 事項索引 …………………………………………………………………… 334

第 1 章

総　則

882条～885条

第1章 総　則（882条～885条）

　民法は、全部で5つの編から成っており、民法第1編は総則、第2編は物権、第3編は債権、そして、第4編が親族、第5編が相続となっています。本書では、このうち、第5編の相続の条文を取り上げます。第1編の総則規定は、その後の各編にも、原則として適用されますので、相続についても適用されます。しかし、第1編の総則規定は、分量も多く、そのすべてが相続法にそのまま適用されるわけではありませんので、これについては、それぞれの相続編の条文の説明をする際、必要に応じて、取り上げたいと思います。そこで、以下、第5編相続法の条文について順次解説していきます。

民法第5編　相続総則

　第1章の総則規定というのは、その後の各章のすべてに適用される条文ということを意味します。したがって、総則の条文は、相続編の中では、どこでも利用することが可能であるということになります。

　総則には、相続開始の原因（882条）、相続開始の場所（883条）、相続回復請求権（884条）、相続財産に関する費用（885条）という4つの条文が置かれています。これは、なぜでしょうか。理由は簡単で、明治民法では、家制度があり、家督相続という家の財産を相続するという制度がありましたが、その明治民法には、家督相続（第5編第1章）の総則規定（第1節）として、相続開始の原因（964条）、家督相続の場所（965条）、家督相続回復請求権（966条）、相続財産に関する費用（967条）が規定されていました。また、家督相続以外の遺産相続（第2章）の総則規定（第1節）として、相続の原因（992条）と上記3条（965条、966条、967条）等の準用規定（993条）が置かれていました。現行民法は、これをそのまま承継しているのです。

　戦後の改正において、戸主制度を廃止し、親族会の同意等を家庭裁判所の同意等に置き換えただけで、ほぼそのまま明治時代の家制度下の条文が戦後も引き継がれたことは、親族編の解説で詳細に説明しましたが、相続編も、基本的には、家制度を廃止し、長子単独相続を均等相続に置き換えただけで、家制度下の考えは、形を変えて残っているのです。戦後、民法の親族相続法は大きく変わって、民主的な男女平等の民法になったと言われていますが、中をみてみ

ると、条文自体は、ほとんど変わっていないのです。そのつながりをしっかりとみなければ、なぜ、こんな条文がここにあるのかということが、なかなかよく理解できないのです。戦後民主的な民法ができたと考えると、わけの分からない条文がたくさん出てきますが、現行の親族相続法は、明治時代から続いていて、基本的に変わっていないと考えると、とてもよく理解できるようになります。

882条（相続開始の原因）
　相続は、死亡によって開始する。

1　本条の趣旨

　相続が開始するというのは、一身専属権を除いて、被相続人に帰属していたすべての財産が相続人（遺言がある場合は受遺者も含む）に帰属するという法律効果を発生させるということを意味しています。本条は、「死亡」によって相続が開始するということを規定したものです。誰が死亡することでだれの相続が開始するのかは明記されていませんが、その人の相続は、その人の死亡によって開始すると解されています。死亡すれば、権利能力がなくなり、財産の帰属主体になれなくなるために相続は生じるとの説明もありますが、死亡しなくても相続が開始されるという制度設計も可能であり、戦前の家督相続制度は、死亡以外の原因による相続も認めていましたので、死亡というのは、相続の唯一の発生原因ではありません。あくまで現行法制度としては、「死亡」だけを相続の発生原因事実とするということです。

　死亡だけが唯一の相続原因ですから、死亡と推定されるだけでは、相続は開始しません。しかし、死亡とみなされる場合には、相続は発生します。本人が危難に遭って行方不明となり1年間経過した場合、また、本人が所在不明となり7年間帰来しない場合に、それぞれ危難失踪、普通失踪の宣告の申立てをすることができます。失踪宣告がされると、危難失踪の場合は危難に遭ったとき、普通失踪の場合は最後に本人の存在が確認されてから7年経過したときに、死

亡したものとみなされます。したがって、これらの場合には相続が開始されます。また、失踪宣告の申立てはないものの、水難、火災等によって死亡したと確認できるが、遺体が見つからず、あるいは特定できず、医師による死亡診断書の作成ができない場合、官庁又は公署は、死亡地の市町村長に死亡の報告をすることが義務付けられています（戸籍法89条本文）。これは、水難、火災等でその人が死亡したことが間違いないと認定できる場合に行いますので、認定死亡と呼んでいます。この場合、死亡認定の報告により、死亡したものとして戸籍法上扱われる結果、民法上の死亡と同視されることになり、相続開始原因となります。

　お互いに相続権を持つ数人が同時に死亡したと考えられ、どちらが先か証明できない場合、どうしたらよいでしょうか。どちらの相続が先に開始したのかが分からないと、誰が誰を相続したのか決められなくなってしまいます。これは困るので、昭和37年に民法32条のあとに1条追加しました。それが民法32条の2という条文で、そのような場合、同時に死亡したものと推定すると規定しました。同時だと、お互いに被相続人が死亡したとき相続人ではなくなるので、相続は開始しないことになります。したがって、同時死亡の推定がはたらくときは、お互いに後に死亡したことを証明できないと、相続できないということになります。

2　立法の経緯

　この条文は、旧民法当時から存在しており、これが旧民法から明治民法に移り、現在の民法に引き継がれています。旧民法では、相続は、財産取得編の一つ（第13章）とされており、贈与及び遺贈（第14章）の前に置かれています。旧民法では、総則に、財産取得原因としての相続は、「家督相続」と「遺産相続」の二種類がある（286条）と規定され、第1節で家督相続、第2節で遺産相続について規定を置きました。その第2節の最初の条文は、「遺産相続トハ家族ノ死亡ニ因ル相続ヲ謂フ」となっており、これが明治民法の992条に引き継がれ、「遺産相続ハ家族ノ死亡ニ因リテ開始ス」となりました。そして、戦後、「家督相続」がなくなり、家族制度もなくなりましたので、「遺産相続」の「遺産」と「家族ノ死亡」の「家族ノ」は必要なくなったので、これを削除し

て、現行の民法の条文ができたわけです。梅・民法要義巻之5・92頁によれば、家族の遺産相続は、家とは関係がないので、家から出ても、国籍を喪っても、財産を失うわけではないので、死亡だけが相続原因となると説明しており、これは現行民法においても同様です。意思能力を失っても、生きている限り、財産の帰属主体としての地位を失うことはないということです。

3 実務の運用

通常、死亡時期については、医師の診察により、呼吸停止、心臓停止、瞳孔拡大が確認できた場合、医師が死亡時間を確認し、死亡診断書又は死体検案書を作成します。死体検案書の場合、いつ死亡したのか正確な日時は確定できないので、推定になります。脳死の場合も、これら3つの要件がそろわないと、本条の「死亡」にはなりません。ただし、臓器移植法に基づく臓器移植に伴う脳死判定の場合に限り、死亡とされますが、脳死判定は、臓器移植をする医師以外の医師が6時間の間隔を置いて2回行う必要があり、いずれの場合も脳死との判定をすることが必要です（臓器の移植に関する法律施行規則2条2項）。2回目の脳死判定がなければ、脳死の認定ができませんから、それが終わった時点が死亡時と判断されることになるでしょう。

植物状態となり、人工呼吸器によって生存が維持されている場合、いつ人工呼吸器を外すのかが問題となります。人工呼吸器をはずすと、数日程度の経過で、上記3つの要件が医師によって確認され、死亡の判断がされることになります。その場合、いつ人工呼吸器を外すのかにより死亡時期に違いが生じることになり、場合によっては、その時期を意図的にコントロールすることが可能になります。死亡の時期により、相続内容に違いが生じる可能性が生まれ、それが相続人間の利害に絡んでくることがあります。

認定死亡や失踪宣告の場合、どこか別の場所で生きているということがありますが、相続人らに分からない場合には、相続が開始されるので、死亡したものとして相続手続が進行することになります。その後、失踪宣告が取り消された場合は、どうなるのでしょうか。当然に死亡の効果は消滅しますので、相続は生じなかったことになります。それでは、死亡したと考えて取引をした善意の人が保護されない危険があります。そこで、この場合、その取消しは、失踪

第1章　総　則（882条〜885条）

の宣告後その取消し前に善意でした行為の効力に影響を及ぼさない（32条1項ただし書）と規定されました。また、失踪宣告によって利益を得た者は、その取消しによって権利を失うが、現存利益だけを返還する義務を負う（同条2項）としています。したがって、失踪宣告によって相続をする場合、そのようなリスクが伴うことを知っておくことが必要です。

> 883条（相続開始の場所）
> 　相続は、被相続人の住所において開始する。

1　本条の趣旨

　相続の法律効果は、観念的な所有権等の権利の移転であり、別にどこで起きてもよいように思われますが、紛争が起きたとき、どこで争うことができるのかは一つの問題です。例えば、被相続人が名古屋に住んでおり、相続人の1人が北海道、もう1人が九州に住んでいる場合、どこで紛争を解決するのかと考えると、基本的に財産等が所在するのは、多くの場合、被相続人の住所地であり、そこで、相続を開始させるのが一般的に望ましいと考えられます。これを決めておかないと、どこの裁判所に管轄があるのか相続人間で錯綜することになります。そこで、明治民法以来、相続は、家督相続も、遺産相続も、被相続人の住所地で開始するものとされているのです。

2　立法の経緯

　この規定の内容は、遺産相続について、明治民法993条が準用する同法965条と同趣旨のものです。梅・民法要義巻之5・9頁の965条の説明によれば、各種手続につき、その管轄裁判所を定めるについて、被相続人の住所地を相続開始地と定めるのは当然のことであるとのことです。明治時代は、ほとんどの場合、動かない「家」があり、主要な財産はその家ないし近辺にあり、かつ、戸主や家族はその周辺に居住していましたから、そこを相続開始地とするのは「当然のこと」と理解されるわけです。しかし、グローバルに世界中を飛び回

り、住所を転々とし、元の住所地に主だった財産があるような人の場合には、必ずしも死亡時点の住所地を相続開始地とするのが合理的とは限りません。時代や状況に応じてどこを相続開始地とするのがよいのか、再検討する必要も出てくるでしょう。

3 実務の運用

相続に関して紛争が生じたとき、どこの裁判所に申し立てればよいのでしょうか。それを規定しているのが家事事件手続法です。相続に関する多くの事件では、管轄裁判所を、相続が開始した地あるいは被相続人の住所地としています。被相続人が生きている間の相続に関する手続（例えば、危急遺言の確認、遺留分の事前放棄、推定相続人の廃除など）は、被相続人となるべき者の住所が基準となります。これらは、家事事件手続法に個別に規定があるので、本条がなくても、管轄は決めることができるようになっています。ただ、多くは、相続開始後に問題になるので、その場合、本人は既に亡くなっており、相続が開始した地と定められています。そして、相続が開始した地がどこかということになれば、本条によって、被相続人の死亡当時の住所地ということになります。「死亡当時」と条文には書いてありませんが、死亡すれば住所はなくなる（遺骨の所在地は住所ではない）ので、被相続人の住所＝死亡当時の住所の趣旨になります。

884条（相続回復請求権）
相続回復の請求権は、相続人又はその法定代理人が相続権を侵害された事実を知った時から5年間行使しないときは、時効によって消滅する。相続開始の時から20年を経過したときも、同様とする。

---

1 本条の趣旨

本条については、明治時代から、その解釈を巡って争いがあります。本条が前提としているのは、本来、相続権のない者が相続人であるとして、事実上、

相続人として振る舞っている場合において、本来の相続人又はその法定代理人が相続権を主張して、その財産を取り戻そうとするときです。普通に考えると、法律上は被相続人の死亡により、本来の相続権にあらゆる権利が包括的に帰属しているので、動産、不動産については、所有権者であり、いつでも、所有権に基づいて返還を求めることができるはずです。また、債権等の権利についても、時効にならない限り、自己にその権利が帰属しているとして、無権利者である表見的な相続人にその権利を主張できるはずです。所有権は永遠だという法理と、それが時効により消滅するというのは矛盾することです。これが争いの原因の一つです。もう一つの原因は、相続回復請求権という一つの権利があるかのように表示されていることから、個々の財産に対する返還請求権と相続回復請求権とがどのような関係に立つのか、何の規定もないので、その関係が不分明であることです。つまり、ドイツ民法には詳細な条文が置かれているのに、わが民法は、そもそも、相続回復請求権とは何かについて、その要件も効果も規定がなく、消滅時効だけを定めた条文を1条置いているのみで、しかもそれが時効かどうかも明記されていないあいまいな規定なので、当然にいろいろな解釈が成り立つことになるわけです。これもまた、明治時代からの規定で、戦後の改正で明確にしておけばよかったのですが、そのままに放置しているので、相変わらず争いが続いています。また、明治民法では「家督相続回復ノ請求権ハ……之ヲ行ハサルトキハ」という形で、「家督相続回復の請求権」が「行フ」の主語ではなく、目的語であることを明示していましたが、戦後の改正で「之ヲ」を削除してしまったので、ますますおかしな日本語になっています。

　相続は、多くの財産を承継するので、表見的相続人から、いつまで経過しても、真実の相続人は、権利を主張して返還を求めたり、遺産分割の無効を主張することができるとしておくと、他の善意の共同相続人や第三者は、権利を失うおそれがあり、取引の安全も害されます。特に第三者には誰が相続したのかなど内輪の権利関係は分からないので、これが覆されることによるデメリットは大きなものがあります（動産の場合、即時取得がありますが、不動産の場合、94条の類推適用か取得時効を使わないと権利を保持できません）。したがって、真実の相続人を犠牲にしても、一定期間経過すれば、もはや権利を行使できないとしておく必要があるのです（最大判昭和53年12月20日民集32巻9号1674頁、

百選59参照)。そして、自分が相続したことを知りながら5年間も放置しているとすれば、これはもはや権利を行使する意思がないものとして、時効により消滅させてもよいであろう、また、20年も経過すれば、表見相続人のもとで形成された権利関係を優先させるのが合理的であろうと考えられるわけです。

したがって、個々の財産に対し取戻しを請求する場合も含まれますし(大判明治44年7月10日民録17輯468頁)、共同相続人が相続分以上の財産を相続したものとして占有しているような場合も含まれることになります(前掲最大判昭和53年12月20日参照。ただし不真正相続人自身が時効を援用することには否定的です)。要するに取引の安全のため、真実の相続人の権利を一定期間の経過によって失わせることがこの条文の趣旨だということになります。

2 立法の経緯

この規定は、明治民法を引き継いだもので、明治民法966条は、「家督相続回復ノ請求権ハ家督相続人又ハ其法定代理人カ相続権侵害ノ事実ヲ知リタルトキヨリ五年間之ヲ行ハサルトキハ時効ニ因リテ消滅ス相続開始ノ時ヨリ二十年ヲ経過シタルトキ亦同シ」と規定し、これを家督相続以外の通常の遺産相続にも準用をしていました(明治民法993条)。戦後は、家督相続制度がなくなったので、この「家督」を削除して、そのまま条文の文言を引き継いだわけです。戦前の判例解釈は、多くは家督相続に関するものですから、家督相続が廃止された以上、これらの判例は直ちには役立たないことになりました。

家督相続権の消滅時効について、梅・民法要義巻之5・10頁以下は、一方で、家督相続は頗る複雑で、一旦、事実上の相続をした者があるときに、数年ないし数十年してその者の相続権を奪い、他の者に与えると、当事者及び第三者に対する権利義務関係が非常に攪乱をうけ、経済上、社会上、容易でない結果を惹起することが多い半面、正当の相続人が権利を侵されながら、その事実を知って長く不問に措くようなことはほとんどあり得ない、だから短くしてよいのだ、しかし、長く知らない場合、普通の時効の20年よりも長くなるときは、短縮するのが目的なのだから、普通の20年にしたと説明をしています。また、これを普通の遺産相続に準用する趣旨については、家督相続と遺産相続との間に区別を設ける理由がないからだと説明をしています(同93頁)。

第1章　総　則（882条～885条）

戦後、家督相続はなくなったのですから、改めてこの段階で、きちんと規定を見直しておけばよかったわけですが、何の手当もされないまま70年が経過しているのです。

3　実務の運用

相続回復請求権は、個々の相続財産についての返還請求権などとは別の独立した権利（独立権利説）なのか、それぞれの返還請求権をまとめて請求できる権利（集合権利説）なのか、争いがあります。臨床実務の観点から考えると、ある不動産を全部返してほしいという場合、その要件事実は、①被相続人が相続時に本件不動産を所有していた、②原告は被相続人の相続人である、の2つです。これに対し、相続回復請求権が別途独立した権利だとすると、本条の時効の法律効果を発生させるために必要な要件事実、すなわち、①原告は、○年○月○日に被相続人を相続したことを知った、②○年○月○日から5年が経過した、という事実は、抗弁事実になるでしょうか。別個独立の権利だとすると、抗弁にならないだろうと考えられます。これを抗弁にするためには、個々の相続財産について有する個々の返還請求権の集合体であると解釈しておく必要があります（前掲最大判昭和53年12月20日は、そのような解釈に立っています）。しかし、はっきりと明示してしまうと、物権的請求権が時効消滅するということになり、所有権の絶対性を否定するための根拠の一つとして使うこともできる半面、他方で、所有権を時効消滅させる規定は、憲法29条に反するという主張にも使えるかもしれません（その場合、その制限の目的に合理性があるか、その内容に相当性があるかが争点になります）。そうすると、ぼかしておいた方がいいというところもあります。それが臨床の知恵というものです。実務的には、はっきりさせない方がよいというあいまいな規定が必要な場合もあるのです。

真正の相続人が子どもの場合、その法定代理人が知ったときから、時効は進行します。法定代理人が原告になると説明している解説書がありますが、知、不知を法定代理人を基準に考えるというだけで、法定代理人が真正の相続人とは別に相続回復請求権を持つわけではありません。

第三者に対し、上記①、②の要件事実に基づいて請求をすると、第三者は、動産の場合は、通常、即時取得の主張をして免れることができます。不動産の

場合、表見相続人の登記になっている期間が長ければ、通常、民法94条2項を類推適用して、表見相続人の登記を信じた第三者であることを主張すれば、免れることになるでしょうし、自分が引渡しを受けて占有を開始し10年以上経過していれば善意の時効取得を抗弁として主張できるでしょう。問題は、更に原告又はその法定代理人が表見相続人の相続を知ってから5年以上経過したこと（時効消滅したこと）を抗弁として主張できるのかです。そもそも、これを認めないと、第三者が不測の損害を受けるから時効消滅を認めたとする立法趣旨が損なわれることになるので、その抗弁も認めることになるでしょう（最判平成7年12月5日家月48巻7号52頁も、それを前提としていると考えられます）が、なぜ、同じく無権利者からの財産取得のケースについて、相続の場合にだけ、より強い保護が与えられるのかという問題もありそうです。特に相続財産が一筆の不動産しかないような場合、取得時効の要件を満たしていなくても、本条を援用して、所有権に基づく物権的返還請求権に対して5年間の消滅時効を主張できることになり、アンバランスになることは避けられません。これもそれぞれの時代の静的安全と動的安全のバランスの中で、見直しをすべき規定です。

　なお、相続回復請求権は、相続人でない表見相続人に対し、真の相続人がその回復を請求する場合を予定していますが、共同相続人の1人が相続財産を占有している場合において、他の相続人が権利を主張する場合にも適用されるかが問題となります。この点について、前掲最大判（百選59）は、共同相続人の1人が自分の相続分をこえて相続財産を占有管理している場合も、その超えている部分については、表見相続人と異なることはないとして、原則として、共同相続人の間にも884条の適用を認める旨を判示しています。しかし、共同相続人の1人が被相続人と同居していた場合など、相続が開始しても、そのままの占有管理状態が引き続き同居していた共同相続人のもとで続いており、不動産、特に農地などの場合、同じく農業を営んでいる相続人名義に便宜移転登記され、その相続人が農業を営むことによって当該農地を占有管理しているようなことは、しばしば見られるものです。そのような場合には、特に急いで遺産分割をする必要性もないし、分割を求めるとその相続人は農業を営めなくなってしまうため、あえて分割を求めないこともしばしばあります。また、占有管

理している相続人も共有持分権者ですから、適法に当該遺産を占有管理でき、特に違法な状態が存在するわけではありません。つまり、事実上、遺産を占有管理している共同相続人の1人も、それが共同相続財産であることは知ったうえで管理を継続しているのが通常です。このような場合にまで5年の消滅時効を認めると、当事者の予期に反する結果をもたらすことになります。

　そこで、前掲最判平成7年12月5日は、占有管理する共同相続人の1人が、共同相続財産であることを知りながら管理を継続しているような場合には、相続回復請求の問題ではなく、消滅時効の適用はない旨判示しています。共同相続人は、通常自分には兄弟姉妹がいるなど、他に共同相続人がいることを知りながら、遺産の管理を行っているのであり、そのような場合には、他の相続人が知って5年以上放置していた場合でも、占有管理する相続人は、遺産が全部自分に帰属した旨主張して、消滅時効を援用することはできないことになります。また、仮に善意であっても（つまり、共同相続人の1人であり、他に相続人がいることを知らない場合でも）、知らないことについて合理的な事由がない場合には消滅時効の適用がないと判示しています。5年間以上特定の共同相続人の1人が占有管理をしている遺産の分割手続においても、相続回復請求権の時効消滅の主張がされることは実務上通常見られないことから考えると、実際にこの判示によって共同相続人間で相続回復請求権が問題になることはほとんどないと考えられます。なお、相続開始時点において、表見相続人のみが相続人であると信じたこと、信じたことについて合理的な事由があることは、いずれも5年の消滅時効を援用する者において主張立証しなければなりません（最判平成11年7月19日民集53巻6号1138頁）。

885条（相続財産に関する費用）
1　相続財産に関する費用は、その財産の中から支弁する。ただし、相続人の過失によるものは、この限りでない。
2　前項の費用は、遺留分権利者が贈与の減殺によって得た財産をもって支弁することを要しない。

1　本条の趣旨

　相続が開始すれば、当然に法定相続分によって分割されている分割債権等は除き、遺産分割が終了するまでは、相続財産は、相続人らの共有となります。そうすると、その共有財産の維持、管理、処分等に要する費用は、通常の共有財産の費用と同じく、共有者である相続人の間で負担をすればよく、わざわざ相続財産の中から支弁をするとする必要はないように思います。それに相続を放棄しないまま、費用が相続財産を上回ってしまった場合でも、この規定があるからと言って、足りない分を支払わなくてもよいというわけではありませんから、そのような場合、この規定は意味がありません。相続人の1人が余計な費用を費やしたという場合には、その過失によって生じた余計な費用については、他の共有者である相続人が支払う必要はないので、このただし書もなくてよさそうです。一体何のためにこの規定はあるのでしょうか。臨床実務の観点からは、お金に名前が書いてあるわけではないので、共同相続人が負担をするのであれば、別に相続財産の中からと限定しなくても共同相続人が相続分の割合に応じて負担をすれば足りることです。しかし、例えば、相続人がいない場合の相続財産管理人の費用とか、限定承認をして、その手続に要した費用とかを考えると、これらは、相続人の利益のための費用とは言えず、当然に相続人が負担をすべきものではありません。また、請求する側から言えば、相続人が多数の場合、相続人にそれぞれ相続分の割合で請求するのは煩さであり、相続財産を相手にするのが便宜がよい。つまり、その相続財産に関する費用は、それに利害関係を有するみんなの共益的な費用であり、その共有財産を維持するためのものだから、相続財産から支出することに合理性があるということです。そのように考えると、遺留分権利者の権利は、相続時の財産の一定割合を取得する権利ですから、そこから、その後に発生した費用を控除してしまったら、一定割合を確保できないことになってしまうので、2項を設けて、遺留分権利者が取得した財産以外の財産からその費用の支弁をすべきこととしたわけです。

2　立法の経緯

　本条は、家督相続について定めた明治民法967条、これを遺産相続に準用した993条と同じ趣旨の規定で、家督相続から「家督」をとっただけです。明治

第1章　総　則（882条～885条）

民法967条について、梅・民法要義巻之5・12頁以下によると、相続財産に関する費用というのは、すべての利害関係人の利害に関するもので、必ずしも相続人、受遺者、債権者等の中からこれを支弁すべき者を定めることはできず、その財産を保護するための費用だから、相続財産の中から出すのが当然だとし、その費用の中には、限定承認や財産分離をした場合の費用も含まれると説明しています。

3　実務の運用

　通常、相続財産の費用と言えば、遺産分割までの公租公課や借地権付建物の借地料金などの管理費用があります（大阪高決昭和41年7月1日家月19巻2号71頁参照）し、そのままでは価格が低下するおそれが高い場合の処分に要した費用など（東京地判昭和61年1月28日家月39巻8号48頁など参照）もあります。相続税は、利害関係人みんなが負担をすべき費用かと言えば、これは相続人の得られる利益に対して賦課されるものですから、費用とは言えないでしょう（大阪高決昭和58年6月20日判タ506号186頁参照）。また、葬儀費用が実質的に喪主の負担とすべき場合は別として、相続人全員が分担すべき場合には含まれるという説があります。相続人がいなくて死亡し、身寄りに近親者がなくて公的機関が葬儀等を行ったような場合、相続財産から支出するべきであって、葬儀費用も含まれるとするのが相当ですが、専ら喪主が負担すべきものとして壮大な葬儀を行った場合などを考えると、単に費目で決まるのではなく、利害関係人の共通の費用として相続財産から負担をするのが相当と認められるものを広く含むと解するのが、臨床実務の観点からは望ましいと考えられます。

第2章

相続人

886条～895条

第2章　相続人（886条〜895条）

> 886条（相続に関する胎児の権利能力）
> 1　胎児は、相続については、既に生まれたものとみなす。
> 2　前項の規定は、胎児が死体で生まれたときは、適用しない。

1　本条の趣旨

　妻が妊娠中に夫が死亡した場合、死亡後に生まれてきた子は相続できるのか。この問題に答えるのが本条です。胎児も相続できると規定をしてもよいのですが、死亡と同時に被相続人の権利義務が相続人に包括承継されるという原則を維持するため、被相続人の死亡時に生まれたものとみなす（権利能力がある＝権利の帰属主体になれることにしてしまう）ことで、相続人の同時存在の原則を維持しようとしたのです。しかし、そうすると、流産や死産の場合どうするのか、既に生まれたものとみなされてしまったら、相続人になってから死亡したことになってしまう。そこで、生まれる前に亡くなったと判断される場合には、相続しないものとして、2項を置いているのです。

2　立法の経緯

　本条は、家督相続について定めた明治民法968条を準用する遺産相続についての993条をそのまま承継したものです。梅・民法要義巻之5・15頁以下によると、「私権の享有は出生に始まる」ので、胎児は権利の主体になれず、相続権がないことになるが、これは頗る旧慣に反し、人情にもとるから、日本ではもちろん欧米諸国においても胎児の相続権を認めないものはなく、旧民法では欧州多数の例にならい、胎児を生まれたものとみなしている。しかし、これは広すぎて、胎児を生まれたものとみなすのに疑問のある場合もある（例えば国籍の得喪）から、明治民法では、旧民法のように概括的規定を置かないで、相続について特に規定を置いたのだと説明しています。また、2項については、当然のことで置く必要もないことだが、生存して生まれた場合だけではなく、生存すべき状態で生まれることを必要とする主義もあるので、この主義をとらないことを明らかにしたのだ、なぜなら、生存すべきかどうかは疑わしい問題であり、いつまで生存すべき状態であれば生まれたものとみなしてよいのか決

めるのは難しいからであると言います。確かに、妊娠直後に流産した場合は含まないとしても、大きくなって産道から出てきて、おぎゃあと鳴き声を上げなくて呼吸をしないまま冷たくなっていったようなケースでは、病院で出産するような場合には、出産時に心停止など死亡を確認する要件を充足していたかどうか分かるとしても、通常では、明治時代の欧米でも必ずしも明確ではなく、生存すべきであるかどうかを基準にする考えがあっても、おかしくはないだろうと考えられます。現在の日本では、ほとんどが病院で出産をしており、医師の管理下で出生することがほとんどなので、生きて生まれたのか、出生後間もなく死亡したのかは、ある程度正確な判断が可能であるので、現行法の基準の方が明確だと言えるでしょう。

3　実務の運用

　夫婦の場合、妻が妊娠していれば当然に夫の子として相続人となりますが、嫡出でない子の場合、認知されるまでは法律上の親子関係が生じないので、死にそうな時は胎児の認知を得て（783条１項で胎児認知が可能）おかないと、父が子の出生前に死んでしまったら当然には相続できないことになります。その場合、死後３年以内にその子の母親は認知の訴え（787条）を提起し、認知する旨の判決が確定すれば、出生の時に遡って効力を生じる（784条本文）ので、被相続人の子として生きて生まれることになるので、相続との関係では、本条により、胎児の時に権利能力があったことになります。その場合、既に他の共同相続人らが遺産分割をするなどしていたときは、遡及効は制限を受けない（784条ただし書の適用はない）ものの、価額の支払のみを請求できることになります（910条）。

　それでは、凍結保存精子を使って、夫の死後に人工生殖によって懐胎、出産した場合はどうでしょうか。既にそのようなことが可能になっているのにもかかわらず、現在の民法は、そのことを想定していないのであり、社会的必要性があるのに法律がないというのは立法の不備です。このような立法の不備の場合、現行法規の体系を全体的にみて、条理により、解決することが必要であり、古い法律が想定していないというだけで、その法律効果を否定するというのは相当ではなく、立法の不備は立法の不備として、社会的実態に適合した解釈を

行う必要があります。この点に関し、最判平成18年9月4日（民集60巻7号2563頁、百選33）は、現行法が死後に懐胎した子と父との親子関係を想定していないことを指摘し、その理由として、父は親権者になる余地はなく、相互に扶養義務が生じる余地はなく、代襲相続も生じないので、「法律上の親子関係における基本的な法律関係が生ずる余地のないものである」とし、このような場合に親子関係を認めるべきかどうかよく立法的に検討すべきで、そのような立法がない以上、親子関係の形成を認めることはできないと判示しました。確かにこのような場合、長期間の凍結保存精子による出産も認められるとし、その精子を有した者との間に親子関係が生じ得るとすると、場合によっては、数十年前に死亡した人間との間の親子関係も生じ得ることになり、果たして遺伝子上のつながりだけで親子かどうかを決めてよいのかは大いに問題のあるところであり、条理を考えても、にわかに認めがたいでしょう。これは親子とは何かに関わる重要な問題を含んでおり、今後、慎重に検討されるべき点です。

887条（子及びその代襲者等の相続権）
1　被相続人の子は、相続人となる。
2　被相続人の子が、相続の開始以前に死亡したとき、又は第891条の規定に該当し、若しくは廃除によって、その相続権を失ったときは、その者の子がこれを代襲して相続人となる。ただし、被相続人の直系卑属でない者は、この限りでない。
3　前項の規定は、代襲者が、相続の開始以前に死亡し、又は第891条の規定に該当し、若しくは廃除によって、その代襲相続権を失った場合について準用する。

1　本条の趣旨

本条以下は、誰が相続人となるのかについて定めています。法律で定められた相続人であることから、法定相続人と呼ばれています。法定というのは、法に特段の規定があり、又は被相続人が特段の意思表示をしなければ、当然に相続人となるという趣旨です。「被相続人の子」は、無条件に相続人になります。

「子」には、嫡出子、嫡出でない子、養子を広く含みます。①その子が相続開始時に死亡していたとき、②相続欠格事由（891条）があり、相続権を失ったとき、③廃除によって相続権を失ったとき、の3つの場合、その子の子が代襲して相続人になります。これを代襲相続と呼びます。また、代襲した子が相続開始以前に死亡したり、相続欠格事由があったり、廃除されたりすれば、更にその子が代襲相続人になります。ただし、例外があります。子の子であっても、被相続人の直系卑属でなければ、代襲相続人にはならないと規定されている点です。例えば、AとBとが養子縁組をし、Bには、縁組前の子Cと縁組後の子Dがいたとします。その場合、CはAの直系卑属ではなく、Dは直系卑属になりますから、もしBがAより先に死亡していたり、欠格事由に該当したり、廃除されたりすれば、直系卑属であるDは代襲相続しますが、Cは直系卑属ではないので相続することができません。相続は親族に遺産を承継させる制度であり、養子縁組前の養子の子と養親との間には親族関係は生じない（727条、大判昭和7年5月11日民集11巻1062頁参照）から、当然、代襲相続人にもなれないと解されています。

2　立法の経緯

　それを考えるには、明治民法にまで遡る必要があります。明治民法では、家督相続と遺産相続を区別し、家督相続については、家族である直系卑属のうち、親等の近いもので、男、嫡出子、年長者を優先して定めることとし（970条）、遺産相続については、直系卑属が相続人となるとし、その順序は、親等の異なる場合には親等の近いもの、親等が同じ場合には同順位で遺産相続人となる（994条）と定められていました。そして、遺産相続については、その遺産相続人が相続開始前に死亡した場合又は相続権を失った場合において、その者に直系卑属がいるときは、その者と同順位で遺産相続人になる（995条）とされていました。そして、戦後の改正では、基本的にこの遺産相続に関する規定をそのまま承継しました。また、昭和37年法律40号により、現行法の形に改正され、平成16年に現代語化が行われ、現行の条文に至っていますが、その趣旨は、明治民法の遺産相続と同じです。梅・民法要義巻之5・95頁以下によると、家督相続は、当然に1人に限られるが、家族の相続については、明治維新まで

は慣行として認められていなかったので、「新民法ノ立法者ハ全ク立法ノ自由ヲ有シ」習慣に牽制されることはなく、家督相続は1人に限る理由があるが、家族の相続については1人に限る理由はないし、どのように財産を処分するのも自由である、しかし、遺言をしないで亡くなることもあるから、規定を置く必要があり、その場合、被相続人の通常の意思としては、「父母カ子ヲ愛スルノ情ハ長幼、男女等ニ依リテ異ナルコトナク寧ロ一人ノ子ヲ愛シテ他ノ者ヲ愛セサルカ如キハ父母ノ不徳ト謂ハサルコトヲ得サルカ故ニ通常被相続人カ此ノ如キ偏頗ナル愛情ヲ有スルモノト為スヘカラス」とし、旧民法を改めて、男女、嫡庶、長幼、家の同一他家を問わず、「嫡庶ノ間ニ在リテハ相続分ノ多少」あるものの、同一の順位としたと説明しています。本来、戦後の新民法において平等の趣旨を徹底させるのであれば、この「嫡庶ノ間」の「相続分ノ多少」を改めるべきであったと考えられるわけですが、これも改められることなく、戦後の民法にそのまま承継されたのです。そのため、嫡出でない子として出生した子は、戦後70年の間、嫡出でない子と言われた上に、相続分も半分にされたまま過ごさなければならなかったのです。結局、戦前から、民法も、民意も、何も変わってはいなかったのです。

3　実務の運用

本条との関係で実務上問題となるのはどのような場合でしょうか。上記の立法の経緯からすると、相続放棄の場合も、相続権を失うという点では同じですから代襲相続を認めてもよいのではないかということが考えられます。死亡も、欠格事由に該当する場合も、排除された場合も、本来持っていた相続権を失う場合ですから、その点では、相続放棄も同じだという主張も考えることができます。しかし、戦後、多くの農家で、長男に田畑を相続させ、農業を継がせるため、次男坊以下に相続放棄をさせて、農地が分散されないようにしてきたという歴史をみれば分かるとおり、もし、この場合、代襲相続を認めれば、相続放棄によって農地の分散を防げないことは明らかです。つまり代襲相続が認められるのは、自分の意思によらず、当該相続人の個人的な事情（死亡、欠格、廃除）で相続人になれなかった場合であり、自らの意思で相続人になることを放棄した場合とは異なりますから、これらと放棄を同視することはできないと

いうことになります。

　それでは、遺言者Aがある不動産を長男Bに相続させる旨の遺言書を作成したが、BがAよりも先に死亡した場合、先に死亡をしたBは相続権を失った結果としてBの子Cは、代襲相続するでしょうか。この点について、最判平成23年2月22日民集65巻2号699頁は、原則として代襲相続しないが、他方、当該「遺言に係る条項と遺言書の他の記載との関係、遺言書作成当時の事情、遺言者の置かれていた状況等から、遺言者が上記の場合には、当該推定相続人の代襲者その他の者に遺産を相続させる旨の意思を有していたとみるべき特段の事情」があれば、代襲相続を認める旨を判示しました。実務的には、まず、このような場合、「相続させる」旨の遺言は効力を生じないというのが原則ですから、Cが代襲相続したとして、この遺言書を原因証書として移転登記を求めても、法務局は、これを受け付けてはならないということになります。しかし、CがAの相続人を被告として、上記の特段の事情を主張立証すれば、移転登記請求を認容することが可能であり、その判決が確定すれば、これに基づいてCは移転登記を受けることができるということになります。

888条
　削除

　本条は、昭和37年法律40号によって削除されました。なぜ削除されたのかと言えば、同改正により、他の条文にその内容が移されたので、ここに規定をする必要がなくなったからであり、特に内容に変更があったからではありません。すなわち、888条1項は、代襲原因に関する規定でしたが、887条2項に移されました。また888条2項は、胎児の相続権に関する規定であり、886条と同趣旨のものですから、ここに規定をする必要がなくなったので削除したという経緯です。

第2章　相続人（886条〜895条）

> 889条（直系尊属及び兄弟姉妹の相続権）
> 1　次に掲げる者は、第887条の規定により相続人となるべき者がない場合には、次に掲げる順序の順位に従って相続人となる。
> 　一　被相続人の直系尊属。ただし親等の異なる者の間では、その近い者を先にする。
> 　二　被相続人の兄弟姉妹
> 2　第887条第2項の規定は、前項第二号の場合について準用する。

1　本条の趣旨

　本条は、887条において子又はその代襲相続人がいずれも相続人とならない場合についての定めであり、一次的には直系尊属が相続人となり、いずれの直系尊属も相続人とならない場合、兄弟姉妹が相続人となることを定めた規定です。また、2項は、当該兄弟姉妹が死亡した場合、欠格事由がある場合、廃除の審判が確定した場合には、その兄弟姉妹の子が代襲相続人となることを定めた規定です。なお、本条2項では、887条3項も準用をしていましたが、昭和55年法律第51号によって3項の準用を削除しました。その結果、兄弟姉妹の代襲者の代襲は生じないことになりました。つまり兄弟姉妹とその子が先に死亡している場合には、兄弟姉妹の孫は相続しないことになります。

2　立法の経緯

　明治民法では、家督相続ではない遺産相続の場合、直系卑属が相続人となり（994条）、相続人となるべき直系卑属が相続開始前に死亡し、又は相続権を失った場合には代襲相続人が相続し（995条）、いずれもないときは、配偶者、直系尊属、戸主の順序で相続する（996条）とされていました。これはなぜでしょうか。梅・民法要義巻之5・100頁は、遺産相続は人情によってその順位を決するのであり、愛情においても自然の順位においても直系卑属が第一順位だが、直系卑属が相続しない場合には、愛情においても夫婦の義務においても配偶者を第一に置くのが当を得たもので、直系尊属は、自然に逆行するものだから、自然の愛情を有する者が欠けたときに相続するのが当を得たもので、これ

らの自然の愛情を有する者がない場合には戸主に相続させるのが我が国の慣習から穏当だと説明しています。

　戦後の改正では、配偶者の地位を高め、実質的にも配偶者に相続させるのが相当と考えられたことから、配偶者は、常に相続人となることとし、戸主制度が廃止された結果、戸主の相続はなくなり、代わりに兄弟姉妹が相続人に加えられました。戦前は、兄弟姉妹は、分家をしたり、養子になったり、嫁いだりして、家から離れるという観念が強く、相続人としてあまり意識されていなかったようですが、戦後、家制度はなくなり、純粋に親族関係の親疎だけの問題となったことから、兄弟姉妹も相続人として意識されるに至ったものと考えられます。

3　実務の運用

　本条の規定は明確であり、解釈を巡って争いになることはないでしょう。ただ、同時死亡の推定規定（32条の2）は、本条の場合にも及ぶので、例えば、夫婦がいて、いずれの子も親も死亡している場合、推定相続人は兄弟姉妹と配偶者になりますが、その夫婦が同時に死亡したと推定される場合、反証がない限り、お互いに相続をしない結果として、夫の財産は夫の兄弟姉妹に、妻の財産は妻の兄弟姉妹に相続されることになります。そうすると夫婦共有財産であったものは、夫の兄弟姉妹と妻の兄弟姉妹との共有ということになり、仲がよければ問題ないのですが、仲が悪い場合には、なかなか難しい問題が生じることになります。紛争を避けるためには、普段から仲良くするか、遺言書を書いておくことが望ましいでしょう。兄弟姉妹には遺留分はありませんから、特段の事情がない限り、遺言書どおりの効果が期待できます。

890条（配偶者の相続権）
　被相続人の配偶者は、常に相続人となる。この場合において、第887条又は前条の規定により相続人となるべき者があるときは、その者と同順位とする。

第2章　相続人（886条〜895条）

1　本条の趣旨
　本条は、他の民法の規定により相続人になる者がいても、いなくても、配偶者は相続人となる旨を定めたものです。そして、他に相続人がいるときは、その相続人との関係では、常に同順位となる旨を規定しています。相続分の割合はともかく、いずれにしても、配偶者の相続権は、本条によって常に認められることになります。

2　立法の経緯
　明治民法では、配偶者は、直系卑属が相続人になる場合には、相続人になることができなかった半面、直系卑属がいない場合又は直系卑属が相続人若しくは代襲相続人にならない場合には、常に直系尊属に優先して単独で相続人になることができました（明治民法996条）。言い換えれば、子や孫等がいなければ、父母や祖父母がいても、配偶者が全面的に相続人になれたのです。戦後の改正では、子や孫に対する関係では、配偶者に地位は高められたと言えますが、直系尊属との関係では、配偶者の地位は弱められたということができます。必ずしも戦後の改正で妻の地位が強化されたというわけではないのです。

3　実務の運用
　本条の配偶者は、法律上の配偶者に限られます。夫婦が協力して働いて作った財産であり、多くの場合、夫名義になっているため、離婚の場合にその2分の1を取得できるのと同様に、死亡の場合にも、その2分の1を妻が取得できるようにしたのだとすれば、事実上の夫婦の場合にも、これを認めないとアンバランスではないか。財産分与の規定を事実上の夫婦にも類推適用するのであれば、相続の場合にも同様に解すべきではないか。この疑問に対し、最高裁は、相続の規定も、財産分与の規定も、事実上の夫婦の死別の場合には類推適用されないとしています（最判平成12年3月10日民集54巻3号1040頁）。
　それでは逆に、夫が財産を蓄積するのに全く妻が貢献しておらず、離婚訴訟中に夫が死亡した場合、妻は相続人になれるのか。もし、実質を重視するのなら、そういう判断もあり得そうですが、一般に相続権は、形式的、画一的に決し、その不都合は、遺言や廃除等の手続によって除去すべきであると考えられ

ています。

　配偶者に代襲相続権はないのでしょうか。例えば、被相続人Ａの子Ｂの妻Ｃは、ＢがＡよりも先に死亡した場合、Ｃは、Ｂを代襲してＡの相続人にはなれないのかと言えば、これを認める条文がない以上、配偶者に代襲相続権はないと解されています。大韓民国民法1003条2項は、このような場合、Ｃの代襲相続を認めていますが、我が民法は、明文がなく、解釈上も無理があります。

891条（相続人の欠格事由）
　次に掲げる者は、相続人となることができない。
一　故意に被相続人又は相続について先順位若しくは同順位にある者を死亡するに至らせ、又は、至らせようとしたために、刑に処せられた者
二　被相続人の殺害されたことを知って、これを告発せず、又は告訴しなかった者。ただし、その者に是非の弁別がないとき、又は殺害者が自己の配偶者若しくは直系血族であったときは、この限りでない。
三　詐欺又は強迫によって、被相続人が相続に関する遺言をし、撤回し、取り消し、又は変更することを妨げた者
四　詐欺又は強迫によって、被相続人に相続に関する遺言をさせ、撤回させ、取り消させ、又は変更させた者
五　相続に関する被相続人の遺言書を偽造し、変造し、破棄し、又は隠匿した者

1　本条の趣旨

　本条は、相続人の欠格事由を定めたもので、本条の各号に該当すれば、当然に相続人としての資格を失うことになります。次条の廃除の制度も、相続人の資格を失わせるものですが、廃除の事由があっても、被相続人が廃除を求めない限り、相続権を失うことはありませんし、一度失っても、廃除を取り消すことができます。これに対し、本条に該当する場合には、被相続人の意思にかかわらず、相続人になる資格が失われます。しかし、いずれも、当該相続人の一

定の行為を問題にするものですから、その直系卑属が代襲相続することを妨げるものではありません。

2　立法の経緯

　明治民法にも、相続人の欠格事由について規定が置かれていました。すなわち、明治民法997条は、左に掲げた者は、遺産相続人になることができないとし、1号「故意ニ被相続人又ハ遺産相続ニ付キ先順位若クハ同順位ニ在ル者ヲ死ニ致シ又ハ死ニ致サントシタル為メ刑ニ処セラレタル者」、2号「第九六九条第二号乃至第五号ニ掲ケタル者」を掲げていました。1号は、現在の本条1号と同じ規定です。2号の掲げる969条の2号ないし5号というのは、本条の2号から5号までとほぼ同じ規定です。つまり、相続人の欠格事由については、明治民法がそのまま承継されているということです（3号、4号の「取り消し」が「撤回」と「取り消し」となり、5号の「毀滅」が「破棄」となった点以外は同じです）。では、なぜ、これらを相続人の欠格事由としたのでしょうか。梅・民法要義巻之5・103頁は、その理由については家督相続人の欠格事由と全く同じであるとし、家督相続人の欠格事由について、同18頁以下は次のように説明しています。1号は、被相続人又は先順位者を故意に殺害しようとし、または殺害して刑に処せられたということは「最モ公安ニ害アルモノナルカ故ニ」各国の例に倣い、相続できないものとしたこと、ただし、先順位にあることを知って殺害し、殺害しようとしたこと、自殺教唆も死に致そうとしたのと相違ないこと、先順位に胎児を堕胎させることを含むこと、2号は、被相続人が殺害されたことを知りながら告訴、告発しない者は、「人情ニ戻ルノミナラス」、自分が相続人になったことを喜ぶようなことであり、甚だしい場合には他人の手を借りて殺したのかもしれない、このような者の相続を許すことは、「公安ヲ害スルノ虞アルカ故ニ」相続権を剥奪すること、3号は、遺言は、各国で最も「神聖ナル法律行為」であり、詐欺又は強迫により遺言の自由を妨害することは、最も悪むべきことで、かつ、不法行為者のために「公益ニ関スル相続ノ規定ヲ蹂躙セラルルニ至ルモノト謂フモ可ナルカ故ニ」相続権を剥奪すること、4号も、前号と同じ、5号も、自己の利益のために遺言書を偽造、変造等することは、前2号と酷似し、その目的も同じで悪むべき程度も同じであるとされ

ています。

　ここには、被相続人の意思の自由を害することは公益に反するという考え方があり、したがって、被相続人自身が宥恕しても、それとは関係なく公益的見地から相続人の地位を剥奪するのだという立法者の意思が明示されているわけです。

3　実務の運用

　本条に該当する事実は、被相続人が気がついていれば、被相続人の意思で当該相続人を廃除して、相続人の地位を失わせることができるものですが、被相続人が気がつかないままで、あるいは気がついても廃除の手続を取る余裕がなく亡くなった場合のことなどを考えると、法の規定により相続人資格を奪っておく必要があると考えられるわけです。しかし、よくよく考えれば、相続とは私的財産の処分に関するものであり、どこまで梅先生が述べるような「公益」性があると言えるのか疑問であり、被相続人を殺して廃除できないようにした者を相続人にすべきではないというのは、そのとおりですが、被相続人が諸般の事情を考慮して相続人にしてもよいと考えているのに、国家が「公益」を理由として相続人の欠格者であるから相続人になれないとまで言う必要があるのかは疑問があります。

　また、遺言書の隠匿についても、例えば自分に不利な遺言内容であることを知って、これを隠して自分の遺産を増やそうとしたなどの目的ではない場合も、よく見られます。かえって遺言書があると兄弟関係が悪化するとして自分に有利な内容の遺言を隠匿することもあります。この行為を「公益」を理由として相続権の欠格事由とするのはあまりにもおかしな話です。そこで、最判平成9年1月28日（民集51巻1号184頁、百選52）は、「相続人が相続に関する被相続人の遺言書を破棄又は隠匿した場合において、相続人の右行為が相続に関して不当な利益を目的とするものでなかったときは、右相続人は、民法891条5号所定の相続欠格者には当たらないものと解するのが相当である。」と判示しました。

第2章　相続人（886条〜895条）

> 892条（推定相続人の廃除）
> 　遺留分を有する推定相続人（相続が開始した場合に相続人となるべき者をいう。以下同じ。）が、被相続人に対して虐待をし、若しくはこれに重大な侮辱を加えたとき、又は推定相続人にその他の著しい非行があったときは、被相続人は、その推定相続人の廃除を家庭裁判所に請求することができる。

1　本条の趣旨

　遺留分というのは、被相続人が遺言によっても奪うことのできない相続人の権利であり、子、親、配偶者などが持っているものです。これらの相続人については、遺言で相続をさせないとしても、遺留分に反する範囲では効力を生じません。そのため、完全に相続人から除くことができません。そこで、一定の合理的な理由がある場合には、被相続人に対し、推定相続人の地位を奪うことを認めることにしたのが本条であり、相続が開始した場合に相続人となるべき者から相続人としての資格を奪うことを「廃除」と呼んでいます。

2　立法の経緯

　本条は、明治民法998条を承継したものです。明治民法998条は、「遺留分ヲ有スル推定遺産相続人カ被相続人ニ対シテ虐待ヲ為シ又ハ之ニ重大ナル侮辱ヲ加ヘタルトキハ被相続人ハ其推定遺産相続人ノ廃除ヲ裁判所ニ請求スルコトヲ得」と規定しており、これに「その他の著しい非行」を付け加えたものが現行法です。推定相続人の後の括弧内の説明は、平成16年の改正で附加されたもので、特に内容に変更はありません。明治民法では、推定遺産相続人の廃除のほか推定家督相続人の廃除について定めており、推定家督相続人廃除の事由には、政を執るに堪えないこと、家名汚辱の罪で処罰されたこと、浪費者として準禁治産宣告を受けて改悛が望めないことなどが含まれていました。

3　実務の運用

　廃除については、家庭裁判所に請求することができると規定されており、家事事件手続法では、推定相続人の廃除については、調停又は審判の申立てがで

きることになっています（家事事件手続法188条、別表第1の86）。相続人から遺留分という実体的権利を奪う手続であると考えると、内容的には訴訟事項であると考えられるわけですが、上記のとおり非訟事項として審判の対象となると理解されています（最決昭和59年3月22日家月36巻10号79頁）。

　それでは、どのようなことが廃除の事由となるのでしょうか。一般的には、虐待、侮辱、著しい非行に該当するかどうかは、その行為が相続的共同関係または家族的共同生活を破壊する程度のものかどうかという基準で判断されているようです。言い換えれば、本来の相続分の2分の1である遺留分さえ剥奪されてもやむを得ないような行為をしたと評価できるような場合に廃除を認めていると考えられます。例えば、次のような事例があります。被相続人Xの二女Yは、小学校に入学する頃から、虚言、盗み、家出などの問題行動が目立つようになり、その後も私立中学で虞犯事件を引きおこし、その後も少年院に送致され、暴力団員と婚姻をしました。そこで、XはYを廃除する申立てをしたところ、第1審は、廃除を認めませんでした。これに対し、抗告審である東京高決平成4年12月11日（判時1448号130頁、百選53）は、上記の経過のほか、Xらが婚姻に反対していることを知悉しながら、Bの父Cと連名でXの名前を披露宴の招待状に印刷してXの知人にも送付して公表したという事実を認定し、これらの一連の行為によってXらは多大な精神的苦痛を受け、その名誉が毀損され、その結果、家族的共同生活関係が全く破壊されるに至ったとして廃除を認めました。かなり早い段階から問題行動が生じており、家庭環境にかなり問題があったことを窺わせるもので、被相続人側にも問題があった点を踏まえて、その結果、暴力団関係者と婚姻するに至ったことまでは廃除の理由と言えないというのが第1審の判断のようです。本抗告審も、一応それに理解を示しながらも、それを踏まえても、被相続人が反対しているのに被相続人と暴力団関係者と連名の招待状をXの関係者に出すという、もっとも被相続人がやってほしくないと思っていることを敢えてやっているという点に廃除を認めた理由がありそうです。家庭裁判所で非行事件を扱っていると、子どもばかりを責めて、その原因が親にあることを親自身が余り理解できていないことが多く、それが逆に子どもを非行へと追いやっているケースにしばしば出会います。そのため、本件のような事例に接すると、子どもばかりを責められ

ないので、廃除を認めない傾向があるのですが、本件では、それも踏まえた上で、Ｙらの行為をやり過ぎだと評価したのでしょう。

> 893条（遺言による推定相続人の廃除）
> 　被相続人が遺言で推定相続人を廃除する意思を表示したときは、遺言執行者は、その遺言が効力を生じた後、遅滞なく、その推定相続人の廃除を家庭裁判所に請求しなければならない。この場合において、その推定相続人の廃除は、被相続人の死亡の時にさかのぼってその効力を生ずる。

1　本条の趣旨

　本来、被相続人は、推定相続人を廃除する場合、家庭裁判所への申立てによって行う（892条）のですが、生前にこれを行わず、遺言書の中で廃除の意思を表示する場合があります。本条は、そのような遺言による廃除の請求も有効であるとし、その場合、遺言執行者が遺言の効力が生じてから、家庭裁判所に対し、廃除の請求をする義務があることを規定したものです。この場合、相続開始後の廃除の申立てになるので、廃除がされた場合は、相続時にさかのぼることとして、その結果、最初から相続人にはならなかったことになります。

2　立法の経緯

　明治民法976条は、推定家督相続人の廃除について、遺言によってできる旨を規定しており、同1000条は、同条を遺産相続人に準用していました。この準用された976条をそのまま承継したのが本条になります。遺言による推定相続人の廃除を認めた理由について、梅・民法要義巻之5・49頁以下は、推定相続人の廃除は相続開始の時に意味があるのであって、被相続人が死亡しようとするに当たって廃除しようと欲することがある、しかし、廃除には手続が必要であり、その暇がなく大患でできない場合もある、だから遺言による廃除を認める必要があるのだと説明しています。

3 実務の運用

被相続人が遺言によって廃除を求めている場合には、遺言執行者は廃除の申立てをする職責があります。しかし、遺言書に「廃除」の文言がなくても、実質的に当該相続人の廃除を求めていると解釈される場合には、遺言による廃除の意思があると判断されることになります。

すべての財産をAに相続させる、長男Yを相続人から廃除する旨の遺言書があり、選任された遺言執行者が廃除の申立てをした場合、Aが手続に参加をして、遺言執行者とは別に独自に廃除の手続を遂行することができるかが問題となったケースについて、これを否定した最高裁決定（最決平成14年7月12日家月55巻2号162頁）があります。家事事件手続法188条5項2号は、廃除の却下審判について、即時抗告ができるのは申立人に限定をしているので、廃除を申し立てた遺言執行者以外の者は不服申立てをすることができません。

894条（推定相続人の廃除の取消し）
1 被相続人は、いつでも、推定相続人の廃除の取消しを家庭裁判所に請求することができる。
2 前条の規定は、推定相続人の廃除の取消しについて準用する。

---

1 本条の趣旨

被相続人は、廃除の要件があれば、その相続人を廃除することができますが、その後の事情の変化等によって、相続させてもよいと考えることがあります。その場合、被相続人の意思に沿うのが望ましい。したがって、被相続人は、特段の要件もなく、いつでも、廃除の取消しを家庭裁判所に請求することができるものとしたのが本条1項であり、その場合、自分が亡くなる直前に廃除の取消しをしたいと思うこともあるから、遺言による廃除の取消しもできることとして、遺言による廃除の規定を準用したのです。

2 立法の経緯

 明治民法999条は、本条1項と同じであり、現行法は、これを承継したものです。また、明治民法1000条は、同法976条及び978条を遺産相続人の廃除の取消しにも準用しており、したがって、遺言による廃除の取消しも認められていたもので、この規定がそのまま本条2項として承継されているものです。なお、推定家督相続人の廃除の取消しは、原則として、廃除の原因が止んだときであることが必要でした（同法977条1項）が、被相続人に対する虐待又は重大な侮辱の場合については、特別な要件がなく、何時でも廃除の取消しを請求できるとされていました（977条2項）。

3 実務の運用

 遺言により廃除の取消しがされている場合、特別な要件は必要とされていませんから、被相続人の意思であることが確認できれば、家庭裁判所は廃除の取消しをすることになります。その場合、廃除の取消しの効果は相続時に遡及しますので、当初から相続人として扱われることになります。それでは被相続人の生前に廃除された相続人がいる場合において、廃除されていない相続人が廃除の取消しを請求することができるでしょうか。廃除取消請求権が相続されるかですが、廃除をするか否かは被相続人の意思が重視されており、一般に一身専属的なものであると解されていることから、廃除の取消しはできないと解されます。もっとも、実務的には、他の相続人が廃除された相続人も含めて遺産分割をすれば足りることなので、あまり問題になることはないでしょう（税法上廃除された相続人について法定控除が認められるかは別の問題です）。

> 895条（推定相続人の廃除に関する審判確定前の遺産の管理）
> 1　推定相続人の廃除又はその取消しの請求があった後その審判が確定する前に相続が開始したときは、家庭裁判所は、親族、利害関係人又は検察官の請求によって、遺産の管理について必要な処分を命ずることができる。推定相続人の廃除の遺言があったときも、同様とする。
> 2　第27条から第29条までの規定は、前項の規定により家庭裁判所が遺産の管理人を選任した場合について準用する。

1　本条の趣旨

　推定相続人の廃除又はその取消しの手続は、家庭裁判所に請求して行うこととされており、その手続が確定するまでは、相続人が確定しない状態が生じます。そのような場合でも、他に遺産を管理する人がいて、特段に問題が生じない場合はよいのですが、廃除請求されている人が遺産を管理しているような場合、そのままその推定相続人の管理に委ねるのが相当ではないという場合が生じます。そこで、廃除又はその取消しの審判が確定するまでの間、家庭裁判所は、親族、利害関係人等の請求によって、遺産管理人の選任のほか必要な処分を命じることができることとしたものです。その場合、選任された管理人は、ちょうど不在者財産管理人と同様に管理権のみを持つことになりますので、不在者財産管理人の管理権限の条文を準用することになります。

2　立法の経緯

　本条も、明治民法の規定をそのまま承継したものです。明治民法978条1項は、推定家督相続人の廃除又はその取消しについて、その請求後裁判確定前に相続が開始したときは、裁判所は、親族、利害関係人又は検察官の請求により、戸主権の行使又は遺産の管理につき必要な処分を命じることができる、廃除の遺言があったときも同じであると規定し、同条2項で、民法27条ないし29条を準用していました。そして、同条は、通常の遺産相続の場合にも準用されていました（1000条）ので、「戸主権の行使」を除けば、そのまま遺産相続人に適用されることになります。

3 実務の運用

被相続人は、遺言によっても、推定相続人の廃除の申立てができますから、廃除の手続中に死亡しても、廃除手続は進行することになります。したがって必要に応じて、家庭裁判所は遺産管理人を選任する等して遺産の管理を行うことになります。

廃除の申立てをされている推定相続人が死亡した場合はどうでしょうか。その推定相続人に相続人がいる場合には、廃除の効果が生じるのかどうかを確定させる必要がありますから、手続は続行することになるでしょう（東京高決平成23年8月30日家月64巻10号48頁）。

第 3 章

相続の効力

896条～914条

第3章　相続の効力（896条〜914条）

第1節　総則

> 896条（相続の一般的効力）
> 　相続人は、相続開始の時から、被相続人の財産に属した一切の権利義務を承継する。ただし、被相続人の一身に専属したものは、この限りでない。

1　本条の趣旨

　本条は、相続の一般的な効力を定めています。その原則は、被相続人が死亡時（相続時）に有していた一切の権利義務が、包括的、かつ、当然に相続人に承継されるということです。これは一般原則であり、例外があります。第1に本条ただし書が規定する被相続人の一身に専属した権利義務は承継されません。第2に祭祀用財産は祭祀承継者に承継され、当然には相続人に承継されません（897条）。なお、遺贈や生命保険金を本条の例外として説明するものがありますが、遺贈は、一般に遺贈義務を相続人が承継するものであり、生命保険金は、相続開始の時に被相続人に属した財産ではなく、いずれも本条の例外となるものではありません。そもそも該当しないということと、原則として該当するがその例外になることとは異なるので注意が必要です。

2　立法の経緯

　本条は、本文ただし書ともに、明治民法1001条をそのまま承継したものです。そこでは「被相続人ノ財産ニ属セシ一切ノ権利義務ヲ承継ス」と規定していました。この「財産」に属していた「一切の権利義務」という表現はどのような意味でしょうか。権利義務が「財産」に属するという表現は、少し不自然です。権利義務が被相続人に属するというのなら分かりますが、なぜ「財産」に属するのでしょうか。梅・民法要義巻之5・111頁によると、「一切ノ財産権ヲ取得スルト同時ニ財産上ノ一切ノ義務ヲ負担スヘキモノトセリ即チ被相続人ノ有セシ物権、債権等ハ皆之ヲ取得シ其債務ハ總テ之ヲ負担スヘキモノトセリ」というのであり、財産上の権利義務という趣旨で、財産に属せし権利義務

という表現をしていると考えられます（なお、梅・前掲は、その例外として遺贈が有効な範囲内で相続財産から遺贈の目的たるものは控除されると記載していますが、現行法の解釈としては、後に述べる相続させる旨の遺言とは異なり、遺贈では当然に物権的に受遺者に権利が帰属するわけではないので、なお相続人は遺贈義務を承継すると考えるべきでしょう）。

3　実務の運用

　本条の解釈を巡っては実務上、様々な問題が生じます。まず、一身専属権とは何かに関して、一般に身元保証契約をはじめ、限度額や期間の制限のない包括的な保証契約については、通常、当該個人との信頼関係に基づくものと考えられ、被相続人死亡前に発生している債務についてのみ承継されると解されることが多いようです（大判昭和18年9月10日民集22巻948頁、最判昭和37年11月9日民集16巻11号2270頁、東京地判昭和53年2月16日判タ369号344頁）。身分関係の形成・確認請求権も、一身専属性があると解されています（離縁につき、最判昭和57年11月26日家月35巻11号68頁、認知無効につき、最判昭和57年12月17日裁判集民137号619頁、婚姻無効につき、最判平成元年10月13日家月42巻2号159頁など）。

　生命保険金請求権は、通常、保険契約において受取人とされることによって当該受取人に固有に発生する権利ですから、そもそも相続の対象にはなりません（最判昭和40年2月2日民集19巻1号1頁）。ただし、被相続人が保険料を負担している場合、生命保険金を受領した相続人の特別受益と評価される場合があります。

　無権代理人の行為について、本人は追認することもできますし、追認を拒絶することもできます（113条）。他方、無権代理人は、本人の追認を得られないときは、相手方の選択に従って相手方に対し、履行又は損害賠償の責任を負います（117条1項）。それでは、無権代理人が本人を相続した場合はどうでしょうか。この場合、判例は当然に有効になるとしています（最判昭和40年6月18日民集19巻4号986頁）。反対に、本人が無権代理人を相続しても、本人は、もともと追認拒絶権を持っていますので、追認を拒絶することが信義に反するような場合でない限り、追認を拒絶することは可能です（最判昭和37年4月20

日民集16巻4号955頁)。

　交通事故による死亡の慰謝料請求権の被害法益は一身に専属するものであるが、その侵害に因って発生する慰謝料請求権は、財産上の請求権であり、相続の対象となり、その意思表示をしなくても、当然に相続人に承継されます(最判昭和42年11月1日民集21巻9号2249頁、百選60)。

　相続では、権利だけではなく、義務も承継します。金銭債務の連帯債務者の1人であった被相続人が死亡し、数人の相続人が共同相続した場合、金銭債務は可分であるから、それぞれの法定相続分により分割され、分割された割合で他の連帯債務者との間で連帯債務者となると解されています(最判昭和34年6月19日民集13巻6号757頁、百選62)。

897条(祭祀に関する権利の承継)
1　系譜、祭具及び墳墓の所有権は、前条の規定にかかわらず、慣習に従って祖先の祭祀を主宰すべき者が承継する。ただし、被相続人の指定に従って祖先の祭祀を主宰すべき者があるときは、その者が承継する。
2　前項本文の場合において慣習が明らかでないときは、同項の権利を承継すべき者は、家庭裁判所が定める。

1　本条の趣旨

　本条は、系譜、祭具及び墳墓など祭祀用財産の承継に関する特別規定です。通常、これらも相続財産になるのですが、特別に、祖先の祭祀を主宰すべき者に承継されることを規定したものです。

　第1に、被相続人の指定により決まります(1項ただし書)。第2に、被相続人の指定がない場合、慣習により決まります(1項本文)。第3に、慣習もない場合、家庭裁判所が決めることになっています。

2　立法の経緯

　明治民法では、「系譜、祭具及ヒ墳墓ノ所有権ハ家督相続人ノ特権ニ属ス」

と規定していました（明治民法987条）。これらのものは家系を重んじ、祖先の祭を断たないことを目的とするもので、家督相続には欠くべからざるものである、すなわち、戸主は系譜を保護し、祖先を祭る義務がある、故に掲げたる財産は必ず戸主に属するものとせざることをえない、故に被相続人が財産の包括的一部を家督相続人以外の者に与える場合といえども、右に掲げたる財産は必ずこれを家督相続人に与えざることを得ず（梅・民法要義巻之5・79頁）と説明されています。つまり、その目的は、祖先の祭祀を断たないことに置かれており、そのため、被相続人の意思に反してでも、必ず家督相続人に与えなければならないのだというのが立法趣旨です。したがって、戦後、この条文は家督相続の廃止とともに当然に廃止されるべき性質のものでした。しかし、家制度を維持しようとする勢力が存在し、なんとかこの条文を残そうとする考え方が入り込み、その妥協の産物としてできあがったとされています。家督相続が廃止された以上、それ以外の慣習など実在するものではないし、被相続人が自由に指定できるのであれば、このような条文を残す意味はないし、そもそも家制度を認めない法制度のもとで、家庭裁判所が決める基準もありません。しかも所有権の帰属を決めるだけなので、祭祀承継者が相続した系譜、祭具及び墳墓をいつどのように処分しようとも自由であり、何のために祭祀承継者を決めるのか趣旨が不明です。このような規定をおく社会的必要性は戦後既に消滅したと考えられます。既に指摘してきたとおり、現行民法は、可能な限り明治民法をそのまま残そうとしており、その歪みが最も現れているのがこの条文です。

3　実務の運用

　実際の実務は、この条文からかけ離れています。被相続人が祭祀承継者を指定することも稀ですし、祭祀承継者を特定のものにする慣習も確認されておらず、家庭裁判所が決めるケースも極めてわずかです。実際にどうなっているのかと言えば、相続人の合意によって決められているのがほとんどです。調停で合意することもできます（家事事件手続法別表第二の11の調停事項）。そして、相続人間で合意がされれば有効であると解釈されていますから、実際には、本条文は空文化されています。もし、祭祀用財産の帰属をめぐって争いがあるのであれば、それは遺産分割手続の中で十分に処理することが可能であり、この

ような条文を設ける必要はありません。家庭裁判所に申立てがされても、家督相続制度が廃止された以上、家の存続を目的として家庭裁判所が決めることも相当ではなく、何を基準に判断をしてよいのか趣旨不明です。その結果、家庭裁判所の判断も予測できないものになってしまいます。

　祖先からの墳墓を承継した夫が死亡したことから、妻が祭祀承継者となっていたが、その後、妻が姻族関係終了の意思表示をした後、夫の焼骨を引き取り、改葬するのを妨害してはならないという訴えを、夫の母及び夫の同胞を被告として提起した事案があります。これについて、東京高判昭和62年10月8日（家月40巻3号45頁、百選54）は、夫の死亡後にその生存配偶者が祭祀を主宰することは、民法の法意及び近時のわが国の慣習に徴し、法的にも承認されて然るべきであり、亡夫の遺体、遺骨が祭祀財産に属すべきことは条理上当然であるから、配偶者の遺体、遺骨の所有権は祭祀承継者に帰属し、姻族関係終了の意思表示をした後にこれを引き取って改葬することも、格別に不当視するいわれはないとして、請求を認容しました。

> 898条（共同相続の効力）
> 　相続人が数人あるときは、相続財産は、その共有に属する。

1　本条の趣旨

　家督相続制度が廃止された以上、あらゆる相続において複数人が相続人となる可能性があります。その場合、遺産分割がされるまでは、その相続財産は誰に帰属するのかという問題があり、本条は、その性質を相続人の共有と規定しています。この「共有」の意味については、遺産分割を予定している特別の拘束のある共有という趣旨で「合有」であるという解釈と通常の民法上の「共有」と同じであるという解釈とがありますが、判例通説は、これを通常の民法上の共有であると解釈しています（最判平成17年10月11日民集59巻8号2243頁など参照）。しかし、だからと言って、遺産を構成する個々の財産について個別に共有物分割訴訟を提起することはできず、遺産分割手続によるべきであ

るとされており、その共有状態の解消には、第三者が関与しない限り、遺産分割手続によって行う必要があると解されています。

2　立法の経緯

本条は、明治民法1002条をそのまま承継したものです。明治時代にも、家督相続とは別に通常の遺産相続があり、これについては複数人の相続が予定されていましたから、当然に必要な規定であったわけです。梅・民法要義巻之5・112頁では、遺産分割に関する事項を除き、通常の共有の規定が適用されるとされていましたが、戦前は、合有説も強かったようです。特に遺産分割の効力は相続時に遡って効力が生じる（明治民法1012条）とされていたので、通常の共有にはない拘束力があると考えられていたようです。しかし、後に述べるように、戦後、この遡及効は、第三者の権利を害することができない（909条ただし書）とされたこともあって、共有説が学説上も強くなったようです。

3　実務の運用

しばしば問題となるのは、通常の預貯金等可分債権の取扱いです。民法上の共有では、可分債権の場合、当然に共有持分割合で分割されることになりますから、遺産分割手続を経るまでもなく、相続開始と同時に分割されると解釈されます（最判昭和29年4月8日民集8巻4号819頁、百選65）。しかし、銀行等の金融機関は、相続人全員の承諾がないと特定相続人の持分だけの解約ないし引き出しを認めていません。その理由は、遺言があったり、既に遺産分割が終了していたり、必ずしも法定相続分割合で取得されているとは限りませんから、そのまま戸籍謄本の記載だけで払い戻しをした場合、調査不十分として、準占有者に対する弁済（478条）として保護されないおそれがあるからです。そこで少なくとも戸籍上判明している相続人間で争いがないことを確認しないと、金融機関としては安心して払い戻すことができないわけです。そうすると、相続人間で争いがある場合、お互いに誰か特定の相続人が払い戻しを受けるのに応じることができず、預貯金等の可分債権だけが宙ぶらりんになることが出てきます。また裁判所の遺産分割では、可分債権は法律上当然分割となっているので、原則として遺産分割の対象ではないとしています。そうすると、個々の

預貯金を現金化するためには、個別に金融機関を相手に訴訟をしなければならないという問題が起きてきます。そのため、通常は、遺産分割手続の中で、預貯金等の可分債権も含めて遺産分割をすることに異議はない旨の相続人間の合意をすることで、遺産分割の対象とすることができるとの解釈で、遺産分割の対象に含めて処理をしています。家庭裁判所の遺産分割の審判書又は調停調書において、預貯金等の帰属が明示されていれば、金融機関は、安心してその払い戻しに応じることができることになります。

　また、預貯金が可分債権として法定相続分で分割され、遺産分割の対象にならないとすると、特別受益や寄与分があり、法定相続分では実質的に不公平になる場合、問題が生じます。遺産のほとんどが不動産である場合には、特別受益や寄与分が考慮されて、合理的な調整が可能ですが、ほとんどが可分な預貯金であるとすると、実質的な公平性が害されることになります。そこで、仮に民法上の共有であるとしても、寄与分や特別受益があり、具体的相続分が法定相続分と一致しない場合には、可分債権も遺産分割の対象になると解すべきではないかと考えられます。そこで、最高裁大法廷は2016年12月19日、上記の理由で、可分債権も遺産分割の対象とすべきである旨を判示し、従来、可分債権は遺産分割の対象にならないとした判例を変更するに至りました。したがって、今後は、合意がなくても、寄与分や特別受益がある場合には、可分債権も遺産分割の対象として扱われることになります。

　遺産分割がされる前に、相続人の1人が第三者に対し、その共有持分権を譲渡した場合どうなるでしょうか。民法上の共有ですから、これを第三者に譲渡することは可能です。相続分そのものを譲渡した場合、1か月以内であれば、他の相続人は、その価額及び費用を償還して取り戻すことができます（905条）が、特定の不動産の共有持分を第三者に譲渡した場合は、905条を用いることはできず、その第三者との間では、通常の共有関係になりますので、当該不動産については、共有物分割訴訟によって解決することが必要になります（最判昭和50年11月7日民集29巻10号1525頁）。

　相続開始前に生じた法定果実は遺産分割の対象になりますが、相続開始後に生じた法定果実は、当然に遺産にはなりません。それでは、例えば、賃貸中の建物の賃料収入がある場合、相続後遺産分割前に生じた賃料はどうなるのでし

ょうか。その間は共有だと解釈すれば、相続分の割合で各相続人に分割帰属することになりますし、遺産分割の結果相続時に遡及するという側面から考えると、遺産分割の結果、当該賃料を発生させた建物を取得した相続人に帰属すると解する余地もあります。この点につき、判例は、遺産分割前は共有なので、その対価である賃料債権も共有となり、遺産分割の結果によって左右されないと解しています（最判平成17年9月8日民集59巻7号1931頁、百選64）。

また、金銭の場合、債権とは異なり、それぞれの金銭が共有状態にありますから、相続人は、遺産分割までの間は、相続開始時に存在していた金銭を相続財産として保管している相続人に対し、自己の持分に相当する金銭の支払いを求めることはできないと解されています（最判平成4年4月10日家月44巻8号16頁、百選63）。

共同相続人の1人が相続開始前から被相続人の許諾を得て遺産である建物において被相続人と同居してきたときは、特段の事情がない限り、被相続人と右同居の相続人との間において、被相続人が死亡し、相続が開始した後も、遺産分割により建物の所有関係が最終的に確定するまでの間は、引き続き右同居の相続人にこれを無償で使用させる旨の合意があったものと推認されるのであって、被相続人が死亡した場合は、この時から少なくとも遺産分割終了までの間は、被相続人の地位を承継した他の相続人等が貸し主となり、右同居の相続人を借り主とする右建物の使用貸借契約関係が存続するものとなるというべきであるとされています（最判平成8年12月17日民集50巻10号2778頁、百選70）。

コラム① 遺産分割と配偶者の保護

一般に自宅で同居している夫婦の場合、配偶者の死亡によって他方配偶者がその建物に居住できなくなるとは考えていないし、遺産分割によって帰属が確定するまでの間、当然その居住を認めるのが配偶者の合理的な意思として推認されます。例えば、夫名義の自宅に夫婦で住んでいる場合において、夫が死亡したとき、夫としては通常妻が引き続きその建物に住むことを許容していると考えられ、妻も居住する意思であるのが普通である。そこで、最判平成8年12月17日民集50巻10号2778頁（判百70）は、そのような合意があったものと推認されるから、少なくとも遺産分割が終了するまでの間は、被相続人の地位を承継した相続

人らを貸主とし、同居人を借主とする使用貸借関係が成立するとしたわけです。しかし、それは、通常、被相続人とその同居人との合理的意思がそのようなものだと推認されるというだけのことであり、しかも上記判例は、配偶者に限らず、同居人や内縁の妻を広く含むものであり、常にそのような意思であるのかは定かではなく、そのような合意までは推認できないとする批判もあります（高木多喜男・平成8年度重要判例解説87頁など参照）。

そのため、中間答申では、配偶者の居住権を保護するための方策として、第1に、遺産分割が行われる場合の規律の方法を提案しています。その内容は、「①配偶者は、相続開始の時に被相続人所有の建物に無償で居住していた場合には、遺産分割（協議、調停又は審判）により当該建物の帰属が確定するまでの間、引き続きその建物を無償で使用することができるものとする（以下では、この権利を「短期居住権」という。）。」とし、「②短期居住権の取得によって得た利益は、配偶者が遺産分割において取得すべき財産の額（具体的相続分額）に算入しないものとする。」というものです。そのうえで、配偶者は、定まった用法に従って使用し、善管注意義務を負い、必要費を負担し、有益費について法定相続分に応じて償還すべきものとし、譲渡・転貸を禁止し、違反すれば短期居住権が消滅し、又はほかの相続人は消滅させることができるとし、また配偶者が明け渡し、あるいは死亡した場合は消滅すること、その場合、原状回復義務を負うこと、当該建物を遺言により、配偶者以外の者が取得した場合、半年など一定期間経過すれば明け渡すべきことなどが定められています。

第2に「長期居住権」を新設し、遺産分割又は審判で長期居住権を配偶者に与えるとした場合、遺言又は死因贈与契約により長期居住権が与えられている場合にこれが認められ、また、その内容としては短期居住権に類似した内容を定めています。

しかし、このような規定は、実務の実情を考えると、いささか問題があります。まず、相続の現場は多様であり、配偶者の保護の必要性も多様であるわけですから、一律に定まった法定効果を有する短期居住権を設定するというのは硬直した運用になり、実情に反する結果をもたらすおそれが高いと考えられます。また、上記判例では配偶者に限らず、内縁の妻や同居して家業をともにする子らも含まれていますが、本改正案では配偶者だけに短期居住権を限定することから、他の同居人の居住を制限する解釈がとられる危険があり、実務の運用を害するおそれがあります。他方、長期居住権が設定される場合というのは、遺産分割の合意、調停、審判の成立、遺言又は死因贈与契約がある場合などに限られるとすると、それは別に保護でもなんでもなく、そのように決まればそうなるというだけのこ

とで、債権的合意の内容や与える権利の内容について、通常の賃借権や使用借権とは別の利用権を類型化して付け加えるだけのことにしかならないように思います。実際にも、長期居住権の内容と異なる合意、調停、審判、遺言、死因贈与をするのも自由であるとすると、このような限定した類型だけを規定することは、遺産分割の方法や遺贈・死因贈与の方法として利用権設定という方法もとることができるという以上の意味はあまりないように思われます。それではどうすべきか。

遺産分割までの配偶者保護についていえば、上記最判に従って、遺産分割まで居住できること、その間の居住が不当利得にならず、公租公課を負担し、必要な修繕をした場合などは、配偶者の負担とすることなど一定の必要な事項だけを定めるのがよいと思います。もし遺産の維持、管理方法に問題があれば、速やかに遺産分割請求をして帰属を決めてしまえばよいのであって、それをしないで用法違反の有無などの規定を細かに設け、その点を巡り、通常の使用貸借終了時のような紛争を相続人間に持ち込む機会を与えることは、かえって遺産分割を長期化させるものであり、紛争を長期化させるおそれがあります。

また、配偶者の長期居住権についていえば、遺産分割によって配偶者が当該建物を取得するとした場合、法定相続分や具体的相続分ないしは遺言によって与えられた相続分を超え、かつ、配偶者が代償金を負担できないため、当該建物自体を配偶者に帰属させてしまうことができないが、それでも、配偶者がその建物に住むことができるようにする必要が強い場合に問題が生じるわけです。したがって、そのような場合、遺産分割方法の一つとして相続分相当額の賃借権設定をする遺産分割方法を審判で行うことができることにすれば、事案に応じた柔軟な解釈が可能になり、また、すべての建物を帰属させると、遺留分を侵害するおそれがある場合、侵害しない程度の使用権を設定する遺言又は死因贈与をすれば足りるものと考えられます。

これは、民法典の中に配偶者保護という社会的な必要性から生じる問題を組み込もうとするので難しくなるのであり、内縁の妻をはじめ、社会的保護の視点から、別途検討する必要があるように思います。配偶者保護と言ってもほとんどの場合、妻の保護であり、なぜそれが必要になるのかと言えば、男女不平等という社会的不合理から生じるのであり、平等関係を前提とする民法典にこの問題を組み入れるのは、その不平等を固定化するものであり、望ましい処理ではありません。

第3章　相続の効力（896条～914条）

コラム②　遺産分割と可分債権

　複数の相続人が相続をした場合、遺産は共有状態になりますが、この共有は、明治民法時代から、一貫して、民法上の通常の共有と解されてきました。そして、民法上の共有であるから、遺産である可分債権は法律上当然に分割されたものとして扱われるとし、そのため、遺産分割の対象にならず、かつ、寄与分は特別受益による相続分割合の修正も受けないと解されてきました。

　しかし、これに対しては、可分債権として分割されていると言っても、実際には、預貯金など通常可分債権となる場合でも、それぞれ法定相続分の割合で銀行から預貯金を引き出すことができるかと言えば、銀行はこれに応じておらず、事実上、相続人間での合意がないと預貯金の一部解約もできないこととされています。また、特別受益や寄与分がある場合、不動産が大部分の場合には、それに応じた修正がされるのにもかかわらず、預貯金がほとんどの場合には、どれだけ特別受益や寄与分があっても、合理的な修正ができないという結果をもたらしています。

　そこで、このような不合理を解消するため、中間試案では、いくつかの提案がされています。まず甲案では、従前どおり、可分債権であるから法定相続分で分割されていることを前提としつつ、具体的相続分の算定の際には、可分債権も含め、もし先に受領をした相続人がいれば、それを具体的相続分から控除すること、その結果、マイナスになれば、超過分について金銭支払い債務を負担させること、法定相続分と異なる分割をした場合、対抗要件を備えないと第三者に対抗できないとすることなどを規定してします。

　乙案では、可分債権を遺産分割の対象に含め、かつ、遺産分割が終了するまで可分債権の行使を禁止するという考え方です。

　甲案では、預貯金債権等の可分債権を対象としているところ、預貯金債権については、上記のとおり、銀行実務では、相続人全員の同意がなければ、葬儀や当面の生活に必要であるなどの場合を除き、その一部解約にも応じていません。なぜなら、法定相続分の割合で相続された状況にあるのか、銀行では確認ができないからです。つまり、第三者に包括遺贈されていれば、債権者は包括受遺者です。遺言により、その帰属が定められていれば、その帰属通りの法律関係が生じています。すでに預貯金も含めて遺産分割の合意又は審判がされ、法定相続分とは異なる帰属が確定しているかもしれません。その可能性があるのにもかかわらず、法定相続分の割合で弁済をすれば、無権利者に対する弁済となる危険があり、その場合、法定相続分による分割以外の処理がされている可能性のないことを確認

しないで、弁済をした以上、民法478条により、準占有者に対する弁済として、金融機関は保護されないおそれが生じるからです。したがって、法定相続人の一部が相続分の割合についてだけ金融機関から弁済を受けることができるという前提の条文は、実務的にみれば、現実的ではありません。もし、そうするなら、法定相続分を弁済しても、債権者は保護されるという前提が必要となります。

　他方、乙案のように一部弁済を原則的に禁止するという規定を置く意味もあまりありません。遺産分割事件の処理では、通常流動資産がないと適正な遺産分割を不可能とするおそれがあること、銀行等では原則として、一部解約を認めず、遺産分割外とすると、かえって、その処理に困難をきたすこと、遺産分割の調停・審判では、特別受益や寄与分がある場合、預貯金等を除くと、具体的に公平性を有する遺産分割をすることに支障を生じることなどを理由として、当事者に預貯金等も含めて遺産分割の対象とすることに合意をするよう求めており、特段の事情がなければ、そうした裁判所の提案に異議が述べられることはなく、分割対象として扱うことが多いのです。したがって、遺産分割の審判においては、合意がない場合でも、審判対象にできるという規定さえあれば、多くの問題は解決します。

　そのような状況のもとで、平成28年12月19日、最高裁大法廷は、2人の相続人がおり、その1人に5000万円以上の特別受益があり、遺産として4000万円の預貯金があるケースについて、公平な遺産分割のためにはできる限り幅広い財産を対象とすることが望ましく、遺産分割の対象とされている現金と預貯金との間には、それほどの差はないとし、15人全員の意見として、可分債権としての預貯金も遺産分割の対象となるとし、これまでの判例を変更する判断を示しました。また、当面必要な生活費については、その払い出しを認める保全処分を認めることによって解決可能であるとする5人の裁判官の補足意見が付されています。

　したがって、当面、立法を待つまでもなく、これによって、合意がない場合でも、公平な分割のために必要があれば、遺産分割の対象とすることが可能となり、多くの問題は解決できることになりました。

> 899条
> 各共同相続人は、その相続分に応じて被相続人の権利義務を承継する。

1 本条の趣旨

本条は、共同相続の場合、各相続人は、それぞれの相続分の割合に応じて、被相続人の権利義務を承継する旨を定めたものですが、この「相続分」が法定相続分を指すのか、指定相続分を指すのか、具体的相続分を指すのかについては争いがありますし、具体的に問題となる場面によって、必ずしも一律には言えないので、あくまで一般原則として、多様な意味を持った相続分を指しており、臨床的には、問題となる場面によって解釈に違いが生じることになります。

2 立法の経緯

本条は、明治民法1003条と全く同じ規定であり、これを承継したものです。同条の趣旨について、梅・民法要義巻之5・113頁は、所有権につき相続分の2分の1であれば半分の共有権を取得すべく、1万円の債権につき相続分が3分の1であれば3333円余りの債権を取得すべく、債務については、甲は5000円の義務を、乙は3333円余りの義務を負うと説明しており、これをみる限り、法定相続分を念頭に置いていると理解されます。また、分割されると債権者の保護に欠けるのではないかという問題に対しては、債権者の保護については、財産分離もあり、他にも債権者を保護する方法はいろいろあり、他方、相続人に被相続人が負っていた以上の連帯責任を負わせるのは相当ではないと説明しています。

3 実務の運用

実際の実務では、問題となる場面によって、この「相続分」の解釈は異なります。法定相続分3分の1を有する相続人が第三者に3分の1の持分を譲渡した場合において、被相続人の指定により当該相続人が4分の1の持分権しか有していなかった場合の法律関係について、最高裁は、被相続人の指定によって4分の1しか相続分を持たない者は、それを超える持分については無権利者で

あり、無権利者から譲り受けた第三者は、登記に公信力がない以上、法定相続分を取得することはないから、そのような第三者に対しては、登記なくして指定相続分を取得した者はその権利を主張できるものとしました（最判平成5年7月19日家月46巻5号23頁）。しかし、例えば遺産分割において具体的相続分が認められないことに確定した相続人が第三者に法定相続分ないし指定相続分の権利を主張できるのかとなると、最終的に具体的相続分がないと確定した相続人は無権利者であるから、仮に法定相続分があるとしても、その権利主張は認められないでしょう。では、本条の「相続分」は、具体的相続分を指すのでしょうか。例えば債務の場合に具体的相続分を指すとすると、既に遺産の前渡しとして多額の財産を取得した者は具体的相続分がない結果として債務を相続せず、事前に遺産を全く取得していない無一文の相続人が多くの具体的相続分を取得したという場合、債務も多くを取得したことになり、回収できない場合も生じることになります。債権者にとっては、具体的相続分は分からず、かつ、具体的相続分は遺産分割手続の際の計算上の価額に過ぎないから、具体的相続分の確認を求めることはできないと解されている（最判平成12年2月24日民集54巻2号523頁）ことからすると、本条の「相続分」を具体的相続分として理解することは難しいでしょう。このように実務的には、実質的な権利関係を念頭に置きながら個別にバランスのとれた解釈を施すしかなく、この規定は、あくまで相続分は連帯せず、分割されるのだという、そのような一般原則を表明したものと解するしかないように思われます。

第3章　相続の効力（896条～914条）

第2節　相続分

> 900条（法定相続分）
> 　同順位の相続人が数人あるときは、その相続分は、次の各号の定めるところによる。
> 　一　子及び配偶者が相続人であるときは、子の相続分及び配偶者の相続分は、各2分の1とする。
> 　二　配偶者及び直系尊属が相続人であるときは、配偶者の相続分は、3分の2とし、直系尊属の相続分は、3分の1とする。
> 　三　配偶者及び兄弟姉妹が相続人であるときは、配偶者の相続分は、4分の3とし、兄弟姉妹の相続分は、4分の1とする。
> 　四　子、直系尊属又は兄弟姉妹が数人あるときは、各自の相続分は、相等しいものとする。ただし、父母の一方のみを同じくする兄弟姉妹の相続分は、父母の双方を同じくする兄弟姉妹の相続分の2分の1とする。

1　本条の趣旨

　本条は、法定の相続分割合を定めたものです。特に被相続人が遺言によって異なる相続分を指定しない限り、本条の規定によって相続分割合は決まってくることになります。後に述べる特別受益や寄与分などによって修正された具体的な相続分に対し、抽象的相続分と呼ばれることもあります。

　配偶者と子がいる場合、配偶者が2分の1、子が2分の1です。子の数がどれだけ多くても、配偶者の2分の1は動きません。

　配偶者はいるが、子がおらず、直系尊属（父母、祖父母など）がいる場合、配偶者が3分の2、直系尊属が3分の1です。実父母、養父母など、その人数にかかわらず、配偶者の3分の2が確定しています。

　配偶者はいるが、子も直系尊属もおらず、兄弟姉妹がいる場合、配偶者が4分の3、兄弟姉妹が4分の1を相続します。

　配偶者は1人だけですが、子、直系尊属、兄弟姉妹は、複数人いる場合があります。その場合、各相続人の相続分の割合は等しいものとするのが原則です。

これには、例外があって、兄弟姉妹には、被相続人と父母を同じくする兄弟姉妹と父母のいずれかを異にする兄弟姉妹がいる場合があります。このように両方の兄弟姉妹がいる場合、父母を異にする兄弟姉妹の相続分は父母を共通とする兄弟姉妹の相続分の2分の1とされています。

2 立法の経緯

　明治民法では、親等の近い直系卑属、既にその直系卑属が死亡している場合において、その直系卑属がいる場合は、当該直系卑属、直系卑属がいない場合、配偶者、どちらもいない場合、直系尊属、直系尊属もいない場合、戸主とされていました（明治民法994〜996条）。そして、同順位の相続人が数人いるときは各自の相続分割合は同じだが、直系卑属が数人いるときは、嫡出でない子の相続分は嫡出子の相続分の2分の1と規定されていました（同法1004条）。これに対し、戦後は、配偶者の地位を高め、配偶者は常に相続人になるとし、戸主制度が廃止されたことにより、戸主の相続がなくなるとともに、直系卑属も直系尊属もいない場合、すべてを配偶者に相続させるのではなく、兄弟姉妹にも相続権を認める改正を行いました。その結果、配偶者と直系卑属が相続人の場合は、配偶者が3分の1、直系卑属が3分の2、配偶者と直系尊属が相続人の場合は、配偶者が2分の1、直系尊属が2分の1、配偶者と兄弟姉妹が相続人の場合は、配偶者が3分の2、兄弟姉妹が3分の1とされました。また、嫡出でない子と嫡出子がいる場合、明治民法の規定同様、嫡出でない子の相続分は、嫡出子の相続分の2分の1とし、兄弟姉妹の場合、父母を共通としない兄弟姉妹は、父母を共通とする兄弟姉妹の2分の1とする例外規定が設けられました。

　その後、昭和37年法律第40号により、直系卑属は「子」に改められました。また、配偶者は、離婚をする場合、夫婦で形成した財産を半分ずつ分け合うのに対し、死別の場合、3分の1しか取得できないとするのは、配偶者の保護に欠けるとの批判が生じて、昭和55年法律第51号により、配偶者の法定相続分について現行規定の割合に改められました。他方、嫡出でない子の相続分を嫡出子の2分の1とする明治民法以来の規定については、法の前の平等を規定する憲法14条に反するとの主張が出されるようになりました。最高裁は、確か

第3章　相続の効力（896 条〜 914 条）

に立法としてはその方が望ましいものの、婚姻制度を維持するためという目的との関係から違憲の疑いはあるが、違憲とまでは言えないとして、立法府による改正を暗に促してきました。しかし、いつまで経っても立法府が不合理な規定を改めなかったため、遂に最高裁大法廷は、この規定は、遅くとも平成13年7月当時においては、憲法14条1項に違反をしていたと判示するに至りました（最大決平成 25 年 9 月 4 日民集 67 条 6 号 1320 頁、百選 57）。その結果、平成 25 年法律第 94 号により、本条 4 号ただし書にあった「、嫡出でない子の相続分は、嫡出である子の相続分の 2 分の 1 とし」との文言を削除するに至ったのです。

3　実務の運用

　実務の運用は、多くは条文を前提とし、遺言書がない場合には、当時の法定相続分を前提として遺産分割が行われていましたが、嫡出でない子の相続分を嫡出子の 2 分の 1 とすることについては、かなり早い段階から批判があり、家事調停の実務では、当事者を説得して、嫡出でない子と嫡出子との相続分を同じ割合で調停を成立させることも行われていました。また、審判の中でも、本条 4 号ただし書に規定のあった同内容を違憲であるとするものが出ていました。最高裁も、違憲の疑いがあるとして、小法廷の 5 人の裁判官のうち 2 人が違憲の意見を出し、前記のとおり、立法府に対し、法改正を促すメッセージを発信し続けていましたが、いつまで経っても法改正がされないため、やむなく違憲判決をするに至ったのです。本来、早期に立法府においておかしな条文は改正し、ある時期以降一律に改正後の条文を適用するのが望ましいのですが、立法府がそれを怠っている場合には、違憲となるのがいつからなのか不分明になるというデメリットがあっても、判決で違憲を宣言しなければならない場合が生じるのです。民法親族法、相続法には、明治民法をそのまま承継している条文が至るところにあり、おかしな条文が今なお多く存在しているのであり、臨床実務に携わる者は、改めて現行法がそのままでよいのかを深く考えながら、これを運用することが必要とされているのです。

コラム③　嫡出でない子の法定相続分

　戦後の民法改正では、嫡出でない子の相続分を嫡出子の2分の1とする明治民法1004条の規定がそのまま承継されました。しかし、子の立場からすると、両親が婚姻していた場合とそうでない場合とで、相続できる割合に差があるということは、納得のできない不合理なことであり、明治時代の家制度を前提とすれば、家の維持のため、嫡出子と庶子を区別するというのは理解できるとしても、戦後の民主主義のもとでは許容されない性質を持っているものでした。そのため、戦後改正から間もなく相続法の改正の検討が始まり、ようやく昭和54年7月17日付法務省参事官室から民法改正要綱試案が発表され、その中に、嫡出でない子と嫡出子との相続分を同じとする旨の改正案が示されました。しかし、昭和55年に国会に内閣から提出された民法改正案には盛り込まれませんでした。

　同民法改正案を審議する衆議院法務委員会には、4人の参考人が出席し、意見を述べましたが、その中で、人見康子参考人は、嫡出子と嫡出でない子の差別は「日本国憲法の理念に照らしても問題があり、早急の検討が必要であるということを一言付け加えさせていただきたい」（昭和55年4月8日法務委員会議事録第13号2頁第1段）と述べ、鍛冶千鶴子参考人は、この差別は婚姻関係の尊重を目的とするということで合理化されてきたが、両者の差別を解消しても婚姻関係尊重とは抵触しないし、「生まれた子には何の罪もないのに、偏見から同じ親の子同士の間に優劣をつけることはこの際やめなければならないというふうに考えるわけでございます。」「欧米諸国でも、この十年ほどの間にこのような差別法制はほとんど姿を消したことにかんがみましても、このような少数の声をこの際くみ上げなければ世界の趨勢におくれをとるということにもなりかねないと考えるわけでございます。すべての子が出生等によって差別されずに健やかに育成されるべきだとする国際児童年の精神から申しましても、また、法のもとの平等をうたった憲法理念の貫徹のためにも、ここで修正案を出すほどの見識が示されることを希望いたしたいわけでございます」（同議事録3頁第1・2段）と述べたが、当時の国会では、国民感情の機が熟していないとの理由でそのままになったわけです。

　その後、最高裁は、違憲とまでは言えないが、違憲の疑いが強いとして、何度も5人の内2人の裁判官が違憲であるという少数意見を伴って立法による改正を促してきましたが、国会は動かず、やむを得ず、平成25年9月4日、最高裁大法廷判決により、違憲の判断が示されたわけです。ここには、差別の解消のため、民意の成熟をまっていてよいのかという問題があります。国民の間に差別意識が

第3章　相続の効力（896条〜914条）

ある場合において、それが法のもとでの平等に反しているなら、仮に多数の国民の意思に反するとしても、違憲の判断を示して、立法化するのが国会の良識ではないかという問題です。多くの国民が差別意識を持って少数者を差別しているとき、国民が望んでいるとして差別を解消するための立法や違憲判断をためらうなら、差別はいつまで経ってもなくならないことになってしまいます。終戦直後、嫡男長子だけを優遇する家制度を廃止するかどうかのアンケート調査をしていれば、まだ当時は、家制度の存続を求める意見が多数を占めたでしょう。多数が正しく、それに従うことが正しいことだとすれば、正義はどこにあるのでしょうか。それは、多数が少数者を差別する自由を放置してよいのかという問題でもあります。憲法14条の趣旨は、多数が少数者を差別する立法を許容しないというところにあります。差別というのは自分が差別される側に立って初めて自覚できることです。多数が反対しているからという理由で、あるいは、別の利益を守るためという目的により、少数者が差別されてよいという国では、差別をなくすことはできないでしょう。

コラム④　配偶者の相続分

　明治民法では、通常の遺産相続における相続人は、原則として直系卑属（994条）又はその代襲相続人（995条）であり、いずれもがいない場合に限り、配偶者が単独で相続人になる（996条）とされていました。したがって、子や孫等がいる場合には、配偶者は相続せず、配偶者が相続する場合には、単独で相続するものとされていたので、配偶者に相続分という観念はありませんでした。
　戦後、配偶者の法的地位（具体的には妻の地位）を引き上げるため、配偶者は常に相続人になるとし、配偶者の相続分割合は、子や孫等がいる場合は3分の1、子や孫がおらず、直系尊属とともに相続人となる場合は2分の1、兄弟姉妹とともに相続人となる場合は3分の2と定められました。戦後間もない時期には、やはり、相続をもって、個人財産の次世代への承継という観念が強く、子の相続分を重視した内容となっていたわけです（改正前の900条）。
　しかし、相続は、その財産によって生活が予定されていたものの保護という視点が強くなり、また、シャドーワークとされていた家事労働の意義が見直され、専業主婦の財産の維持増大への貢献という観点から財産分与も2分の1が原則とされるようになり、相続における配偶者の地位とのアンバランスが生まれてきたことから、昭和55年法律第51号により、配偶者の相続分は、現行規定のとおり、

54

それぞれ2分の1、3分の2、4分の3と改められました（現行900条）。また、同時に被相続人の財産の維持又は増加について特別の寄与がある者の具体的相続分を寄与分として定めることができることとしました（904条の2）。

その後35年以上が経過し、その間、共働きの夫婦が増加し、その半面、家事労働の分担は必ずしも進んでいない現状から、妻の相続分を2分の1にとどめるのは少なすぎると考えられるケースが生じており、これを何らかの形で2分の1以上に増やす必要があること、その半面、婚姻前に蓄えた財産がほとんどで、婚姻後に蓄積した財産がわずかしかない場合にも配偶者が2分の1を取得するというのは、財産形成への寄与という側面から見ると、過剰ではないかとの指摘もされています。

そこで、中間答申では、いくつかの案が出されています。

甲案は被相続人の財産が婚姻後に一定の割合で増加した場合、その割合に応じて配偶者の具体的相続分を増やすという考え方であり、まず、婚姻後の増加分については法定相続分よりも相続割合を高め、婚姻前の財産分については逆に法定相続分よりも低い割合とする。

乙－1案は、婚姻成立後一定期間（20年又は30年）経過した後、夫婦の協議により配偶者の相続分を引き上げる旨を法定の方式により届け出ることにより、それぞれの相続分は、3分の2、4分の3、5分の4に引き上げる。

乙－2案は、上記の場合、協議による届出なしで、当然に法定相続分を引き上げる。

という内容です。甲案は、寄与分と同様の考え方に立っており、財産増加に寄与した部分については、2分の1よりも上げ、寄与していない分については、2分の1よりも下げることで、財産形成への寄与の実態を反映させようという案であり、乙案は、長期間婚姻関係にある場合には配偶者の割合を高めようという案です。

甲案は、実態を反映させるという意味では優れていますが、長期間になると婚姻時の財産額をどれだけ客観化できるのか、また、事実婚が先行する場合、時点修正を行うのかなどの問題があり、更に、婚姻前には相当の財産があったが、夫が浪費家で、婚姻後に多額の資産をくいつぶし、他方、妻は稼働して支えてきたが、最終的に婚姻時の財産を維持するのが精いっぱいだったような場合、全体としての割合は2分の1よりも減少してしまい、不公平な結果になりますし、また、再婚で、先妻との間に子がいる場合において、再婚して仕事を辞めて、専業主婦になったのに、財産形成ができない間に死別したような場合、後妻の保護に欠けることになるのを考えると、形式的に婚姻前と婚姻後に分けることでは実質公

第3章　相続の効力（896条〜914条）

平を害したり、配偶者の保護に欠ける場合が生じることが懸念されます。

他方、乙案については、長期間婚姻関係にある配偶者の貢献の評価と保護という点では優れていますが、これも、長期間別居しており、その間、内縁の妻の貢献で被相続人の財産が増加したという場合、実態関係からずれた結果をもたらすおそれがあります。また、20年又は30年という区切り方をした場合、ちょうど20年又は30年ぎりぎりのところで、相続分割合が大きく異なってくることになり、わずかの違いで大きな違いが生じるとなると、そこで相続人間の紛争を引き起こすことも懸念されます。現行制度も含めて、ケースによってどうしても実態関係とアンバランスになる場合が出てくることは避けられないのですが、できるだけ形式で判断しながらも、実態的正義が生かされ、かつ、紛争が生じにくい制度設計が望まれます。

901条（代襲相続人の相続分）
1　第887条第2項又は第3項の規定により相続人となる直系卑属の相続分は、その直系尊属が受けるべきであったものと同じとする。ただし、直系卑属が数人あるときは、その各自の直系尊属が受けるべきであった部分について、前条の規定に従ってその相続分を定める。
2　前項の規定は、第889条第2項の規定により兄弟姉妹の子が相続人となる場合について準用する。

1　本条の趣旨

本条は、代襲相続人の相続分について規定をしています。代襲相続というのは、被相続人の子が先に死亡したり、欠格事由があったり、廃除されたりして相続人になれなかったときには、その者の子（直系卑属）が相続人となること（887条2項）、同様にその者の子が、同様の理由で相続人になれなかったときは、更にその子（直系卑属）が相続人になること（同条3項）で、その場合の相続分は、その者が持っていた相続分と同じで、もし複数いれば、900条の法定相続分の規定に従って相続分が決められることになります。また、兄弟姉妹の代襲相続の場合にも887条2項が準用される（889条2項）ので、当該兄弟姉妹

の持っている相続分と同じ相続分を、その直系卑属が相続し、複数いれば、900条の法定相続分の規定に従って相続分が決められることになります。ただし、兄弟姉妹の場合には、887条3項は準用されていませんので、代襲相続の代襲相続はありません。

2 立法の経緯

本条のうち、直系卑属の代襲相続については、明治民法1005条と同趣旨の規定であり、それがそのまま承継され、併せて、戦後の改正では、兄弟姉妹の代襲相続も付加されたことから、同規定を兄弟姉妹の代襲相続にも準用する旨の規定を置いたという経緯です。したがって、代襲相続の場合、当該被代襲者の持っていた相続分をそのまま承継すること、代襲相続人が複数いる場合には、相続分は相等しいものとすること、ただし、嫡出でない子の相続分は嫡出子の2分の1とすることについては、戦後の改正では、そのまま明治民法が承継され、兄弟姉妹に準用されるに至ったわけです。そして、昭和37年法律第40号により、民法900条で「直系卑属」と表現されていたものを「子」に改め、昭和55年法律第51号により配偶者の相続分を強化し、民法901条の「直系卑属」も「子」に改め、平成25年法律第94号により嫡出でない子の相続分と嫡出子の相続分に差異を設ける規定が削除され、現在に至っています。

3 実務の運用

代襲相続人の相続分については、嫡出でない子と嫡出子との相続分の差別の合理性が否定され、立法的に同差別規定が削除されたことから、解釈上の争いはなくなりました。基本的に代襲相続人は、被代襲者の持っている相続分をそのまま承継する立場であり、もし複数の代襲相続人がいる場合には、原則として同順位の相続人の相続分は均等に分割されることになります。

第3章　相続の効力（896条〜914条）

> 902条（遺言による相続分の指定）
> 1　被相続人は、前2条の規定にかかわらず、遺言で、共同相続人の相続分を定め、又はこれを定めることを第三者に委託することができる。ただし、被相続人又は第三者は、遺留分に関する規定に違反することができない。
> 2　被相続人が、共同相続人中の1人若しくは数人の相続分のみを定め、又はこれを第三者に定めさせたときは、他の共同相続人の相続分は、前2条の規定により定める。

1　本条の趣旨

本条1項は、被相続人が遺言により、法定相続分と異なる相続分を指定することができ、また、その指定を第三者に委託することもできる旨を規定しています。本条2項は、相続人の一部の相続分だけを指定した場合、あるいは第三者にこれを委託した場合、指定又は委託していない他の共同相続人の相続分については、法定相続分による旨を規定しています。ただし、遺言によって奪うことができない遺留分を侵害することはできないので、遺留分を侵害するような相続分の指定に対しては、当該相続人は遺留分の減殺を請求することができます。「遺留分に関する規定に違反することができない」という趣旨は、当然に無効になるのではなく、遺留分の規定に従って減殺請求ができるということを意味しています。

2　立法の経緯

本条は、明治民法1006条をそのまま承継したものです。つまり、家督相続を除き、明治時代から被相続人の指定が法定相続分に優先し、かつ、遺留分の規定がこれに優先するという法構造は、何も変わりはありません。

3　実務の運用

遺言書の中に「相続分を指定する」との文言がなくても、被相続人の意思が実質的に相続分の指定と解釈できる場合には、本条に該当すると考えるのが実務です。例えば、公正証書の中で特定の財産を特定の相続人に「相続させる」

旨が記載されているときは、特段の事情がない限り、遺贈ではなく、相続分の指定を伴う遺産分割方法の指定と解すべきである（最判平成3年4月19日民集45巻4号477頁、百選86）、相続人の1人に全財産を相続させる旨の遺言は、相続債務について当該相続人にすべてを相続させる意思がないことが明らかな特段の事情がない限り、当該相続人に相続債務もすべて相続させる旨の意思が表示されたものと解すべきである（最判平成21年3月24日民集63巻3号427頁、百選87）、一切の財産を11名の相続人のうちの2名に平等に相続させる旨の遺言は、相続分の指定と解される（東京地判平成3年7月25日判夕813号274頁）、相続人の1人に「遺贈する」との文言であっても、登録免許税上有利な相続分の指定と解するのが被相続人の意思に沿うと考えられる（仙台地判平成9年8月28日判夕987号154頁）などの事例があります。

　法定相続分を下回る指定を受けた相続人が、そのことを隠して、第三者に法定相続分を譲渡した場合、その第三者は、法定相続分を取得できるでしょうか。本来、法定相続分を下回る相続分しか有しない者が、法定相続分を譲渡しても、登記に公信力がない以上、その第三者は法定相続分に相当する財産を取得することはできません（最判平成5年7月19日家月46巻5号23頁）。

　遺留分を侵害する相続分の指定がされた場合は、どうなるのか。遺贈と同じく、遺留分を侵害する相続分の指定も、当然に無効になるものではなく、遺留分権利者が遺留分減殺請求権を行使できるにとどまります。また、通常、遺留分減殺請求をすると、すべての財産について、遺留分の割合で共有関係が生じると解されていますが、相続分の指定の場合は、各共同相続人が全財産上に有する権利義務の承継割合を修正するにとどまり、その修正された割合で遺産分割をすべきであると解されています（東京地判平成3年7月25日判夕813号274頁）。

第3章　相続の効力（896条〜914条）

> 903条（特別受益者の相続分）
> 1　共同相続人中に、被相続人から、遺贈を受け、又は婚姻若しくは養子縁組のため若しくは生計の資本として贈与を受けた者があるときは、被相続人が相続開始の時において有した財産の価額にその贈与の価額を加えたものを相続財産とみなし、前3条の規定により算定した相続分の中からその遺贈又は贈与の価額を控除した残額をもってその者の相続分とする。
> 2　遺贈又は贈与の価額が、相続分の価額に等しく、又はこれを超えるときは、受遺者又は受贈者は、その相続分を受けることができない。
> 3　被相続人が前2項の規定と異なった意思を表示したときは、その意思表示は、遺留分に関する規定に違反しない範囲内で、その効力を有する。

1　本条の趣旨

　本条は、いわゆる特別受益について規定したものです。特別受益というのは、遺贈又はある程度まとまった生前贈与を受けた相続人がある場合、法定相続分どおりに分割をすると、当該相続人が他の相続人よりも多くの遺産を取得することになり、公平に反することから、その遺贈又は贈与の価額を特別受益として、贈与の場合は、その特別受益分を加えて、法定相続分で分割し、その特別受益を受けた相続人については、その価額から特別受益分を控除した残額をその相続人の具体的な相続分とすることを定めた規定です。例えば、兄と弟がいて、父の遺産1000万円を相続したが、兄が生前父から400万円の贈与を受けていた場合、その遺産1000万円に贈与を受けた400万円を加えた合計1400万円を法定相続分の各2分の1で分割すると、兄弟の相続分は各700万円となるが、兄は400万円の生前贈与を受けているので、700万円から400万円を控除した残額300万円を取得することになり、その結果、弟は700万円を取得することで公平を図るという規定です。

　その場合、もし兄の生前贈与が1000万円だったとすると、合計2000万円となり、法定相続分で分割すると、1000万円となり、兄は既に1000万円をもらっているので、計算上、兄の取得分はないことになります。兄の生前贈与が1200万円だったとすると、合計2200万円となり、法定相続分で分割すると、1100万円となります。その場合、弟は1000万円しかもらえず、不公平になり

ますが、超過した100万円について兄は弟に返還しなくてもよい、相続分を受けることができないことにとどまるというのが2項の趣旨です。

しかし、父の意思が、その生前贈与については、特に事情があって兄に多く取得させる趣旨のもので、特別受益としなくてもよいという場合には、その父の意思が優先し、特別受益にはならないということを定めたのが3項です。これを持ち戻し免除の意思表示と呼んでいます。ただし、その場合も遺留分を侵害するような場合には、侵害をされた相続人は、慰留分減殺請求ができるというのが3項ただし書の趣旨です。

2 本条の経緯

明治民法1007条1項は、「共同相続人中被相続人ヨリ遺贈ヲ受ケ又ハ婚姻、養子縁組、分家、廃絶家再興ノ為メ若クハ生計ノ資本トシテ贈与ヲ受ケタル者アルトキハ被相続人カ相続開始ノ時ニ於テ有セシ財産ノ価額ニ其贈与ノ価額ヲ加ヘタルモノヲ相続財産ト看做シ前三条ノ規定ニ依リテ算定シタル相続分ノ中ヨリ其遺贈又ハ贈与ノ価額ヲ控除シ其残額ヲ以テ其者ノ相続分トス」と規定をしており、戦後の改正で、「分家、廃絶家再興」を削除しただけで、これをそのまま承継し、2項、3項は、そのまま明治民法を承継し、平成16年に文言を訂正したのが現行法です。梅・民法要義巻之5・124頁以下によると、諸外国の立法例は区々に亘るが、被相続人の意思を重視し、自由に遺贈又は贈与できるものとし、その上で通常の被相続人の意思としては、その遺贈又は贈与を相続分に含めて計算するという趣旨と思われるとし、その場合、立法例としてその財産を返還させるというものもあるが、徒に煩雑になるし、第三者にも対抗できるとすると取引の安全も害する、そこでその価額を算入することとしたのである、また、贈与の価額が相続分を上回る場合、返還させる例もあるが、その義務を放棄できないとすると、酷に失するし、放棄できるとすると、多くは放棄するであろう、また、被相続人の意思としても、相続分として与えたとみるのが普通で、遺留分を侵害していない以上有効とすべきことから、返還を要しないものとしたと説明されています。

第3章　相続の効力（896条〜914条）

3　実務の運用

　特別受益を巡っては、様々な実務的問題があります。法定相続分に特別受益や904条が規定する寄与分がある場合、これらを考慮して算定された価額や割合を具体的相続分と言いますが、この具体的相続分に争いがある場合、その確認を求める訴訟ができるかが問題となりました。これについて最高裁は、具体的相続分は、遺産分割の内容を確定するための計算上のものであり、独自に確認を求める訴えの利益はないとしています（最判平成7年3月7日民集49巻3号893頁、最判平成12年2月24日民集54巻2号523頁）。

　問題となるのは、推定相続人に特別受益としての贈与がある場合において、被相続人よりも当該推定相続人が先に死亡したため、同人について代襲相続が生じたとき、その代襲相続人の特別受益とみなすことができるかです。その贈与された不動産等を当該推定相続人が代襲相続人として相続しているような場合を考えると、当事者間の公平の観点から、特別受益に準じて考えてよいように思われます。他方、当該推定相続人の学資など一身専属的な利益の場合、必ずしも代襲相続人が利益を得ているわけではないから、特別受益とするのは相当ではないように思われます。同様の趣旨の裁判例があります（鹿児島家審昭和44年6月25日家月22巻4号64頁、徳島家審昭和52年3月14日家月30巻9号86頁）。

　ところで、特別受益になるのは、遺贈と贈与とされていますが、遺贈とは異なり、相続分の指定の趣旨を持った「相続させる」旨の遺言がされることがあります。この場合、遺贈に準じて特別受益となるかが問題となります。これについて、公平の観点から、これを認めた裁判例があります（広島高岡山支決平成17年4月11日家月57巻10号86頁など）。

　しばしば問題になるのは、生命保険金です。生命保険金は、保険契約に基づき受取人（多くは相続人）に発生する権利ですから、遺産にはならないし、遺贈や贈与ではありませんから、本来、特別受益にもならないものです。最高裁は、原則として、特別受益にはならないが、保険金受取人である相続人とその他の相続人との間に生じる不公平が是認できないほど著しいと評価すべき特段の事情がある場合には、本条を類推適用して、持ち戻しの対象となると解すべきであるとしています（最判平成16年10月29日民集58巻7号1979頁、百選

61)。

　特別受益に該当する贈与について持ち戻し免除の意思表示がされ、その結果、遺留分を侵害することになる場合、どのような法律関係になるでしょうか。遺留分を侵害された相続人が遺留分減殺の意思表示をすれば、遺留分を侵害する限度で、遺留分権利者の相続分に加算され、その贈与を受けた相続人の相続分から控除されると解されています（最決平成24年1月26日家月64巻7号100頁、百選96）。

> 904条（同前）
> 　前条に規定する贈与の価額は、受贈者の行為によって、その目的である財産が滅失し、又はその価格の増減があったときであっても、相続開始の時においてなお原状のままであるものとみなしてこれを定める。

1　本条の趣旨

　一般に生前贈与は、贈与の時から相当期間が経過していることがあります。例えば、30年前に娘が結婚するとき、支度金として当時のお金で200万円を渡したとか、所有していた土地建物を提供したとかいうことがあります。その場合、貨幣価値が大きく変化したり、建物を建て替えたり、土地の評価額が大きく変わったりということがあるとすると、その贈与の価額をどの時点で捉えるのかで、大きく違ってきてしまいます。そこが定まらないと困るので、本条は、その場合、仮に建物が滅失したり、不動産の価値が変わったり、貨幣価値が変動したとしても、相続開始の時点で、現状のままあるものとして評価すると定めたものです。したがって、土地建物であれば、贈与を受けた時の土地建物が相続時にもあるとみなして、評価をするということになります。

2　立法の経緯

　本条は、明治民法1008条をそのまま承継したものです。立法当時の説明によると、相続財産や遺贈は、相続時の価額を基準とすることに問題はないが、

贈与の場合には、贈与の時点なのか、相続時なのか疑問が生じる、そこで、贈与についても相続時が基準になることを明確にしたもので、また、受贈者の行為によって財産が滅失したり、価額の増減があった場合も、現状のままあるものと見做して相続時で評価するというのも、当を得たものである、他方、もしその財産が天災によって滅失し、または価額の増減があった場合には、相続開始時の現状において評価すべきであり、全部が滅失した場合には、価額評価は零とすべきである（梅・民法要義巻之5・127頁以下）ということです。

3　実務の運用

　法定相続分に特別受益や寄与分を考えて具体的相続分を決める場合、どの時点を基準とすべきかについて、相続開始時説と遺産分割時説とがありますが、実務は、相続開始時説をとっています。本条が明記するとおり、相続開始時の現状で評価するとされている以上、遺産分割時を基準とすると解釈するのは無理があります。その結果、遺産分割時に大きく価額が変動している場合に不都合が生じるとすれば、具体的相続分を定めた後に、不公平とならないよう必要な修正を行えば足りるというのが実務の理解です（大阪家審昭和51年3月31日家月28巻11号81頁など参照）。

　上記の明治民法の解釈からすると、受贈者の行為によらないで、目的物が滅失した場合、その評価はゼロとなりますが、例えば、滅失の対価として補償金を受け取っている場合はどうでしょうか。このようなケースについて、その補償金を相続時に現存すると見做して特別受益に算入すべきだとした裁判例（大阪地判昭和40年1月18日判タ174号158頁）があります。

　なお、金銭で贈与を受けた場合において、その後、貨幣価値に変動があった場合はどうでしょうか。受贈者の行為によって増減したわけではないのですが、公平の観点から、相続時の貨幣価値が残っていると解すべきだと考えられています（最判昭和51年3月18日民集30巻2号111頁参照）。

904条の2（寄与分）
1　共同相続人中に、被相続人の事業に関する労務の提供又は財産上の給付、被相続人の療養看護その他の方法により被相続人の財産の維持又は増加について特別の寄与をした者があるときは、被相続人が相続開始の時において有した財産の価額から共同相続人の協議で定めたその者の寄与分を控除したものを相続財産とみなし、第900条から第902条までの規定により算定した相続分に寄与分を加えた額をもってその者の相続分とする。
2　前項の協議が調わないとき、又は協議をすることができないときは、家庭裁判所は、同項に規定する寄与をした者の請求により、寄与の時期、方法及び程度、相続財産の額その他一切の事情を考慮して、寄与分を定める。
3　寄与分は、被相続人が相続開始の時において有した財産の価額から遺贈の価額を控除した残額を超えることができない。
4　第2項の請求は、第907条第2項の規定による請求があった場合又は第910条に規定する場合にすることができる。

1　本条の趣旨

　本条は、寄与分について定めたものです。昭和55年法律第51号により新設された条文なので枝番号がついています。本条が新設される以前から、相続財産の維持・増加に特別に寄与をした相続人がいるのにもかかわらず、法定相続分で分けるのは実質的な公平に反するとして、解釈上認められてきたものを明文化したものです。相続人は、何らかの形で被相続人の財産の維持や増加に多少なりとも貢献をしているのが実際ですから、常識的な範囲のものは相続分割合を変更する理由にはなりませんが、特別の寄与があると評価される場合には、考慮する必要があります。その場合、寄与分として評価される価額が決まれば、その価額をあらかじめ相続財産から控除し、残った遺産を法定相続分で分け、当該寄与分があるとされた相続人については、寄与分として評価された価額をそれに加えるという計算になることを定めたのが1項です。
　しかし、寄与分というのは、明確な金額を評価するのが難しく、相続人間で合意できない場合があります。そのような場合のことを考えて、寄与分を主張する者の申立てにより、家庭裁判所が審判で決定できることとしたのが2項

です。

　それでは寄与が非常に大きい場合、どう考えるべきか。その場合でも、相続開始時の相続財産が限度であり、また、遺贈がある場合、相続開始時の相続財産から遺贈を控除した残額を超えることはできません（3項）。また、家庭裁判所に寄与分を定める申立てができるのは、家庭裁判所に遺産分割の申立てをしたとき（907条2項）、相続開始後に認知された者が価額の支払請求をしたとき（910条）に限られます。つまり、寄与分は、遺産分割の手続において、具体的な相続分割合を決めるために考慮されるものですから、遺産分割手続を離れて寄与分だけを求める申立てはできないことになっているのです。調停の席で寄与分だけでも決めてくれ、申立てができるんだからと主張される場合がありますが、遺産分割や分割後の認知者の相続分を決める手続から離れて、寄与分だけを定めるということはできないのです。

2　立法の経緯

　本条と同趣旨の規定は、明治民法にはありませんでした。戦後の民法改正は、最低限度の修正を加えただけで、そのまま明治民法を承継しているので、寄与分の規定は置かれませんでした。昭和54年に法務省参事官室の民法改正要綱試案が出され、寄与分の規定が盛り込まれ、昭和55年法律第51号によって現行法の規定が置かれることになりました。ただし、同法により、妻の相続分が3分の1から2分の1に改められたという問題が示しているように、妻が夫の財産の形成に著しい寄与をしても、3分の1しか相続できないというのは少なすぎることなどから、解釈上、寄与分に準じて、公平性を確保するため、不当利得になる、潜在的に持分を取得している、実質共有である、一切の事情として考慮できることなどを理由として、事実上、具体的な相続分を変更することが実務上行われていました。しかし、遺産分割の基準は、法定相続分を前提として、その分け方について一切の事情を考慮するという趣旨であり、解釈によって相続分を変更することは法理論上困難があり、明文規定が置かれるに至ったわけです。

3 実務の運用

現在の遺産分割の実務では、特別受益、寄与分がある場合、条文に定められた計算方法によって、それぞれに具体的相続分を定める運用を行っています。遺産分割から離れて、寄与分だけを定めることができないことは既に述べたとおりです。寄与分を金額で定めるのか、割合で定めるのかについては、いずれの方法も認められています。

しばしば問題となるのは、相続人の妻や子が被相続人に特別な寄与をした場合、寄与分として認められるかです。他の相続人との関係で、ある特定の相続人の寄与と同視できる場合には、寄与分として認められるとした裁判例があります（東京高決平成元年12月28日家月42巻8号45頁など参照）。また、相続開始後の寄与は原則として認められませんが、遺産分割までの間に相当の日時が経過し、その間に特定の相続人の努力により、遺産の価値が高額に評価されるに至った場合には、寄与分としてではなく、遺産に関する費用として、これを控除するのが相当とした裁判例（東京高決昭和54年3月29日家月31巻9号21頁参照）があります。

家庭裁判所は、遺産分割の審判をする場合、寄与分の主張があれば、1か月を下らない範囲で期間を定めて申立てをするよう求めることができます（家事事件手続法193条1項）。この期間を超えて申立てがされた場合、その申立てを却下することができます（同条2項）。また期間を定めない場合でも、申立人に責めに帰すべき事情があり、かつ、これを遺産分割の審判に併合することで、手続が著しく遅滞することになるときは、寄与分の申立てを却下できるとされています（同条3項）。これは実質的な基準であり、抗告審でも認められる場合があります（広島高決平成6年3月8日家月47巻2号151頁参照）。

コラム⑤　特別受益と寄与分

民法は、法定相続分を修正するものとして、特別受益（903条）と寄与分（904条の2）を定めています。相続開始時の遺産に特別受益の相続開始時の評価額を加え、寄与分の相続時の評価額を加えたものを「みなし相続財産」と呼んでいます。このみなし相続財産を法定相続分で分割し、特別受益があったものは、特別受益分を控除し、寄与分があったものは、寄与分相当額を加えることになります。

このように特別受益、寄与分によって修正した相続分を「具体的相続分」と呼んでいます。遺産分割時には、相続財産が増加して、高額になっており、相続時の割合や金額で分割することが不相当だと考えられる場合、遺産分割時の評価額を具体的相続分の割合で分割することになります。条文を読むと、とても複雑で分かりにくいのですが、具体例を考えると、分かりやすくなります。次の事例を考えましょう。

　被相続人には妻と長男と二男がおり、2400万円の遺産がありました。長男は、高校を卒業すると同時に被相続人と同居して家業に励みましたが、その収入は被相続人である父名義に預金されていました。他方、二男は、大学進学のため、上京し、大学卒業まで学資や生活費など被相続人から多額の贈与を受けていました。そして、長男の特別な寄与があるとして、相続時の評価額で200万円の寄与分が認められ、他方、二男には、相続時の評価額で400万円の特別受益が認められました。その場合、まず、

遺産総額　　　2400万円
法定相続分　妻（2分の1）　　1200万円
　　　　　　長男（4分の1）　　600万円
　　　　　　二男（4分の1）　　600万円

となります。そして、

長男の寄与分　　200万円
二男の特別受益　400万円

を考慮すると、
（計算方法）
みなし相続財産　相続時の遺産総額＋特別受益－寄与分
みなし相続財産＝2400万円＋400万円－200万円＝2600万円
となりますから、
具体的相続分は
妻（2分の1）　　1300万円
長男（4分の1）　650万円＋200万円＝850万円
二男（4分の1）　650万円－400万円＝250万円
となります。

　遺産分割時に3000万円に増えている場合、遺産分割時の金額に各相続人の具体的相続分の割合を乗じたものが、その相続人の相続する価額になります。したがって、
妻　　3000×1300／2400＝1625万円

長男　3000 × 850 / 2400 = 1062.5万円
二男　3000 × 250 / 2400 = 312.5万円

　これは、具体的相続分の価額に相続開始時から遺産分割時までに増額した割合（1.25）を乗じた金額と同じです。すべてが預貯金であれば、概ね同じように増減しているので、問題は少ないのですが、例えば、一部が不動産であった場合において、預貯金は増えておらず、不動産の価額だけ相続開始時に比べて著しく増減しているような場合、不動産を取得するか、預貯金を取得するかで大きく違ってきますので、このような場合、相続人に不公平にならないよう分割時の価額に評価しなおして、分割をするのが一般的です。

コラム⑥　遺産分割と相続人以外の者の寄与

　被相続人の療養介護をして特別の寄与があると評価されると、寄与分として認められることになりますが、同居している長男夫婦のうち、相続人ではなく相続人の配偶者が療養介護の寄与をした場合、それを相続人の寄与と同視できるのか、その場合、配偶者の寄与によって相続人が受益するのは、おかしいではないかという問題があると指摘がされています。

　そこで、中間答申では、甲案として、長男の妻、あるいは長女の夫のように、二親等内の親族で相続人でない者の特別の寄与がある場合、その寄与者は相続人に寄与に相当する金銭の支払いを、相続分割合に応じて、請求できるという案、乙案として、上記の寄与を無償の労働提供に限定するという案が示されています。典型的な場合についてだけ限定的に相続人以外の貢献を金銭的に評価して、その寄与者に金銭的利益を帰属させることを相続法理の中で解決しようとするものです。

　このような場合、現在の遺産分割の実務では、妻の寄与を相続人である夫の寄与と同視して、その夫の相続分を増やすという方法で調整をすることもあるのですが、本来は、夫もまた相続人として寄与をした妻に対し、自分の法定相続分に関する部分について、これを妻に支払う必要があると考えるのが合理的であり、その増加した部分を夫が一人占めするのは合理性がありません。夫が妻に支払うべきだという後半部分については、遺産分割手続内では取り扱えないため、実際には夫が一人占めしている可能性もあるわけで、あまり望ましい処理ではありません。したがって、この甲案あるいは乙案のような取り扱いができれば、実務的には望ましいと考えられます。

> 905条（相続分の取戻権）
> 1　共同相続人の1人が遺産の分割前にその相続分を第三者に譲り渡したときは、他の共同相続人は、その価額及び費用を償還して、その相続分を譲り受けることができる。
> 2　前項の権利は、1箇月以内に行使しなければならない。

1　本条の趣旨

　本条は、共同相続人となった者の1人が遺産分割完了前にその相続分を相続人以外の者に譲渡した場合、他の共同相続人は、その第三者に価額と費用を支払うことで、その相続分を遺産の中に取り戻すことができるとした規定です。

　遺産共有は、民法上の共有ですから、個々の相続財産を相続分割合で共有することになります。したがって、相続人は、この個々の遺産について共有持分を有していることになります。この個々の遺産の共有持分を譲渡するのは、相続分の譲渡ではありません。相続分の譲渡というのは、すべての遺産に対する自分の相続分を包括的に譲渡することを指しています。したがって、例えば、遺産である特定の不動産の共有持分を譲渡したような場合には、本条の適用はありません（最判昭和53年7月13日判時908号41頁参照、百選67）。

2　立法の経緯

　本条は、明治民法1009条をそのまま承継したものです。梅・民法要義巻之5・129頁以下によると、これは、相続分の取戻し（Retrait successoral）又は先買権（Vorkaufsrecht）と称するもので、相続分の取戻しとは、共同相続人がその相続分を第三者に譲渡した場合において、他の相続人がこれを譲り受ける権利をいい、欧州ではその例が多く、その目的は、相続に他人を参加させず、祖先伝来の財産をなるべく親族に保存しようという点にあり、そうしないと共有の弊害がよりひどく出てくる、そのため、外国では相続分の譲渡を禁止する国もあるが、これは徒らに当事者の処分権を拘束するという誹を免れ難いので、わが民法では採用できない。また、これは相続前の相続分の譲渡の場合にも適用されると私は思う、相続前の相続分の譲渡はできないという説もあるが、私

はできると解するとして、その理由を説明しています。

3　実務の運用

　包括的な権利としての相続分は、個々の財産に対する権利ではありませんから、当然に個々の財産が民法上の共有となり、第三者との間で共有物分割手続を必要とするとは解されません。多種多様な遺産がある場合、すべての財産について個別に共有物分割訴訟をしなければならないとすると、あまりにも煩さです。したがって、取戻しができないまま期間が経過してしまえば、当該第三者をその相続人の承継者として遺産分割手続の中で処理するしかないでしょう（大阪高決昭和54年7月6日家月32巻3号96頁参照）。

　その場合、例えば生前多額の贈与を受けており、特別受益が相続分を超過していて具体的相続分がないような相続人が、その相続分を第三者に譲渡した場合、その第三者は、譲渡人の特別受益性を引き継ぐでしょうか。この点を明確に判示したものは見当たりませんが、当事者間の実質的公平を確保すべきこと、譲渡人が有していない権利を譲受人が取得するのは例外的なことであること、譲受人は、譲渡人が具体的相続分を有していないことも十分に有り得ることを知りながら、その相続分を譲り受ける以上、譲渡人が持つ具体的相続分を超えて譲受人を保護すべき必要性は存在しないことなどを考えると、特段の事情がない限り、承継すると考えられます。

　また、個々の財産が共有になるわけではないとすると、第三者は必ずしも登記等の対抗要件を具備する必要はないと解されます（東京高決昭和28年9月4日高民集6巻10号603頁参照）。

第3節　遺産の分割

> 906条（遺産の分割の基準）
> 　遺産の分割は、遺産に属する物又は権利の種類及び性質、各相続人の年齢、職業、心身の状態及び生活の状況その他一切の事情を考慮してこれをする。

第 3 章　相続の効力（896 条〜914 条）

1　本条の趣旨
　遺産分割にあたり、相続分の割合に従って現物分割をすることができない場合、特定の相続人に特定の財産を帰属させることが必要となってきます。その場合、どのような基準に基づいて遺産分割の審判をすべきでしょうか。それを明らかにするため、設けられたのが本条です。ここでは、いくつかの考慮要素が例示されていますが、最終的には、「一切の事情を考慮して」と明記されており、あまり基準としての役割を果たしていません。事実は小説よりも奇なりとあるように、ケースバイケースで、なかなか基準化しがたいのも事実です。

2　立法の経緯
　明治民法でも、遺産共有は、民法上の共有であると解されていましたが、しかし、遺産分割の基準も置かれておらず、また、合意ができない場合、裁判所が関与する旨の規定も置かれていませんでした。

3　実務の運用
　本条は、遺産分割の基準を定めていますが、相続人間でどのような分割をするのも自由であり、相続分どおりでなくても、遺留分を侵害するような分割でも、相続人全員で合意ができれば問題はありません。
　当事者間で合意ができない場合、調停又は審判で分割をすることになり（次条参照）、その際は、この基準が適用されます。調停が成立すると、確定した審判と同じ効力を持ちますから、その内容が法に即した合理的なものである必要があります。
　遺産分割は、民法上の共有関係にある財産を分割するという点で共有物分割と法的には同視されます。したがって、可分債権など当然に法律上分割される性質を持つ権利は、遺産分割するまでもなく、法律上分割されているので、遺産分割の対象になりません（最判昭和 30 年 5 月 31 日民集 9 巻 6 号 793 頁）。しかし、金融機関は一般に相続人全員の同意がないと、当該相続人の相続分だけの引き出しを認めません。
　なお、遺産分割は、家事事件手続法別表第二の 12 項に定める事件とされていますが、遺産の範囲に争いがある場合、遺産分割の審判手続ではできません

から、別途、地方裁判所で訴訟を提起する必要があります。その場合、ある財産が遺産の範囲に属するかどうかを確認する訴えを提起できるかについて、これによって遺産分割の前提となる遺産の範囲を確定できるとして適法だとした判例（最判昭和61年3月13日民集40巻2号389頁、百選58）があります。

907条（遺産の分割の協議又は審判等）
1　共同相続人は、次条の規定により被相続人が遺言で禁じた場合を除き、いつでも、その協議で、遺産の分割をすることができる。
2　遺産の分割について、共同相続人間に協議が調わないとき、又は協議をすることができないときは、各共同相続人は、その分割を家庭裁判所に請求することができる。
3　前項の場合において特別の事由があるときは、家庭裁判所は、期間を定めて、遺産の全部又は一部について、その分割を禁ずることができる。

1　本条の趣旨

本条は、遺産分割の手続について定めた規定です。まず、遺産は、相続人全員の共有であると理解されており、この共有状態を解消するのが遺産分割です。共有状態の解消ですから、現物分割が原則であり、また、共有者全員の合意が必要です。どのように共有状態を解消させるのかを話し合うのが協議です。本条1項は、まず共同相続人全員で協議して共有状態を解消させることができるとしています。ただし、被相続人が遺言で遺産分割を禁止した場合はできないとされています。その趣旨は、遺言で遺産分割が禁止されているときは、遺産分割協議に応じなくてよいし、次項により家庭裁判所に遺産分割の申立てをしても、家庭裁判所は、遺産分割の審判ができないということです。共同相続人全員が遺産分割が禁止されていることを知りながら、それを無視して分割するということで合意をすれば有効でしょうか。分割禁止の理由にもよりますが、分割禁止の遺言があることを知りながら分割に応じた以上、後にそのことを理由として分割協議の無効を主張することは禁反言として許されないでしょう。

共同相続人の間で協議ができないとき、又は協議はできても、合意に至らな

いときは、家庭裁判所に遺産分割の調停又は審判の申立てができる旨を定めたのが2項です。遺産分割は共有状態を解消する非訟手続であると解されており、訴訟ではなく、審判の申立てになります。したがって調停前置ではなく、直ちに審判の申立てができます。その場合、ある財産が遺産に属するかどうかなどの争いが生じることがあります。遺産分割の審判をしても、その後、遺産だと考えていたものが遺産ではなかったということになると、また最初から遺産分割をやり直さなければならなくなります。そこで、そのような場合、その財産が遺産かどうかに争いがあるときは、それが確定するまで分割を禁止して終了する必要があります。そこで設けられたのが3項です。

2　立法の経緯

本条は、明治民法には規定はなく、戦後、新たに設けられたものです。明治民法では、遺産分割は、共有分割と同様、当然にできると解されており、そのうえで、遺言による分割方法の指定や第三者への委託（明治民法1010条）、遺言による分割の禁止（同1011条）などの規定をおいていました。

3　実務の運用

実際の実務では、被相続人が遺言で分割を禁じたとしても、共同相続人全員が合意をすれば、分割は可能になります。その半面、1人でも遺言を尊重し、分割に応じないとなれば、遺言に反して、他の相続人に分割を強いることはできません。

家庭裁判所に遺産分割の審判を申し立てても、話し合いが可能であり、相当であると家庭裁判所が判断をすれば、調停に付することがしばしばあります。また、審判手続の中で合意の可能性が生まれてくれば、調停に付して合意形成をすることもあります。

遺産分割の審判では、まず、相続人の範囲と遺産の範囲を確認します。ここに争いがあると、審判をしても無意味になるおそれがありますから、先に前提問題について決着をつけて申立てをしてくださいとして取り下げが求められることもしばしばあります。また、可分債権は、本来、相続分の割合で当然に分割されているのですが、預貯金等について銀行や郵便局は相続人全員の承諾が

ないと一部解約や一部の相続人への支払を拒みますから、当事者間にその帰属について争いがある場合、結局、それも取り入れて遺産分割の対象にしないと、全員の合意が得られない結果として宙に浮いてしまう場合が出てきます。そこで、多くの場合、預貯金等の可分債権についても分割対象とするよう合意を促して、一度に紛争を解決するのが一般的です。そうして分割対象遺産が確定すれば、特別受益、寄与分という法定相続分を変更する事情があるかどうかを検討します。その金額や割合について合意ができれば、中間合意をすることもあります。また不動産など価値的評価が必要な遺産については、まず対象財産について合意を促しますが、合意ができないという場合には、鑑定が必要となります。一筆一棟の鑑定だけでも通常30-50万円程度の費用が必要となりますので、合意ができればそれにこしたことはありません。そうして評価額の資料がそろえば、最後に各相続人に取得を希望する遺産がどれかについて尋ねることになります。もし同じ遺産を複数の相続人が希望した場合、裁判所は、その遺産が誰に帰属するのが最も適当であるのかを考えて判断をする必要がありますから、取得を希望する理由や、その財産とその相続人の関係性などについて調査をします。また、法定相続分以上の不動産等の取得を一方が希望し、他方が望まない場合、代償金の支払が必要となりますから、希望者にどの程度の代償金の支払が可能かを尋ねることになります。いくらその不動産を希望するからと言って、到底支払えないような代償金を支払わせるような分割方法を採ると、結局審判をしても、代償金を事実上支払えないということで実効性のある遺産分割ができなくなってしまうのです。全員が取得を希望しないというような場合には、鑑定評価をしないで不動産を競売に付することもあります。当事者全員が合意の上任意売却し、その代金を遺産分割の対象とする合意がされれば、それを前提として審判をすることになります。このように遺産分割の審判では、最終的に全体の合意ができなくても、合意が可能な部分は、できるだけ合意をし、争う点を絞り込んだ方がスムーズな分割が可能になります。

　遺産分割協議が成立した場合において、その相続人の債権者は、その遺産分割協議を詐害行為であるとして取り消すことができるかについて、遺産分割協議は、相続の開始によって共同相続人の共有になった相続財産について、その全部又は一部を、各相続人の単独所有とし、又は新たな共有関係に移行させる

第3章　相続の効力（896条〜914条）

ことによって、相続財産の帰属を確定させるものであり、その性質上、財産権を目的とする法律行為であるから、詐害行為の対象となると解されています（最判平成11年6月11日民集53巻5号898頁、百選68）。

コラム⑦　一部分割と残余財産の分割

　遺産の範囲等に争いがある場合においても、それを遺産に含めて分割することは可能であるが、遺産分割の審判には既判力はなく、後に判決によってその遺産が遺産ではないと判断され、確定すれば、その遺産分割の審判は、遺産でないものを遺産として分割したものとして、その効力を失うことになります。しかし、他方で、その争いのある一部の遺産に決着が着くまで一切遺産分割ができないということでは、多くの遺産がその帰属の確定しない状態で置かれたままになり、そのことは、当事者にとっても不便であるだけではなく、社会経済的にも損失です。そこで、一部の遺産分割を先行させ、争いのある財産について決着が着けば、それについて別途遺産分割の審判をすることができれば、そのような不都合をなくすことができます。

　そこで、中間答申では、上記のような場合、相当と認めるときは、家庭裁判所は、全員の合意がなくても、一部の遺産分割ができるものとし、原則として、そこで特別受益や寄与分を考慮してしまい、残部分割の時は、法定相続分どおりに分割することとしています。当事者の協議による一部分割の場合も同様であり、いずれについても、例外的に一部分割で考慮できなかった特別受益や寄与分については残部分割の際に考慮することとしています。

　現在の遺産分割の実務でも、当事者間の合意があれば、争いのある財産が遺産である場合には、法定相続分で分割することとし、争いのない財産についてのみ、特別受益や寄与分を考慮して分割することは可能ですし、また、全遺産であると思って、特別受益や寄与分を考慮して遺産分割の調停や審判がされた後に、新たな遺産が発見されたような場合には、すでに特別受益や寄与分については考慮済みであるとして、残余財産については法定相続分で分割することも可能です。しかし、当事者間に合意がないのに、遺産かどうかに争いがある遺産だけを除いて分割した場合、後にその財産が遺産であるとなった場合、先にした遺産分割の効力に影響を与えないと言えるのかは疑問があり、やはり、明文で立法化しておくことが望ましい事項だと言えるのではないかと思います。

> 908条（遺産の分割の方法の指定及び遺産分割の禁止）
> 　被相続人は、遺言で、遺産の分割の方法を定め、若しくはこれを定めることを第三者に委託し、又は相続開始の時から5年を超えない期間を定めて、遺産の分割を禁ずることができる。

1　本条の趣旨

　本条は、被相続人が、遺産分割の方法を指定したり、これを第三者に委託したり、遺産の分割を禁止することができる旨を定めたものです。これらは、いずれも遺言により行わなければ効力を生じません。そもそも被相続人の財産ですから、分割方法を定めることは自由ですし、誰かに頼むのも自由です。しかし、高齢者は、それぞれの相続人に対し、都合のよいことをいうことがしばしばありそれが本人の意思であることを明確にするため、遺言という方法によってのみできることとしたものです。

　また、しばらく分割してほしくないという場合もありますから、そのような時は分割の禁止を相続人に求めることができることとしたものです。ただし、5年を超えない範囲という制限がついています。近代民法は、前近代の共同体を否定して個の権利を明確にしたという性格が強く、共有状態はできるだけ解消して個人所有にすることを求めます。そのため、共有状態の解消を誰かが求めれば、他の当事者は応じなければならないのが原則です。そのため共有物分割も、遺産共有の分割も、いずれも5年間という制約のもとで分割の禁止を認めたわけです。したがって、5年を超えて分割を禁止しても、5年の限度でしか効力を持ちません。

2　立法の経緯

　本条は、明治民法1010条が「被相続人ハ遺言ヲ以テ分割ノ方法ヲ定メ又ハ之ヲ定ムルコトヲ第三者ニ委託スルコトヲ得」と規定し、また、同1011条が「被相続人ハ遺言ヲ以テ相続開始ノ時ヨリ五年ヲ超エサル期間内分割ヲ禁スルコトヲ得」と規定したものを、一つの条文にまとめて、そのまま承継したものです。

梅・民法要義巻之5・134頁以下によると、1010条の趣旨は、一般に共有物の分割は共有者の協議によるとされているが、遺産の場合、被相続人が本来自由に処分できるものであり、甲の財産は太郎に、乙の財産は次郎に相続させたいということもあるので、分割方法については被相続人が自ら又は第三者に委託して決めることができるようにし、これに相続人を服従させようとしたものであり、被相続人の最後の意思を重んじ、相続人間の紛争を予防するため、必ず遺言で意思表示をすることとした、遺留分を侵害できないことはいうまでもないとしています。また、1011条の趣旨について、共有物は、5年以内の期間分割を禁止する合意ができるところ、遺産の場合、被相続人の財産であるから、被相続人が5年の期間内であれば分割を禁止できるとしたもので、例えば、相続人に幼少の者がいる場合、直ちに分割しても自分で管理できないから、ある程度成長してから分割するのが相当と判断される場合もある、これも遺言によるべきことは1010条と同じであるとしています。この趣旨は、戦後の民法の解釈としても基本的に異なるところはないと考えられます。

3　実務の運用

　かつて公正証書で使われている「相続させる」旨の遺言が、遺贈か分割方法の定めかが争いになりました。そして、最高裁平成3年4月19日判決（民集45巻4号477頁、百選86）によって、相続させる旨の遺言は、特段の事情がない限り、遺贈と解すべきではなく、分割方法の指定と理解すべきであるとされ、これが現在の実務に定着してします。相続させるとの文言がなくても、この財産は誰々に、あの財産は誰々にと記載された遺言の場合、名宛人が相続人以外の場合は別として、通常、相続人に対するものは分割方法の指定と理解されます。

　それでは、遺言で分割禁止が定められている場合、遺産分割ができないのかと言えば、結局、相続人以外の者への遺贈がある場合は別として、相続人間の権利義務を定めているだけの場合には、相続人全員が合意をすれば、遺言に従わなくても、誰の権利も侵害するものではないので、実際には分割は可能になります。これは分割方法が遺言で指定されている場合、例えば、甲の土地は太郎に、乙の土地は次郎にと定められていても、太郎は乙がほしい、次郎は甲が

ほしいということで合意ができれば、合意に沿った分割をしても、誰も文句を言う者はいないので、その合意を無効ということはできないことになります。その限度では遺言の効力にも限界があります。ただし、相続人の1人でも遺言書どおりにすることを求めれば、遺言書の分割方法に従う必要がありますし、分割禁止の遺言があれば、相続開始後5年以内である限り、他の相続人は分割を求めることはできません。

> 909条（遺産の分割の効力）
>   遺産の分割は、相続開始の時にさかのぼってその効力を生ずる。ただし、第三者の権利を害することはできない。

1　本条の趣旨

相続というのは観念的には、相続時に一切の権利義務が相続人に承継されることになり、誰にどの財産が帰属するのかは遺産分割によって確定することになります。したがって、例えば、遺産分割によって不動産を取得した者は、相続時からその不動産を承継したものと理解されることになります。そのことを規定したのが本条です。しかし、実際には、相続時から遺産分割時まで多くの年月が経過し、その間、第三者が相続財産に利害関係を持つことがあります。例えば相続人甲の債権者がその不動産の相続持分を差し押さえたとします。ところがその後、その不動産を相続人乙が取得し、相続時にその効力が生じるとすると、相続人甲の債権者が甲の持分だとして差し押さえたものは乙のものであり、甲の相続分はなかったことになります。そうすると、第三者である相続人甲の債権者は害されることになります。そこで、このような場合、第三者の権利を害することはできませんということを明確にしたのが本条のただし書きです。

2　立法の経緯

明治民法1012条は「遺産ノ分割ハ相続開始ノ時ニ遡リテ其効力ヲ生ス」と

規定しており、これを承継したのが本条本文です。本条のただし書きは、明治民法にはありませんでした。それで不都合はなかったのでしょうか。もし、ただし書きがなかったらどうなるでしょうか。相続開始後、遺産分割までの間に相続財産が処分されても、最終的に処分をした相続人が相続しなければ、それは効力を失い、第三者は、これを返還しなければならないということになると、処分をした相続人は第三者から責任を問われますし、第三者も遺産分割未了の財産には怖くて手が出せないことになり、相続人の勝手な処分行為を防止して公平な相続人間の分割が保障されるということが言えます。フランスの民法はそのような解釈をしており、ボアソナードの旧民法も、同様の理解をしていました。梅・民法要義巻之5・137頁以下は、遺産分割の効力が付与的であるか認定的であるかは古来欧州で議論があるが、法理的、実益的にみれば、乙が従来持っていた一部の権利を甲に放棄し、甲が得た部分について乙が放棄するもので、付与的であるのが当然である、しかし、甲の持分に抵当権が設定されていれば、乙は抵当権の付着した甲の持分を承継するので、甲が競売を申し立てれば、競落人、抵当権者、乙との間に共有関係が生じ、共有関係を解消するという遺産分割の目的を達成できなくなる、故に認定的主義は沿革的にも当を得ない感があり、かつ、法理上も事実に反する仮定を採用するものだが、なお、この主義を採用する例が少なくない、旧民法はフランス民法にならって認定的であるのを原則としているようだが、新民法（明治民法）では、一般の共有物分割では付与的主義をとり、遺産分割についてのみ認定的主義をとっている、認定的主義は例外だから明文が必要だが、付与的主義が原則だから、共有物分割には何も規程がない、と説明しています。つまり、遺産分割を共有分割と同じようにすると、持分上の権利を承継するため、遺産分割の目的を達し得なくなるから、認定的主義を採用したのだという趣旨です。そうすると、明治民法では、第三者の権利を害することも、認定的主義を採っている以上、やむを得ないと解されていたようです。そして、戦後、それでは取引の安全を害することから、原則として認定的主義を採りながらも、ただし書きに第三者保護規定を設けたわけです。なお、ここで認定的主義と呼ばれているものを宣言主義、付与的主義と呼ばれているものを移転主義と呼ぶこともあるようです。

3 実務の運用

　戦後、本条ただし書きが規定されたことから、事実上、遡及効が否定される場合が多くなり、相続時から承継したものとみなすというのは、当事者間においても観念的な意味しか持ち得なくなってきています。例えば、賃貸不動産を相続した場合、相続前の賃料債権は相続財産になりますが、相続後に生じた賃料請求権や支払われた賃料は当然に相続財産になりません。その場合、その賃料は、遺産分割によって最終的にその賃貸不動産を取得した者に帰属するのか、それとも、遺産分割がされるまでは共有であるから、法定相続分の割合で各相続人が取得すると解するのかが問題となります。遡及効を徹底させれば、相続人は第三者ではありませんから、ただし書きに該当せず、遡及効により、相続時からの賃料は、その不動産を取得した者に帰属するのが道理だという解釈になりそうです。しかし、最高裁は、その場合、賃料債権は遺産とは別個の財産であって、各共同相続人が相続分の割合で取得するものであり、その後、遺産分割によって異なる分割がされても影響を受けないと判示しています（最判平成17年9月8日民集59巻7号1931頁、百選64）。

　また、遺産については、分割前は法定相続分による共有と考えられており、例えば子である甲と乙とが父から不動産を相続した場合、外からみると、甲も乙も2分の1の共有持分を有していると見えるし、実際、甲や乙の債権者は相続登記をして、その持分を差し押さえることも認められている。その場合、遺産分割により甲が単独で所有するに至り、乙は代償金を受け取って、不動産に対する権利が遡及的に失われたとします。ところが甲が単独の相続登記をする前に乙がその持分を第三者丙に譲渡した場合、甲は丙に対して登記なくして権利を主張できるかという問題が生じます。遺産分割により甲は相続時から全持分を相続したことになり、乙は当初から相続しなかったことになります。遡及効を考える限り、丙は無権利者からの譲受人であり、登記の有無にかかわらず、保護されないと考えるのが本条本文の趣旨に沿うものです。しかし、最判昭和46年1月26日（民集25巻1号90頁、百選71）は、遡及効の規定はあるものの、実質的には、遺産分割により、その時点で、乙の持分が甲に移転をしたと考え、乙から持分をその後譲り受けた丙とは対抗関係に立ち、登記なくして権利の主張はできないと判示しました。これらは、遡及効はあくまで観念的なものであ

り、実態としては、共有状態を解消又は変更する新たな物権変動とみるのが現実的であることを示しています。

　これに対し、遺産分割前に甲が全部の移転登記をして第三者丙に売却した場合はどうでしょうか。丙又は仲介業者は、不動産の購入に際し、甲に戸籍謄本を求めて共有持分が2分の1であることを確認できますし、遺産分割により全部取得したのなら分割協議書を求めて確認できることです。その確認をしなかったなら、もともと2分の1しか権利がない甲からは全部の権利を取得することはできない筋合いであり、もし、分割協議書に印鑑証明書付きの乙の押印がされていたなど甲の所有と信じたことに過失がなければ、民法94条2項を類推適用して保護されるであろうから、基本的には遺産共有持分を超える部分については無権利者であり、対抗問題にはならないと解されることになります。

　遺産分割後、遺産分割協議によって負担を負う相続人がその負担を履行しなかった場合、債務不履行を理由として解除できるかという問題があります。これについて、最判平成元年2月9日（民集43巻2号1頁、百選69）は、共同相続人間において遺産分割協議が成立した場合に、相続人の1人が他の相続人に対して右協議において負担した債務を履行しないときであっても、他の相続人は民法541条によって右遺産分割協議を解除することはできないと解するのが相当であると判示しました。その理由は、遺産分割は右協議とともに終了し、その後は、右協議において右債務を負担した相続人とその債権を取得した相続人間の債権債務関係が残るだけと解すべきであり、しかも、このように解さなければ民法909条本文により遡及効を有する遺産の再分割を余儀なくされ、法的安定性が著しく害されるからであるとしています。

910条（相続の開始後に認知された者の価額の支払請求権）
　相続の開始後認知によって相続人となった者が遺産の分割を請求しようとする場合において、他の共同相続人が既にその分割その他の処分をしたときは、価額のみによる支払の請求権を有する。

1　本条の趣旨

　相続開始前に認知された子がいるのに、その子を除外してされた遺産分割は無効であり、その子を含めて遺産分割をやり直す必要があります。また、相続開始後に認知された子も、出生時に遡って相続人となります（784条）から、やはり、その子を除外してされた遺産分割は無効になりそうです。しかし、他方、遺産分割時には、その子は相続人ではなかったのですから、相続人全員でした遺産分割である以上、有効であり、その権利を後になって覆すことはできないのではないかという問題が生じます。そこで、本条は、既に遺産分割により単独所有になった財産や単独相続で処分されてしまった財産について相続権を主張することはできないが、相続人である以上、相続分に相当する価額の請求は認められるべきであるという観点から、相続後の被認知者に価額の支払請求権を認めたものです。

2　立法の経緯

　本条に相当する条文は、明治民法には見当たりません。認知に遡及効があること、ただし第三者の権利を害することができないことを規定していた（明治民法832条）点では、現行民法と同じですが、梅・民法要義巻之5・266頁によると、女子が相続した後に、男子が認知された場合において、既にその女子の相続を前提として第三者の権利等が重ねられているときは、これを覆すのは、不測の損害をもたらすことになるとして、この第三者に該当するという理解が示されています。そこから考えると、後に認知されても、既にされた相続の効力を否定することはできないと理解されていたのではないかと考えられます。

3　実務の運用

　一般に既に同順位の相続人によって遺産分割が終了していると理解される場合は、本条に基づいて価額の支払を請求できるとされており、また、後順位の相続人が相続したものとして遺産分割協議を終えているときは、価額の支払と言っても、全相続財産の価額になるので、この場合は、表見的相続人に対する相続の回復を定めた相続回復請求権に基づき、権利を行使すべきであると理解されています。

しかし、認知をされなかった嫡出でない子の立場に立って考えてみると、本来なら、生前に認知をされ、養育費の支払も受けるべき立場であったわけです。そうしていれば、嫡出子と同等に相続ができたわけです。それなのに、被相続人が認知をすることを怠り、養育費の支払もしてもらえない状態で、遺産分割協議に参加したくても参加させてもらえず、やむを得ず被相続人の死後に認知請求をしたわけです。そして、ようやく認容されたのにもかかわらず、価額の支払しか求め得ないというのが法の下の平等の観点から妥当なのかという疑問が残ります。特に他の子らが養育費の支払を受けており、かつ、認知未了の子がいることを知りながら、認知訴訟の判決が確定する前に、急いで遺産分割を済ませてしまったようなケースを考えると、被認知者は、遺産分割のやり直しを求め、かつ、養育費を特別受益として考えるのが筋ではないかと考えられます。

> 911条（共同相続人間の担保責任）
>   各共同相続人は、他の共同相続人に対して、売主と同じく、その相続分に応じて担保の責任を負う。

1　本条の趣旨

共同相続人間の平等を図るためには、問題がないきちんとした権利であるということを前提として価額評価がされた場合において、実際には、隠れた瑕疵があったり、他人の権利が入っていたり、数量が足りなかったりしたときは、その相続人は、他の共同相続人と比較して、相続分に満たない遺産を取得したことになります。そこで、お互いに売主と同様の担保責任を負担をするのが公平な取扱いであると理解されることになります

2　立法の経緯

明治民法1013条は、「各共同相続人ハ相続開始前ヨリ存スル事由ニ付キ他ノ共同相続人ニ対シ売主ト同シク其相続分ニ応シテ担保ノ責ニ任ス」と規定しており、本条はこれを承継したものです。梅・民法要義巻之5・141頁以下によ

ると、前条のとおり、遺産分割では共有物分割と異なり、甲が乙より、乙が甲より権利を取得したものとは認めないので、互いに担保義務を生じる理由がないようにみえるが、それは仮定のことであって、その仮定の目的を達した以上、それを援用することは許さず、分割の本来の性質によって各自その義務を負担するとすべきである、しかし、本条では、261条（共有物分割の場合）と異なり相続開始前の事由だけを認めている、その理由は、1012条（遡及効）があるため、相続開始後の追奪はあり得ないからである、つまり、仮に共同相続人の1人が全部に抵当権を設定しても、他の相続人には影響を与えないからである、動産の場合、即時取得があるから問題になるが、それは704条の責任を負うので規定する必要がないと考えたのであろうと説明しています。

しかし、戦後の改正で、遡及効は、第三者の権利を害し得ないこととされたため、相続開始後であっても、共同相続人の1人が売却すれば、買主は権利を主張できることになったため、やはり追奪の危険が生じることになりました。そのため、「相続開始前ヨリ存スル事由ニ付キ」というのは削除されたのです。

それでは、具体的にはどのような計算になるでしょうか。前掲144頁は、次のような例を挙げています。相続人甲乙丙がいて、それぞれ1万円の不動産を取得して甲が追奪によりその全部を失ったときは、乙丙は3333円余を甲に与え各自6666円余を取得する結果に至らざるを得ないと言います。つまり追奪された部分がなかったと仮定して、追奪によって減少した分を各自法定相続分で分けるということになります。具体的相続分が法定相続分と異なる場合については言及されていませんが、立法の経緯からすると、公平を考えて具体的相続分割合が決められた以上、具体的相続分割合に応じて担保責任も負担することになるでしょう。

3　実務の運用

実際の実務で、これらの規定が問題になることはあまりありませんが、債務不履行と同様に担保責任の一つとして遺産分割の合意の解除ができるかという問題があります。一般に遺産分割では解除はできないと解されています（最判平成元年2月9日民集43巻2号1頁、百選69）が、売主と同じだから解除を認めるべきだという説もあります。ただこの担保責任は、立法の経緯にあるよう

に、本来、共同相続人の取得した権利義務は相互に独立したものであり、相続人間の公平を期するため、例外的に認められたもので（東京高判昭和43年6月13日家月21巻3号47頁参照）、解除まではできないというのが実務の運用ではないかと思います。詳しくは、判例民法10拙稿174頁を参照してください。

> 912条（遺産の分割によって受けた債権についての担保責任）
> 1　各共同相続人は、その相続分に応じ、他の共同相続人が遺産の分割によって受けた債権について、その分割の時における債務者の資力を担保する。
> 2　弁済期に至らない債権及び停止条件付きの債権については、各共同相続人は、弁済をすべき時における債務者の資力を担保する。

1　本条の趣旨

本条は、遺産分割によって取得した債権についての担保責任について規定したものです。遺産分割をする場合、甲が1000万円の不動産を取得し、乙が丙に対する1000万円の債権を取得した場合において、もし、丙の資力が乏しくて、乙がその支払いを受けられない場合、乙はその限度において甲よりも少ない遺産しか取得できないことになります。遺産分割が終われば共有状態は解消され、乙は全額丙に対して請求できるので、請求を怠っているうちに丙の資産が乏しくなった場合、それは乙の責任ですが、すぐに権利を行使しても回収できない場合は甲に担保責任を負わせる必要があります。そのため、その基準時は分割時とされているのです。

しかし、期限や条件が付されており、直ちに権利を行使できないときは、権利を行使できるようになった時点、つまり期限で言えば期限が到来したとき、条件であれば、条件が成就したときの資力を担保するということになります。

2　立法の経緯

明治民法1014条は、「各共同相続人ハ其相続分ニ応シ他ノ共同相続人カ分割ニ因リテ受ケタル債権ニ付キ分割ノ当時ニ於ケル債権者ノ資力ヲ担保ス」「弁

済期ニ在ラサル債権及ヒ停止条件附債権ニ付テハ各共同相続人ハ弁済ヲ為スヘキ時ニ於ケル債務者ノ資力ヲ担保ス」と規定しており、これをそのまま承継したのが現行の条文です。梅・民法要義巻之5・145頁以下も上記と同様の趣旨の説明をしています。また例として、相続人甲乙丙が遺産分割によりそれぞれが1000円の債権を受けたが、甲に債務者が分割時無資力だった場合、乙丙は、甲に333円余りを出して各自666円余りを得る結果になるとしています。ちなみに梅・民法要義では、しばしば例が挙げられて分かりやすくされているのですが、敢えて割り切れない数字を使っておられるのがおもしろいところです。割り切れない方が実感として理解しやすいということなのかもしれませんし、実際の遺産分割の実務では割り切れないことが多く、裁判官は、いつも端数処理に悩まされています。

3 実務の運用

多くの場合、遺産分割の時点で、その債権の回収可能性は検討した上で債権の価値を評価することになるので、後になって初めて債務者の資力が不足していたというようなことは実際にはおこらず、そのため実務で問題になることはあまりないようです。むしろ、債務者の資力変動のリスクを計算に入れて債権の実質的評価をしておけば済むことです。

913条（資力のない共同相続人がある場合の担保責任の分担）
　担保の責任を負う共同相続人中に償還をする資力のない者があるときは、その償還することができない部分は、求償者及び他の資力のある者が、それぞれその相続分に応じて分担する。ただし、求償者に過失があるときは、他の共同相続人に対して分担を請求することができない。

---

1 本条の趣旨

これは、前2条により担保責任を負担する共同相続人自身が無資力であった場合、担保責任がきちんと履行されないと、結局、不公平になってしまうので、

その分は、求償者と他の資力のある者との間で、相続分に応じて分担して負担をすることにしようという趣旨で、これも遺産分割による公平性を維持しようとするものです。したがって求償者が権利の行使を怠っている間に無資力になってしまったというように求償者に過失があると考えられる場合には、求償者の責任であり、共同相続人にその分担を求めることはできないとしたものです。

2　立法の経緯

本条も、明治民法1015条をそのまま承継したもので、その趣旨も同様です。

3　実務の運用

本条が裁判所で問題になったケースというのがあるのかどうか、多数の裁判例を調べてもでてきません。実際問題として、まず瑕疵があったり、債務者に資力がなかったりした場合に最終的に回収できないのがいくらになるのかを確定するのに時間と費用がかかります。そして、その間に分割時には同等に遺産を取得しているはずの他の共同相続人の資力が失われていく場合、求償権を被保全権利として仮差押えをしておかないため、資力がなくなったら過失があるということになるのかなどのことを考えると、非常に使い勝手の悪い条文であり、あまり実用的ではありません。むしろ、最初の分割の段階で生じうる可能性も含めて担保責任が生じて来なくて済むような分割方法を決めておくのが合理的だろうと思います。おそらく債権の担保責任にしても、全くの無資力ということはなく、どの程度回収が不可能なのか過失なく手続を進めないと、もっと回収できていただろうという争点が生まれてきますし、求償する場合にも、求償される共同相続人がどの程度無資力なのか、その段階でも、もっと回収できただろうという争点が生まれてきます。これを訴訟でするとなると、大変な作業であり、なかなか引き受けてくれる弁護士は現れないのではないかと思います。

> 914条（遺言による担保責任の定め）
> 　前3条の規定は、被相続人が遺言で別段の意思を表示したときは、適用しない。

1　本条の趣旨

前3条の担保責任は、相続人間の公平の観点から規定されているものですが、もともと被相続人は、遺言によって、諸般の事情により、公平性に反する分割方法を定めることも可能であり、遺留分侵害の問題は起き得るとしても、法が予定をしている担保責任を負わせないことも可能であると考えられます。そのことを規定したのが本条です。本条で公平性を害することは望ましくないとして、制限的に解釈すべきだという見解もあります。しかし、例えば、障害のある子には、どうしても最低限度、これだけは残したいという場合、他の相続人から追奪担保請求をされてしまうと、残せなくなってしまうので、これを禁じるということもあります。それを平等原則に反するとして制限的に解することは相当ではなく、遺留分を侵害しない限り、被相続人の意思は尊重される必要があります。ケースバイケースです。

2　立法の経緯

本条は、明治民法1016条をそのまま承継したものです。梅・民法要義巻之5・150頁以下は、担保責任について、これを一切負わせないこともできるし、常に弁済期の資力を担保するとすることもできるし、遺留分を侵害しない限り、被相続人が決めることができるとしています。

3　実務の運用

担保責任というのは、あくまで実質的平等も考慮して合意された遺産分割について、予期に反して、その遺産の一部が他人に属していたとか、瑕疵があったとか、債務者が無資力であったとかの理由で、その遺産にそれだけの実質的価値がなかったことが判明した場合、これを資力のある共同相続人全員で公平に負担をしようという趣旨の規定ですから、被相続人が遺言において、敢えて

これを修正しようというのは、特別の場合であろうと考えられ、寡聞にして、そのような担保責任を免除するような遺言書が問題になったケースというのは聞いたことがないし、裁判例も見つかりません。また、担保責任を負わせることが不都合な事情があれば、相続人全員の合意により、担保責任を負わないこととすることも可能であると解されています。

第 4 章

相続の承認及び放棄

915条〜940条

第4章　相続の承認及び放棄（915条〜940条）

第1節　総則

> 915条（相続の承認又は放棄をすべき期間）
> 1　相続人は、自己のために相続の開始があったことを知った時から3箇月以内に、相続について、単純若しくは限定の承認又は放棄をしなければならない。ただし、この期間は、利害関係人又は検察官の請求によって、家庭裁判所において伸長することができる。
> 2　相続人は、相続の承認又は放棄をする前に、相続財産の調査をすることができる。

1　本条の趣旨

　相続人は、遺言の有無にかかわらず、相続するかしないかを自由に決めることができます。しかし、相続するかしないかが決まらないと、被相続人の財産の帰属が決まらないので、本条によって、自分のために相続が開始されたことを知ったときから3か月以内に相続を放棄するか、単純承認するか、限定承認するかを決めるよう規定したものです。この3か月の期間を「熟慮期間」と呼んでいます。熟慮期間内に、相続人は、放棄した方がよいか、承認した方がよいかの意思決定をするため、相続財産の調査をすることができることになっています。とりあえず、承認するか、放棄するかを決めるまでの間は、推定相続人全員の共有財産として扱われ、放棄した段階で、相続時に遡って、最初から相続人にならなかったものと扱われます。3か月以内に調査ができない場合もあり得るので、そのような場合、推定相続人だけではなく、利害関係人及び公の代表者である検察官も、家庭裁判所に対し、その期間の伸長を求めることができるとされています。

2　立法の経緯

　本条は、明治民法1017条の規定をそのまま承継したものです。当時は、家庭裁判所がなかったので、単に「裁判所」においてこれを伸長できるとし、検察官ではなく「検事」と規定していました。ここで、利害関係人や検察官に期

間伸長の申立てを認めたのはなぜでしょうか。期間伸長は、個々の相続人について行われるものであり、かつ、その起算点は、その相続人が自分が相続人になったことを知った時からです。もし、利害関係人や検察官が申立てをするとすれば、その相続人がいつ自分が相続人になったことを知ったのかを立証しなければ、そもそも起算点が分かりません。その相続人に意思能力がなければ、熟慮期間は進行しませんし、意思能力があれば、その相続人が期間伸長すればよく、その相続人が期間伸長を求めていないのに、利害関係人や検察官がその相続人の意思に反して、期間伸長の申立てができるのでしょうか。期間伸長の意味は、法定単純承認の効果の発生を先延ばしにする点にありますが、仮に先延ばしにしても、相続人自身が放棄や限定承認をしなければ、相続人の確定しない期間が長引くだけです。この点については、梅・民法要義巻之５では何も触れておらず、その立法趣旨はよく分かりません。

3　実務の運用

　本条に関して、最も問題となるのは、放置すれば法定単純承認の効果が発生する（921条2号）3か月の起算点です。被相続人がどのような債務を負担していたのか必ずしも相続人には分からず、特に資産も負債もないような外観の場合、通常はそのままで3か月が経過します。ところがしばしば、意図的に又は怠慢により、若しくは相続人の捜索に時間がかかり、半年とか1年とか経過して、被相続人の債権者が相続人に対し、被相続人の債務を支払うよう請求してくることがあります。通常、そのような債務があれば相続を放棄したのに知らなかったために相続放棄の機会を失ってしまったというケースがあります。債権者は債務者本人の資力に基づいて融資をしたり、取引をしたりするので、相続人の資産まであてにすべきではなく、債務者が死亡すれば、速やかに相続人に対し相続するか否かを確認し、承認した相続人から回収を図るべきであり、また、全員が放棄すれば、相続財産管理人選任の申立てをして債務者の財産から回収を図るべきで、3か月以上も経過して請求するというのは例外的だろうと思います。ただ、意図的でないとしても、相続人の捜索に時間がかかり、連絡がとれないまま3か月が経過するということもあります。相続人の方も一緒に住んでいれば大体分かりますし、遺品を整理していれば、負債の情報を入手

第4章　相続の承認及び放棄（915条～940条）

して連絡をとることも可能でしょうが、同居していないとよく分かりませんし、家族に心配をかけたくないということで、家族に知られないように借入れをするというケースもあります。今のように資金がだぶついている時代には家族にも知られず借金ができますという公告もサイトに載せられています。そのような場合、相続人になったことを知った時から3か月間という規定を厳格に適用すると、不測の債務を背負ってしまうことになります。債務の存在を知ってから3か月以内に放棄を認めないと、相続人に酷な場合が生じます。契約や意思表示であれば錯誤による無効を主張できますが、法定単純承認の場合、意思表示ではありませんから、承認したのが錯誤により無効だとも言えません。そこで、最判昭和59年4月27日（民集38巻6号698頁、百選75）は、3か月以内に放棄又は限定承認しなかったのが、「被相続人に相続財産が全く存在しないと信じたためであり、かつ、被相続人の生活歴、被相続人との間の交際状態その他諸般の状況からみて当該相続人に対し相続財産の有無の調査を期待することが著しく困難な事情があって、相続人において右のように信ずるについて相当の理由があると認められるときには、……熟慮期間は相続人が相続財産の全部又は一部の存在を認識した時又は通常これを認識しうべき時から起算すべきものと解するのが相当である」と判示しました。これは被相続人が連帯保証人になっており、死亡後1年半後に判決が送達されたもので、かつ、被相続人の相続財産が全く存在しないと信じたケースです。通常は、相続財産がないと言っても、借家の奥に古びたタンスがあったり、数千円から数万円程度の年金の残額があったりしますから、相続財産が全く存在しないケースなど極めてまれです。同判決の宮崎梧一裁判官が反対意見で「相続人による相続財産の認識の有無を斟酌すべきではない」と述べているようにしなければ、意味がありません。そのため、実務では、「相続財産が全くない」というのを緩やかに解して、場合によっては保管している現金、預貯金を戻させて、相続財産を遥かに上回る多額の返済を迫られて、そのようなことが最初から分かっていれば当然誰でも相続を放棄したであろうと考えられるケースについては、弾力的に相続放棄を認めています。債権者の怠慢で請求が遅くなり、不良債権処理のため、連絡があって初めて相続人が知るということもあり、債権者に相談したら、家裁で相続放棄の手続をとるように言われたとして家裁に来るケースも相当あります。

そのような場合、放棄を認めなければ、金融機関はこれを不良債権として処理することもできません。そのように考えていくと、何らかの立法的解決をする必要がある場面ではないかと思われます。もし、この最高裁判決を全く相続財産がないと信じたケースの事例判断で、相続財産が多少あるケースについては判断されていないと理解すれば、今の家裁の運用でよいですが、多少でも財産がある場合、3か月の起算点を動かすことはできないと解釈すればどうなるでしょう。相続財産が多少なりともあれば、もしかしたら将来多額の請求が来るかもしれないので、常に相続人は、相続放棄をするか、限定承認の申立てをしなさいとアドバイスするしかありません。相続して大丈夫ですかと問われれば、いつ、いかなる債権者が現れるのか、全く分からない場合でも、最高裁の判例では、相続財産が全くない場合にしか後日の放棄は認められませんので、どこかで被相続人が借金をしている可能性があるのであれば、限定承認をしておきなさい、そうでなければ、後に被相続人が多額の借金をしていたとして請求された場合、支払わないといけなくなりますよと回答するしかないことになります。そうなれば、家庭裁判所は限定承認事件の処理にばかり追われることになってしまいますし、熟慮期間を3か月と限定した意味がないことになります。債権者も限定承認が増えるとなると、放置すれば回収できなくなりますから、常に債務者が亡くなっていないか調査をしなければならず、債権管理も大変になります。これは望ましいことではありません。

916条
　相続人が相続の承認又は放棄をしないで死亡したときは、前条第1項の期間は、その者の相続人が自己のために相続の開始があったことを知った時から起算する。

1　本条の趣旨

前条のとおり、熟慮期間がありますから、その間に推定相続人が死亡することがあります。それにもかかわらず、熟慮期間の3か月の起算点が動かないと

すると、その相続人の相続人は、放棄や限定承認をする機会を失うことになります。そのため、その相続人が自己のために相続の開始があったことを知った時から熟慮期間は進行するものとしたのが本条です。例えば、甲が1月1日に死亡し、子の乙が相続し、乙が相続の承認又は放棄をしないで3月1日に死亡し、その子丙が3月10日の昼に乙が死亡した事実を知り、自分が甲の相続人になったことを知ったとすると、丙の熟慮期間は6月10日までということになります。もし、丙が乙を相続したことは認識できても、甲を相続したことを認識できていなければ、甲の相続を放棄するかどうか熟慮することはできませんので、熟慮期間の進行は、乙の相続した甲の遺産を乙の死亡により丙が相続した旨の認識が必要となります。このような相続を再転相続と呼んでいます。丙を再転相続人と呼ぶこともあります。

2 立法の経緯

本条は、明治民法1018条をそのまま承継したものです。その立法趣旨は明治時代と現在とで特に変化はありません。

3 実務の運用

実務上しばしば問題となるのは、上記の場合において、丙が甲の相続と乙の相続とで異なる判断をする場合に、どのような法律効果になるのかという点です。想定できるのは、丙が甲の相続について承認又は放棄をした後、乙の相続について承認又は放棄するというケースで、限定承認は少し横において、それぞれ承認の場合と放棄の場合とに分ければ4つの場合があり得ます。また、反対に丙が乙の相続について承認又は放棄をした後に甲の相続について承認又は放棄をする場合で、これも4つの場合があり得ます。最判昭和63年6月21日（家月41巻9号101頁、百選76）は、甲が死亡し、乙が相続し、乙が甲の相続の承認又は放棄をしない間に死亡し丙が相続した場合について、丙は再転相続人の地位に基づいて、「甲の相続と乙の相続のそれぞれにつき承認又は放棄の選択に関して、各別に熟慮し、かつ、承認又は放棄をする機会を保障する趣旨をも有するものと解すべきである。そうであってみれば、丙が乙の相続を放棄して、もはや乙の権利義務を何らか承継しなくなった場合には、丙は右の放棄

によって乙が有していた甲の相続についての承認又は放棄の選択権を失うことになるのであるから、もはや甲の相続につき承認又は放棄をすることはできないと言わざるを得ないが、丙が乙の相続を放棄していないときは、甲の相続につき放棄することができ、かつ、甲の相続につき放棄しても、それによっては乙の相続につき承認又は放棄をするのになんら障害にならず、また、その後に丙が乙の相続につき放棄をしても、丙が先に再転相続人たる地位に基づいて甲の相続につきした放棄の効力がさかのぼって無効になることはないものと解するのが相当である。」と判示しています。したがって、上記の8つのケースにつき、丙は、先に乙の相続を放棄した場合には、甲の相続につき承認も、放棄もできないが、それ以外の場合には、いずれも可能であると解されることになります。

> 917条
>   相続人が未成年者又は成年被後見人であるときは、第915条第1項の期間は、その法定代理人が未成年者又は成年被後見人のために相続の開始があったことを知った時から起算する。

1　本条の趣旨

相続の承認または放棄をするには、相続人が承認または放棄の法的な意味を理解し、その利害得失を判断する能力、つまり意思能力＝行為能力を持っている必要があります。そのため、未成年者及び成年被後見人については法定代理人が行う必要があり、したがって、熟慮期間の起算点である自己のために相続が開始し、自分が相続人になったという認識を、未成年者または成年被後見人のために相続が開始され、未成年者または成年被後見人が相続人となったという認識に改め、法定代理人がこの認識を得たときに改める必要があります。そこで設けられたのが本条です。

2 立法の経緯

本条は、明治民法1019条を承継したものです。明治民法では、「無能力者」とされており、これがそのまま戦後の改正でも承継されたのですが、平成11年に成年後見制度ができ、現在の条文の表現に変更されたものです。被保佐人程度であれば、事理弁識能力がありますから、自分で判断することが可能であり、その起算点は915条に規定するとおりです（ただし保佐人の同意が必要です。13条6号）。

3 実務の運用

一般に未成年者の場合、両親が亡くなり、後見人が選任されることになるので、両親からの相続については、未成年後見人は、就任とともに知ることになり、3か月の間に承認または放棄を決めることになります。したがって、その期間内に未成年後見人が解任されたり、辞任したり、死亡したりすることはまれでしょう。また、成年後見人の場合、相続の承認または放棄ができないため、成年後見を開始する必要が生じるという場合があります。このような場合、相続の承認または放棄をすることが成年後見人の当面の仕事になりますから、これをしないまま後見人が後見人の地位を失うことはまれでしょう。

ただ、後見人が放棄又は承認をしない間に、後見人がその地位を失えば、後任の後見人が選任され、かつ、被後見人が相続人となったことを知ったときから熟慮期間の進行が開始すると解されるでしょう。

918条（相続財産の管理）
1 相続人は、その固有財産におけるのと同一の注意をもって、相続財産を管理しなければならない。ただし、相続の承認又は放棄をしたときは、この限りでない。
2 家庭裁判所は、利害関係人又は検察官の請求によって、いつでも、相続財産の保存に必要な処分を命ずることができる。
3 第27条から第29条までの規定は、前項の規定により家庭裁判所が相続財産の管理人を選任した場合について準用する。

1　本条の趣旨

　本条は、まず1項で、相続が開始した場合、その承認または放棄をするまでの間、相続人が相続財産を管理すべきこと、その管理義務の内容は、受任者において必要とされる善良な管理者の注意義務ではなく、自己の財産を管理するのと同じ管理義務であることを規定しています。承認すれば、自分の財産になりますし、放棄すれば確定的に自分の財産ではなくなりますから、いずれも管理義務は消滅します。ただし、限定承認の場合には例外規定（926条1項）があります。

　しかし、相続人がいる場合でも、判明しない場合でも、相続財産が十分に管理されず、そのため、相続財産の価値が低下して被相続人の債権者の権利が害されたり、あるいは、倒れそうな家屋が放置されて公衆に危害を及ぼす虞がある場合などは、別途管理人を選任する必要が生じます。そこで、利害関係人又は公益の代表者である検察官は、家庭裁判所に対し、相続財産の管理人の選任の申立てができることとしたものです。この場合、選任された管理人は、不在者財産管理人と同様の地位に立つことになるので、不在者財産管理人の職務（27条）、権限（28条）、担保提供及び報酬（29条）に関する条文が準用されているのです。

2　立法の経緯

　本条は、明治民法1021条をそのまま承継したものです。「裁判所」が「家庭裁判所」に、「検事」が「検察官」に改められただけです。法定家督相続人は放棄できない旨の条文（1020条）は、家督相続が廃止されたので、承継されませんでした。

3　実務の運用

　相続財産管理人選任の申立ては相当数ありますが、多くは、相続人が不存在の場合の管理人選任であり、本条に基づく管理人の選任は少ないように思います。1人住まいの高齢者が亡くなって空き家になっており、朽廃しつつあるような場合、市民の通報により検察官が管理人選任の申立てをして、周囲に危険が及ばないよう撤去するということも考えられますが、問題はその費用を誰が

負担するのかという点です。もし、相続人が相続を放棄してしまえば、被相続人に財産がない限り、取り壊し費用や相続財産管理人の報酬を支払うこともできませんから、そう簡単に保存に必要な処分を家庭裁判所に求めることもできないわけです。反対に相続財産からこれらの費用を捻出できれば、相続人も放棄はしないでしょうから、本条が活躍できる場面は少ないようです。

919条（相続の承認及び放棄の撤回及び取消し）
1　相続の承認及び放棄は、第915条第1項の期間内でも、撤回することができない。
2　前項の規定は、第一編（総則）及び前編（親族）の規定により相続の承認又は放棄の取消しをすることを妨げない。
3　前項の取消権は、追認をすることができる時から6箇月間行使しないときは、時効によって消滅する。相続の承認又は放棄の時から10年を経過したときも、同様とする。
4　第2項の規定により限定承認又は相続の放棄の取消しをしようとする者は、その旨を家庭裁判所に申述しなければならない。

1　本条の趣旨

　熟慮期間は、早期に相続人を確定するために設けられたものであり、熟慮の上、放棄又は承認をした以上は、これを熟慮期間内だからという理由で、撤回することを認めるなら、結局、熟慮期間が満了するまでは常に相続人が確定しないことになります。そこで、熟慮の上放棄又は承認をしたと解される以上は、その撤回はできないものとしたのが1項です。

　撤回はできないとしても、詐欺または強迫により放棄を強いられた場合とか、重大な過失なくして錯誤により放棄してしまったとか、被保佐人が保佐人の同意を得ないで放棄をしたとか、十分な判断能力がある者の瑕疵のない意思表示ではないという場合には、民法総則編や親族編の規定にしたがって、その取消しができるとしておく必要があり、それは撤回とは異なります。そのことを明示するため、2項が設けられています。

しかし、そうすると、例えば詐欺強迫による取消権の時効は、詐欺であることに気がつき、強迫から免れて、5年間であり（126条）、その間、取り消されるおそれがあることになり、承認または放棄が取り消されると、相続人の範囲が異なってくることになります。それは取引の安全を著しく害するおそれがあります。そこで、取消権の消滅時効期間を6か月に短縮したのが本条3項です。また、熟慮期間の開始が相続開始を知った時からであり、更に詐欺強迫による取消しは、詐欺に気がつき、強迫を免れてからということになりますので、その取消しができる期間を6か月に制限しても相当長期間経過するおそれがありますから、どれだけ長くても承認または放棄してから10年以内に行使しなければならないという制限を設けました。

ところで、例えば詐欺または強迫による取消しができるとしても、その意思表示は誰にどのようにすればよいのか規定がないので、どのようなことがあれば、民法総則編または親族編に基づく取消しがあったと言ってよいのか不分明でした。そこで、4項を設けてその方式を明確にしたものです。

2　立法の経緯

本条の1項から3項までは、明治民法1022条をそのまま承継しています。詳しく言えば、本条の1項から3項までは、明治民法1022条では1項、2項本文、2項ただし書の形で規定されており、戦後もこのまま維持されていました。そして、昭和37年法律第40号により、現在の4項を3項として追加しました。その後、平成16年法律第147号により表現を改める際、1項で「これを取り消す」とあったのを「撤回する」に改め、明治民法2項本文に該当する部分を2項とし、同2項ただし書きに該当する部分を3項として、昭和37年に加えられた3項を4項として現在の条文の体裁に至っています。内容としては、上記のとおり、明治民法に4項が付加され、表現が改められただけです。

3　実務の運用

本条に関して問題になるのは、本条が取消しについて規定するのみで、相続放棄または承認が無効であると解される場合、どうすればよいかという点です。例えば虚偽表示による無効とか、錯誤による無効とか、総則規定の適用によっ

て無効になる場合、これは相続の承認または放棄にも適用されると解されています（虚偽表示につき、最判昭和42年6月22日民集21巻6号1479頁。錯誤につき、東京高判昭和63年4月25日高裁民集41巻1号52頁など）。ただし、これは取消しではないので、本条4項により家庭裁判所がその申述を受理することで無効の扱いができるかとなると、条文上、なかなか難しいと考えられ、放棄または承認の申述の無効確認訴訟を提起する必要があるでしょう。

第2節　相続の承認

第1款　単純承認

> 920条（単純承認の効力）
> 　相続人は、単純承認をしたときは、無限に被相続人の権利義務を承継する。

1　本条の趣旨

　単純承認には、家庭裁判所に対する申述による場合と次条の法定単純承認の場合があります。いずれの場合も、被相続人の権利義務を承継します。無限にということに特別な意味はなく、限定承認に対比する形で明治民法から使われている表現です。一身専属的な権利義務を除き、一切の権利義務を承継するという趣旨になります。

2　立法の経緯

　本条は、明治民法1023条をそのまま承継したものです。梅・民法要義巻之5・165頁は、本条は当然のことを規定したに過ぎず、「限定承認ト異ナル所ヲ示スカ為メ特ニ本条ヲ設ケタルニ過ギス」と述べています。限定承認と異なるところは、どれだけ財産が少なく如何に多くの債務を負う場合もその債務の全部の履行の義務を負うところにあると言います。

3　実務の運用

ほとんどの場合、相続を承認する申述をするため、わざわざ家庭裁判所に申述受理の申立てがされることはなく、通常は、放棄または限定承認をしないまま熟慮期間が経過することで、次条の法定単純承認の規定により、承認したものとみなされ、その結果、本条の効果が発生するということになります。

921条（法定単純承認）
　次に掲げる場合には、相続人は、単純承認をしたものとみなす。
一　相続人が相続財産の全部又は一部を処分したとき。ただし、保存行為及び第602条に定める期間を超えない賃貸をすることは、この限りでない。
二　相続人が第915条第1項の期間内に限定承認又は相続の放棄をしなかったとき。
三　相続人が、限定承認又は相続の放棄をした後であっても、相続財産の全部若しくは一部を隠匿し、私にこれを消費し、又は悪意でこれを相続財産の目録中に記載しなかったとき。ただし、その相続人が相続の放棄をしたことによって相続人となった者が相続の承認をした後は、この限りでない。

1　本条の趣旨

本条は、熟慮期間内に相続放棄または限定承認をしない場合、単純承認をしたことになることを明らかにしたものです。相続放棄または限定承認をする前の相続財産の処分、放棄または限定承認をした後の隠匿等があれば、やはり単純承認をしたことになることを明らかにしたものです。これは一定の事実の存在を理由として単純承認の意思表示をしたと見なしているだけで、本来は、意思表示とは言えないはずですが、通説・判例は、意思表示であるとして総則編や親族編による取消しを認めています。例えば、2号の場合、単純承認の意思を有しているが、わざわざ家庭裁判所に出向いて承認の手続をすることまでしなくても、3か月が経過すれば、承認したことによるからこれでいいという黙示の意思表示だと解することが可能です。ただし、3号の場合、はっきりと放棄または限定承認の意思を表明した後、一定の事実の存在により単純承認と見

なされるに過ぎません。これを意思表示だとすれば、新たな意思表示によって放棄または限定承認を撤回したのと同じことになりますから、撤回を認めない条項と矛盾する結果をもたらすおそれがあります。

2　立法の経緯

本条は、明治民法1024条をそのまま承継したものです。梅・民法要義巻之5・166頁以下は、本条の趣旨として、相続人が単純承認をする意思を有していると否とにかかわらず、そのようにみなすのだと明記しています。それが本来の正しい解釈だと思いますが、意思表示ではないと言ってしまうと、総則規定や親族編による取消し、あるいは無効の主張ができなくなってしまうおそれがあるので、敢えて意思表示だと言っているわけです。

3　実務の運用

多く問題となるのは、どこまでの行為が相続財産の全部または一部の処分に該当するのかです。相続人は管理権限を持っていますから、保存行為とみるべき処分（腐敗するおそれのある物の早期の換価処分など）でなくても、管理行為だと言えるもの、その例示として短期賃貸借が1号ただし書きによって除外されているように、1号に該当しないと解されます。また、単純承認の意思の表明であると第三者から見て評価できる行為である必要があるので、そもそも自分が相続人になったことを知らずに親の推定的承諾があると考えて、預貯金を費消したような場合は、熟慮期間が始まっていないので、その処分行為を単純承認の意思の表れであると評価することはできず、同号に該当しないことになります。

第2款　限定承認

> 922条（限定承認）
> 　相続人は、相続によって得た財産の限度においてのみ被相続人の債務及び遺贈を弁済すべきことを留保して、相続の承認をすることができる。

1　本条の趣旨

　本条は、限定承認について定めたものです。限定承認というのは、被相続人の権利義務を承継することを承認しながら、相続した積極財産の範囲内において、相続債務及び遺贈を弁済するというものです。最初から積極財産が消極財産を上回り、相続債務の弁済をし、遺贈されたものを引き渡しても、なお、財産が残るとはっきり分かっていれば、単純承認してよいし、最初から消極財産が積極財産を上回ることがはっきりしていれば、相続放棄をすればよいわけです。しかし、実際には、不動産がいくらで任意売却できるか、他にも債権者として権利を主張する者がいないか、それによってどちらが上回るか、熟慮期間内では明らかにならない場合があります。このような場合、限定承認をすれば、相続債務が上回った場合には、積極財産の範囲で弁済して終了させ、積極財産が上回った場合、残額を取得することができます。

2　立法の経緯

　本条は、明治民法1025条をそのまま承継したものです。それでは、なぜ、明治民法は、限定承認という制度を取り入れたのでしょうか。梅・民法要義巻之5・173頁以下は、限定承認を設けた理由について次のように説明しています。本来、親の借金を子が背負うのは当然であり、家督相続では放棄を認めていないのであって、限定承認は家督を重んじないものだという議論がある、しかし、家督相続では放棄が認められていないから、借金が資産を上回る場合、家督相続人になろうとする者がいなくなり、家名断絶に至ることが多いであろう。実際、限定承認を認めないために、祖父母、父母の負債のため志を得ない者が往々にしてある、過大な負担を相続人に被らせることは国家経済の許すところではない、他方、債権者はもともと被相続人を信用して債権を取得することを甘諾したものであり、その被相続人が死亡することも予期すべきことである、担保を要求し、保証人を立てなかったのは不注意というしかない、それを何等関係のない相続人に負担させようと欲するのは不当であり、故にローマ法では夙に限定承認を認め、欧州では一般になっているのである。

　この説明によると、明治民法では法定家督相続人は相続放棄をすることが認められておらず（1020条）、「家」を継承することは何よりも重要なことと理解

されていました。親の借金は子が償うのが当然だという考え方です。しかし、そうすると、子は親の借金の重圧に最初から苦しまなければならず、ひいては、家督相続人になり手がなくなり、かえってお家断絶になってしまうし、国家経済上も損失が大きいことから、債務超過の場合、家督相続人が債務から免れながら家を存続するために限定承認が取り入れられたという側面が大きいことが分かります。そうだとすると、果たして、戦後、限定承認という制度を残す必要があるのかどうか、改めて考える必要があります。

3 実務の運用

　限定承認の申立ては、どの程度利用されているのでしょうか。平成27年度の司法統計年報によると、全国の家庭裁判所の限定承認の申述受理件数は、759件であり、同年度の相続放棄の申述受理件数18万9381件の0.4％に過ぎません。限定承認という制度は、被相続人の債権者に遺産（積極財産）を差し出して、この中から回収してください、余りがあれば返してください、足りなければ、みなさんで公平に分けて下さいというもので、すべての遺産を調べて、残さずこれを目録に書いて開示し、債権者が公平に回収するまでの間、その管理を続けなければならないもので、そうした費用や手間暇をかけるほどには、あまり戻っては来ないとなれば、放棄をした方がよいということになってしまいます。また、ある程度残るということが確実なら相続を承認して、自己固有の財産や遺産の中から不要な物件を任意売却して返済した方がよいということになります。しかも相続人の意見が分かれてしまうとできないという制度になっているので、あまり使い勝手のよい制度ではないようです。もともと明治民法下において、家督相続人の放棄が許されないため、債務超過の場合に利用するにはちょうどよい制度だったのでしょうが、今ではその存在意義が問われるところです。

> 923条（共同相続人の限定承認）
> 　相続人が数人あるときは、限定承認は、共同相続人の全員が共同してのみこれをすることができる。

1　本条の趣旨

　限定承認は、相続財産のうち積極財産を被相続人に対し権利を有する債権者らに提供し、その財産の範囲内での弁済を求めるものなので、相続人の中に相続を承認する者がいれば、その相続人の共有持分が自由に処分されることになり、あるいは、特定の債権者への弁済に充てられることにもなりますから、債権者への公平な分配ができないことになりますので、限定承認をする意味がないことになります。したがって、先に相続を放棄して当初から相続人にならなくなった者は、本条の共同相続人には含まれないことになります。

2　立法の経緯

　本条は、明治民法にはなかった規定であり、戦後の改正の際に設けられたものです。明治民法では、家督相続人が債務超過の場合、放棄できないので、限定承認をすることで、家督を相続しながら、家督相続人に負債が残らないようにする、そうした制度としての意味を持っていたので、共同相続ということは、念頭になかったのです。

3　実務の運用

　前条の説明にあるとおり、限定承認の申述の申立ては非常に少ないのが実情です。特に相続人が全員一致して限定承認をしましょうということでないと難しいし、その場合、誰が財産目録を作るのか、もし記載漏れがあって、故意に記載しなかったと言われたら、法定単純承認になってしまう危険もあり、難しいところです。

> 924条（限定承認の方式）
>   相続人は、限定承認をしようとするときは、第915条第1項の期間内に、相続財産の目録を作成して家庭裁判所に提出し、限定承認をする旨を申述しなければならない。

1　本条の趣旨

　本条は、限定承認の申立ての方式について規定をしています。まず、申立ては、相続人が自分が相続人になったことを知ってから3か月以内にしなければなりません。1人の相続人甲が相続の開始を知ってから3か月後に別の相続人乙が相続の開始を知った場合、いつまで限定承認の申立てができるでしょうか。もし共同相続人全員が相続人になったことを知ってから3か月以内に申述が必要だとすると、甲も乙も限定承認ができないことになってしまいます。それでは本条を規定した意味がないので、共同相続人の1人でも、熟慮期間内であれば、他の相続人が熟慮期間を経過していても、限定承認の申立てができると解されています。

　次に相続人が複数いれば、全員で申立てをする必要があります。既に放棄をしないで熟慮期間を経過している共同相続人がいれば、その人も含める必要があります。熟慮期間内に放棄の申述をして受理された者は、相続時にさかのぼって相続をしなかったことになりますから、相続人ではなくなり、限定承認の申立てに加わる必要はありません。

　最後に、被相続人の財産について目録を作成し、家庭裁判所に提出する必要があります。この3つの要件がそろって初めて限定承認の申述は受理されることになります。

2　立法の経緯

　本条は、明治民法1026条を承継したものです。平成16年の字句改正の際に目録の「調製」という明治民法の用語が「作成」に改められるなど表現は変わっていますが、内容は同じです。

3　実務の運用

　家庭裁判所では、限定承認の申述の受理事件として、家事事件手続法の別表第1の92に規定されています。相続が開始した地を管轄する家庭裁判所の管轄に属するのが原則（家事事件手続法201条1項）で、申述書には、当事者を表示し、限定承認する旨を記載します（同条5項）。家庭裁判所がその申述書に受理する旨を記載したときに効力が生じるとされています（同条7項）。通常、申述書の隙間に受理する旨のスタンプを押して、裁判官が押印します。申述が受理されず、却下された場合、申述人は即時抗告をすることができます（同条9項3号）。前記のとおり、司法統計年報によれば、平成27年の限定承認の申述受理件数は、759件であり、同年の放棄の申述受理件数18万9381件の0.4%です。

925条（限定承認をしたときの権利義務）
　相続人が限定承認をしたときは、その被相続人に対して有した権利義務は、消滅しなかったものとみなす。

1　本条の趣旨

　限定承認は、被相続人の債権者に対し、平等に被相続人の財産から弁済を受けることを確保する制度です。したがって、通常、被相続人と相続人との間の債権債務関係は、相続を承認することによって混同により消滅することになりますが、限定承認をした場合、被相続人の財産と相続人の財産との間に混同を生じさせてはいけないので、相続人と被相続人間の権利義務は消滅していないものとみなすこととしたのです。

2　立法の経緯

　本条は、明治民法1027条をそのまま承継したものです。梅・民法要義巻之5・178頁以下は、相続により、通常混同によって消滅するが、限定承認の場合は、相続財産と相続人の固有財産とを区別し、相続財産の限度で相続債権者

に弁済すべきであるから、もし被相続人が相続人に対し持っている権利が消滅すれば相続財産が減少するし、相続人が被相続人に対し持っている権利が消滅すれば、逆に増加する、これはいずれも限定承認の性質に反するので、混同により消滅しないものとした、厳正な理論から言えば混同は純然たる消滅原因と認めるべきではないから、本条はその適用に過ぎないというべきである、と言っています。

3 実務の運用

限定承認では、本条の趣旨から、被相続人が相続人に対し持っている権利は、積極財産として目録に計上する必要がありますし、相続人が被相続人に対し持っている権利は、消極財産として目録に計上する必要があります。同様の理由で、お互いに債権を持ち合っている場合、相殺が許されるかですが、これも、限定承認の趣旨からすると、制限されることになるでしょう。

926条（限定承認者による管理）
1　限定承認者は、その固有財産におけるのと同一の注意をもって、相続財産の管理を継続しなければならない。
2　第645条、第646条、第650条第1項及び第2項並びに第918条第2項及び第3項の規定は、前項の場合について準用する。

---

1 本条の趣旨

相続人は、承認または放棄までは、相続財産を管理する責任がありますが、承認または放棄をすれば、それ以降は管理する責任がなくなります。しかし、限定承認の場合、相続財産は、債権者にとって重要な責任財産となりますから、誰かが管理をしなければなりません。限定承認の申述をした時点において、これを管理することができるのは相続人しかおらず、したがって、引き続き、相続人に管理する責任があることを明確にし、その半面、その注意義務の程度は、自分の固有財産に対する注意義務と同程度でよいものとされています。

2　立法の経緯

　本条は、明治民法1028条をそのまま承継したものです。梅・民法要義巻之5・180頁以下によると、限定承認は、相続債権者及び受遺者にとって、相続財産のみから弁済を受けるのであるから、相続財産が毀滅、減少しないよう限定承認者に相続財産の権利を継続させる義務を負わせることにしたものである、その注意義務の程度については、海外には善管注意義務を求めるものもあるが、固有の財産について、それは相当ではなく、また、実際上も酷に失して行われがたい事情があるから、本条を以て承認または放棄をする前と同じ注意義務としたと説明しています。しかし、そう言っても、相続債権者及び受遺者にとっては唯一の責任財産であるから、委任関係はないものの、委任の場合と同じく、限定承認者には、報告義務（645条）、受取物の引渡義務（646条）が準用され、また、相続財産の管理のために費用を支出した場合、相続財産から費用償還を請求でき（650条1、2項）、承認または放棄をする前の相続財産の管理と同じく、家庭裁判所は利害関係人または検察官の請求により相続財産の保存に必要な処分を命じることができ（918条2項）、相続財産管理人を選任した場合は、不在者財産管理人の職務、権限、担保提供及び報酬に関する規定（27～29条）が準用されます（918条3項）。最近では準用条文を更に準用することは避ける傾向がありますが、明治民法が規定したとおりに承継しているので、そのままになっています。

3　実務の運用

　限定承認の申述が受理された場合、相続債権者や受遺者らは、相続財産が滅失、毀損しないよう注意をし、必要があれば、家庭裁判所に必要な処分の申立てをすることができます（家事事件手続法別表第一の90）。相続人が複数いる場合には、家庭裁判所は、職権で、相続財産管理人を選任します（同94）から、財産管理人選任の申立ては不要です。

第4章　相続の承認及び放棄（915条〜940条）

> 927条（相続債権者及び受遺者に対する公告及び催告）
> 1　限定承認者は、限定承認をした後5日以内に、すべての相続債権者（相続財産に属する債務の債権者をいう。以下同じ。）及び受遺者に対し、限定承認をしたこと及び一定の期間内にその請求の申出をすべき旨を公告しなければならない。この場合において、その期間は、2箇月を下ることができない。
> 2　前項の規定による公告には、相続債権者及び受遺者がその期間内に申出をしないときは弁済から除斥されるべき旨を付記しなければならない。ただし、限定承認者は、知れている相続債権者及び受遺者を除斥することができない。
> 3　限定承認者は、知れている相続債権者及び受遺者には、各別にその申出の催告をしなければならない。
> 4　第1項の規定による公告は、官報に掲載してする。

1　本条の趣旨

　本条は、限定承認をした者が、最初に行うべきことを規定しています。まず、被相続人にどのような債権者や受遺者がいるか、必ずしも明らかではないので、限定承認をした後5日以内に、すべての相続債権者（相続財産に属する債務の債権者）及び受遺者に対し、限定承認をしたこと及び一定の期間内にその請求の申出をすべきことを公告しなければならない旨を規定します。申出期間については少なくとも2か月の期間が必要となります。この公告は官報に掲載して行います。この公告を除斥公告と呼んでいます。この公告期間中に申出がなければ、弁済から除斥されることを記載する必要があります。除斥されることが明記された公告がされ、これに対し申出をしなかった以上、権利を失っても仕方がないと考えるわけです。しかし、分かっている相続債権者及び受遺者に対しては個別に申出の催告をする必要があります。この相続債権者というのは、相続財産から弁済を受け得る者を指しており、相続財産を賃借している者などは限定承認によって影響を受けないので含まれないと解されています。

2　立法の経緯

　本条は、明治民法1029条を、戦後の改正で、そのまま承継したものです。厳密に言えば、明治民法1029条1項は、現行の927条1項とほぼ同じですが、

2項については「第79条第2項及ヒ第3項ノ規定ハ前項ノ場合ニ之ヲ準用ス」とされていました。そして平成16年法律第147号により形式的な字句の修正や説明を加え、平成17年法律第87号により、準用規定に第79条第4項が加わり、平成18年法律第50号により、民法38条から84条までが削除されため、準用することができなくなり、準用していた条項を第2項から第4項までに明記したものです。したがって、内容自体は、ほとんど変わっていません。

3　実務の運用

　本条の公告は、官報によって行うこととされており、限定承認公告は、ワード編集原稿でもマス目原稿でもよく、申込は、WEBからでも、メールに原稿を添付する方法でも、FAXでも可能です。掲載までに7日ほどかかりますし、1行3500円ほどの料金がかかります。公告に要した費用は、相続財産に関する費用として相続財産の中から支弁することができます（885条1項）。

　なお、限定承認者が複数いる場合は、936条が適用される結果、相続財産管理人が選任され、相続財産管理人が本条の行為をすることになります。その場合は、管理人は選任されてから10日以内に本条の公告をする必要があります。

　なお、限定承認者は、知れたる債権者への個別の通知や官報への公告をする義務はありますが、更に債権者を捜索する義務まではないと解されています（東京地判平成13年2月16日判時1753号78頁参照）。

928条（公告期間満了前の弁済の拒絶）
　限定承認者は、前条第1項の期間の満了前には、相続債権者及び受遺者に対して弁済を拒むことができる。

1　本条の趣旨

　限定承認者は、相続債権者及び受遺者に対し、相続財産からのみ支弁をすれば足りますが、承認をしたという点では債務者ですから、相続債権者及び受遺者から弁済を求められれば応じなければならないのが原則です。しかし、限定

承認の場合、相続財産から、すべての相続債権者らに満足するに足りる弁済ができるとは限りませんから、もし、一部の相続債権者に弁済をすると、別の相続債権者が弁済を受けられなくなるかもしれません。これは債権者平等の原則に反することです。したがって、破産の場合と同様、すべての債権者に公平に弁済するには、特定の相続債権者または受遺者からの請求に応じていては、公平性を維持できなくなる危険があります。そこで、本条を設けて、限定承認者は、一部の相続債権者または受遺者から請求があっても、その弁済を拒むことができることとしたものです。その期間は、限定承認後、本条の公告期間が満了するまでです。期間満了後は、929条に従って弁済することになります。

2 立法の経緯

本条は、明治民法1030条をそのまま承継しています。

3 実務の運用

本条の弁済拒絶権は、限定承認者の権利であって義務ではないと解されています。公告期間満了前でも、ある程度弁済の見通しがつけば、限定承認者の責任で弁済することは妨げないですし、もし、万一特定の相続債権者に弁済することで、他の債権者を害することになれば、他の債権者は限定承認者に対し損害の賠償を求めることができます（934条1項）し、他の債権者が害されることを知りながら弁済を受けた債権者に対しては求償することができます（同条2項）。

弁済を拒むことができるという趣旨は、強制執行の停止も求めることができるということになります。そうでなければ、公平な弁済を期することができなくなるからです。しかし、それは、あくまで公平な弁済の確保のためですから、優先権を有する債権者が権利を行使した場合、例えば抵当権を実行した場合には、債権者の平等を理由として、これを拒むことはできないことになります。相続の発生によって優先権が奪われる理由はないからです。

> 929条（公告期間満了後の弁済）
> 第927条第1項の期間が満了した後は、限定承認者は、相続財産をもって、その期間内に同項の申出をした相続債権者その他知れている相続債権者に、それぞれその債権額の割合に応じて弁済をしなければならない。ただし、優先権を有する債権者の権利を害することはできない。

1　本条の趣旨

927条1項の公告期間が満了すれば、その期間内に申出のなかった債権者がいても除斥されるので、これによって相続債権者及びその債権額が確定し、相続財産額が確定していれば、これによって弁済すべき割合が決まることになり、それにそって弁済することになります。しかし、優先権のある債権者がいれば、当然に優先弁済を受ける権利があるので、先に弁済をする必要があります。その場合、問題となるのが、例えば抵当権を設定しているが、その旨の登記がない場合です。限定承認者は第三者ではないので、登記のない抵当権者に対しても弁済することが必要ですが、他の相続債権者は第三者ですから、これに対抗するには抵当権設定登記が必要です（大判昭和14年12月21日民集18巻1621頁参照）。相続開始前に仮登記があれば、その後、弁済前に本登記をすれば、優先弁済権があると言えるでしょう（最判昭和31年6月28日民集10巻6号754頁参照）。

2　立法の経緯

本条は、明治民法1031条をそのまま承継したものです。梅・民法要義巻之5・187頁以下によれば、公告期間が満了すれば、その後に現れた債権者には弁済する必要がないので、期間満了後に直ちに弁済するのは当然である、また、優先権のある債権者に先に弁済するのはほとんど言うまでもないが、本文で債権額の割合に応じて弁済すると規定したことで、優先権を持つ債権者を含むのではないかと疑わせるので、優先権を有する債権者には平等弁済の適用がないことを明らかにしたと説明されています。

3　実務の運用

　これらの規定に従えばスムースに清算手続が進むように思われますが、実際には、怪しい債権者がいたり、債権内容に争いがあったりすると、債権総額が確定せず、相続財産が不足している場合には、弁済割合を算出することも困難になります。また、争って後に訴訟で敗訴すれば、損害賠償の問題になり、固有財産にまで責任が及ぶおそれが出てきますし、被相続人が亡くなっている以上、書面が作成されているだけでそのような債権があるはずがないとして争っても、通常、立証がなかなか難しい場面です。

　本条ただし書の「優先権を有する債権者の権利」に当たるというためには、対抗要件を必要とする権利については、被相続人の死亡の時までに対抗要件を具備していることを要するとする判例（最判平成11年1月21日民集53巻1号128頁、百選56）があります。相続債権者間の優劣は、相続開始の時点である被相続人の死亡の時を基準として決するのが当然だからであるとしています。

930条（期限前の債務等の弁済）
1　限定承認者は、弁済期に至らない債権であっても、前条の規定に従って弁済をしなければならない。
2　条件付きの債権又は存続期間の不確定な債権は、家庭裁判所が選任した鑑定人の評価に従って弁済をしなければならない。

1　本条の趣旨

　公告期間内に申出をした債権者や知れている債権者の債権の中に、弁済期が到来していない債権があった場合、本来なら、弁済期が来るまで弁済を拒むことができるのですが、限定承認の手続内で速やかに処理することが要請されていることから、弁済期の到来を待っていては、なかなか手続が進まないことになりかねず、限定承認をして速やかに債権額を確定し、相続財産のみによって解決しようとする趣旨に抵触するおそれがでてきます。そこで、弁済期未到来の債権についても、期限の利益を放棄して弁済する義務を負わせたものです。

また、条件付きの債権や存続期間の不確定な債権については、額面通りに支払うのは相当ではないので、家庭裁判所が鑑定人を選任して、その鑑定人の評価額に従って弁済をするよう義務付けたものです。

2 立法の経緯

本条は、明治民法1032条をそのまま承継したものです。梅・民法要義巻之5・190頁以下は、その理由として、限定承認は相続財産の限度で弁済すべきものだから、もし数年、数十年かかると、限定承認者にも迷惑であるだけではなく、後日、債権者や受遺者の権利を定めるのも困難となり、いわんや限定承認者が無資力になることで、弁済を受けられなくなるに至ることもなしとしない。だから便宜のため、一切の債権及び遺贈を一時に弁済させることにしたと説明しています。弁済期未到来の債権は、それほど金額が多くはないし、計算が面倒なので、中間利息を控除することなく期限がないものとして弁済すること、条件付債権については、その評価は困難であるが、一切の事情を考慮して評価するしかなく、存続期間の不確定な債権というのは、終身年金のようなものでその評価は困難であり、身体の強弱、年齢、老少その他一切の事情を斟酌して評価するしかないが、困難なので裁判所の選任した鑑定人に評価をさせることにしたもので、その趣旨は明治民法582条（買戻権の代位行使の条文で今も同じ）と同じであり、また、これは遺贈にも適用されると説明しています。

3 実務の運用

限定承認は、数が少なく、実際にどの程度の期間がかかっているのか定かではありませんが、財産がたくさんあり、債権者もたくさんいて、債務超過になっているとすると、財産目録の作成から、均等弁済の作業まで、ある程度時間がかかるでしょう。また、本条2項の鑑定を必要とする場合には、鑑定の期間は待たなければならないので、少し時間がかかりそうです。ただ、そういう事件は更に少ないので、実務上あまり問題になることはありません。家庭裁判所における鑑定人選任事件数は、平成27年度司法統計年報によれば、77件であり、ここ数年70件前後で推移しています。旧家事審判法では、本条2項とこれを準用する947条3項、950条2項、957条2項及び932条ただし書とこれ

を準用する947条3項、950条2項、更には1029条2項の鑑定人選任事件をまとめて「甲類27号審判事件」とされていたことから、統計上も、これらをまとめた数字しか出されていません。そして、家事事件手続法になってからは、別表第一の93（限定承認の場合）、98（財産分離の場合）、100（相続人不存在の場合）、109（遺留分を算定する場合）の事件として別々に規定をしましたが、司法統計年報では「別表一93等」として、まとめられており、98、100、109については独自の統計は出されていませんから、上記のすべてを含めての件数になります。そうすると、単純平均でも、本条によるものは、年間10件前後というところでしょう。都道府県別にみれば、5年に1件あるかどうかということになります。それでも全くないわけではないので、現在もこの条文は必要ではないとは言えないことも分かります。ただ、その評価は非常に難しく、そのような評価のできる専門的知識とは何で、誰を鑑定人に選べばよいのか疑問は残ります。不動産鑑定では一定の手法が確立されており、不動産鑑定士という専門職がいますから、鑑定人によって結論がけっこう異なる場合があるとしても、一応の合理性がありますが、本条2項の評価は、そのような合理的手法というのが必ずしも確立されておらず、かつ、不動産鑑定のように実際の取引で検証されることもないので、なかなか難しい問題です。

> 931条（受遺者に対する弁済）
>   限定承認者は、前2条の規定に従って各相続債権者に弁済をした後でなければ、受遺者に弁済をすることができない。

1　本条の趣旨

　本条は、弁済の順序として、相続債権者に対する弁済を優先し、それが終了しなければ受遺者に弁済することができない旨を定めています。その趣旨として、一般に、債権者の多くは相続人の財産から回収する意思でその債権を取得したもので保護する必要性が高く、受遺者は相続人の単独行為によって一方的に財産を取得する者であるから、同順位に扱うと債権者に不利であること、ま

た同順位にすると、被相続人が債権者を害するために遺贈するおそれがあることが指摘されています。

2 立法の経緯

本条は、明治民法1033条をそのまま承継したものです。その立法趣旨について、梅・民法要義巻之5・192頁以下は次のように説明をしています。ローマ法の法諺に、「何人ト雖モ義務ヲ尽シタル上ニ非サレハ慈恵ヲ施スコトヲ得ス」とあるように、至当の原則と言わざるを得ない。すなわち、被相続人の債務を弁済した後になお残余財産があるのでなければ、他人に遺贈してはいけない。なぜなら、債権者の権利は相続開始前に確定したものであり、受遺者の権利は相続開始後に初めて確定するものであるから、まず、債権者に弁済し、然る後遺贈を弁済するのは固より当然のことである。

実際には、遺贈であれ、死因贈与であれ、対価的性質を持っているものがあると思われるが、遺贈が法律上の義務として行われるものでない以上、このような順序をつけられてもやむを得ないものというべきでしょう。

3 実務の運用

実務上、問題となるのは、死因贈与の場合、遺贈と同視してよいかという点です。この点に関して、最判平成10年2月13日（民集52巻1号38頁、百選77）は、次のように述べています。「不動産の死因贈与の受贈者が贈与者の相続人である場合において、限定承認がされたときは、死因贈与に基づく限定承認者への所有権移転登記が相続債権者による差押登記よりも先にされたとしても、信義則に照らし、限定承認者は相続債権者に対して不動産の所有権取得を対抗することができないというべきである。けだし、被相続人の財産は本来は限定承認者によって相続債権者に対する弁済に充てられるべきものであることを考慮すると、限定承認者が相続債権者の存在を前提として自ら限定承認しながら、贈与者の相続人としての登記義務者の地位と受贈者としての登記権利者の地位を兼ねる者として自らに対する所有権移転登記手続をすることは信義則上相当でないものというべきであ」る。また、この登記が優先するとすると、その限定承認者は、債務は免れてその不動産を手に入れ、債権者は弁済を受け

る額が減少することになり、不公平だからであり、仮登記を本登記にする場合も同様であると言っています。

つまり、遺贈は、遺言によって初めて効力が生じるもので、一方的な意思表示であるのに対し、死因贈与の場合、双方の合意が生前に存在しているのであり、贈与という法律上の性質として対価性はないものの、実際には、何かの貢献に対するお礼であるとか、明確に対価性があるとは言えないものの、贈与を受けて当然と言えるような実質的な理由がある場合もあり、一律に遺贈と同視することはできないし、また、死因贈与を受けた人が第三者である場合には、他の債権者と同等の権利として扱うのが公平に資する場合もあるであろうと考えられます。そうすると、最高裁としては、一律に遺贈と死因贈与とを同視するのではなく、ある程度、ケースバイケースで、信義則により、柔軟な解決ができるようにしようと考えたものと解されます。

> 932条（弁済のための相続財産の換価）
> 　前3条の規定に従って弁済をするにつき相続財産を売却する必要があるときは、限定承認者は、これを競売に付さなければならない。ただし、家庭裁判所が選任した鑑定人の評価に従い相続財産の全部又は一部の価額を弁済して、その競売を止めることができる。

1　本条の趣旨

相続財産の中に不動産や動産などがある場合、それを現金化しないと公平な弁済ができないという場合が生じることがあります。そのような場合、そのままでは公平な弁済ができないので、その相続財産を処分する必要があります。しかし、債務超過の場合、限定承認者にとっては、相続財産の限度で弁済すれば足りるので、それが高く売れても売れなくても痛痒を感じないので、安く売るおそれがあります。そうすると、債権者は害されるので、適正な価格で売却がされるよう競売の方法で処理をするよう求めるものです。しかし、あくまで公平な弁済ができるようにするためですから、適正な売却代金に相当する金額

を限定承認者が負担をするというのであれば、相続債権者らに損害はないし、他方で限定承認者としては被相続人の思い出のある不動産や動産を残しておきたいと考える場合もあるので、適正な鑑定評価額を弁済に充てれば競売手続を停止することができることとしたものです。

2　立法の経緯

本条は、明治民法1034条をそのまま承継したものです。梅・民法要義巻之5・194頁以下も同様の説明をしています。

3　実務の運用

930条の説明でも述べたとおり、限定承認そのものの数が少ないため、実際に競売になっているケースがどの程度あるか分かりません。実務的に考えると、競売になると、通常、任意売却にするよりも売買価額は低下するおそれがあり、全債権者の合意を得て、然るべき人に任意で売却して、その代金を弁済に充てた方が、お互いに余計な競売費用や鑑定費用を負担せずに済むし、短期間で処理ができますから、その方が望ましいと考えられます。特に動産の場合は、客観的価値よりも限定承認者にとっての主観的価値の方が高い場合も多いでしょうから、鑑定をすれば二束三文の金額しか出ないし、そのための鑑定費用を支出するとすれば、赤字になるような場合、ある程度の価額で限定承認者が引き取った方がお互いにメリットがあるということがあります。そういう意味では、競売か鑑定かという2つの方法しか選択できないというのは窮屈な感じがします。

> 933条（相続債権者及び受遺者の換価手続への参加）
> 　相続債権者及び受遺者は、自己の費用で、相続財産の競売又は鑑定に参加することができる。この場合においては、第260条第2項の規定を準用する。

第 4 章　相続の承認及び放棄（915 条〜940 条）

1　本条の趣旨

　相続債権者や受遺者は、相続財産がどのように評価されるかによって弁済を受けられたり、受けられなかったりすることがあるので、密接な利害関係を持っています。そこで、これらの者が参加することを望めば、換価手続である競売や鑑定に参加ができることとしたものです。

　実際には、競売は裁判所で行われる手続であり、鑑定は、家庭裁判所が選任した鑑定人が評価をする手続であり、参加すると言っても、直接、参加した債権者自体が競売や鑑定をするのではなく、そのプロセスにおいて意見を述べる機会を与えるということになると考えられます。したがって、参加を申し出た相続債権者らに対し、その機会を与えることなく手続を進めれば、260 条 2 項と同様、その結果を参加請求をした相続債権者らに対抗することはできないということになります。対抗できないということですから、競売や鑑定の結果は有効であるが、そのために参加請求をした相続債権者は、その金額を争うことができるということになります。

2　立法の経緯

　本条は、明治民法 1035 条をそのまま承継したものです。その趣旨は、明治時代から変わっておらず、梅・民法要義巻之 5・196 頁以下も同様のことを述べています。

3　実務の運用

　実際のところ、なかなか難しい手続です。参加の機会を与えると言っても、実際には、通常の競売手続に則って進められるもので、例えば不動産競売で言えば、競売期日等の連絡を受けることができ、場合によっては自分が競落人となることができるようにするということであり、また最低売却価格が低いと思ったら意見を述べる機会が与えられるという程度でしょうか。鑑定になると、例えば不動産鑑定で言えば、裁判所が特定の不動産鑑定士を鑑定人に選任することは裁判官室で行うものであり、不動産の場合、現地を見に行くことがありますが、動産の場合、その動産の引渡を受けて鑑定をすることになり、どのような手続に参加をするのか、その機会を与えるというのがどういうことなのか、

条文には何もありません。

　また、仮に参加を申し出たのに、何の連絡もないまま手続が進められ、競売されて競落されてしまったり、鑑定評価書が提出されてしまったという場合、本条第2文により、それを争うことができるとしても、競売価額よりも高く売れたはずだとか、鑑定評価書の金額よりも高い金額が客観的に合理性があることを主張立証しないと損害賠償は認められないので、そうすると、よほど不合理な売却価格の設定や売却の方法を執ったとか、鑑定の経過や結果が不合理であるとかいうことでないと、損害賠償を請求しても難しいことになるでしょう。そのように考えると、どこまで実効性があるのか分かりません。

　なお、実際に鑑定人を選任し鑑定をするケースがどの程度あるのかについては、930条の「3　実務の運用」に記載したとおりです。

934条（不当な弁済をした限定承認者の責任等）
1　限定承認者は、第927条の公告若しくは催告をすることを怠り、又は同条第1項の期間内に相続債権者若しくは受遺者に弁済をしたことによって他の相続債権者若しくは受遺者に弁済をすることができなくなったときは、これによって生じた損害を賠償する責任を負う。第929条から第931条までの規定に違反して弁済をしたときも、同様とする。
2　前項の規定は、情を知って不当に弁済を受けた相続債権者又は受遺者に対する他の相続債権者又は受遺者の求償を妨げない。
3　第724条の規定は、前2項の場合について準用する。

1　本条の趣旨

　本条は、限定承認者が不当な弁済をした場合、これによって損害を被った他の相続債権者や受遺者に対し、その損害を賠償する責任を負うことを明らかにしたものです。また、他の相続債権者や受遺者に損害を与えることを知りながら不当に弁済を受けた相続債権者や受遺者がいれば、損害を被った他の相続債権者や受遺者は、不当に弁済を受けた相続債権者や受遺者に対しても、求償することができるとして、その保護を図ったものです。しかし、いつまでもその

請求ができるとするのは相当ではないので、不法行為の時効の規定を準用したものです。

2　立法の経緯

本条は、明治民法1036条とほぼ同じ規定です。「ほぼ」というのは、明治民法では、民法724条を「適用」するとしていたのですが、平成16年法律第147号による字句等の改正の際、「適用」を「準用」に改めたものです。「適用」だとすると、本条の不当な弁済による損害賠償は、不法行為に基づく損害であるので、規定をするまでもないが、明確に不法行為かどうか分かりにくいので、注意的に加えた条文であると説明されることになりますし、準用ですと、明確に不法行為に基づく損害とは言いにくいものの、同じように考えることができるので、準用をしたという趣旨になります。

3　実務の運用

本条の損害の中には、927条の公告・催告を怠ったことによる損害が含まれていますが、そもそも公告がされなければ、公告期間が経過していないので、どの相続債権者も受遺者も申立てができることになりますから、公告期間内に申出ができなかったことによる損害は生じないでしょう。逆に公告しないことによって債権者が覚知されず、そのものを除いて弁済してしまったとすると、弁済を受けた債権者は本来弁済を受けることができなかったかもしれないのに弁済を受けたのであるから、損害が生じていることは考えにくい。個別の催告をすべき知れたる債権者であったのに、催告がされなかったため、弁済を受けることができなかったとすると、その債権者は損害賠償請求ができると解されます。

限定承認者は、公告または催告の期間内は弁済を拒絶することができる（928条）のに、敢えて弁済をし、その結果として、他の相続債権者や受遺者に損害を与えたという場合には、その損害の賠償をしなければならないということになります。労働債権や抵当権の被担保債権など優先権がある債権者に対して弁済をしても、多くの場合、他の一般債権者が害されることはないでしょうが、同じ一般債権者の中で特定の債権者だけに弁済をすると、他の債権者に損害を

与える可能性が出てきますので、注意が必要です。

> 935条（公告期間内に申出をしなかった相続債権者及び受遺者）
> 　第927条第1項の期間内に同項の申出をしなかった相続債権者及び受遺者で限定承認者に知れなかったものは、残余財産についてのみその権利を行使することができる。ただし、相続財産について特別担保を有する者は、この限りでない。

1　本条の趣旨

　限定承認は、相続財産の限度で相続債権者に公平に弁済をする制度であり、これが機能するためには、ある期間内で相続債権者として権利を行使できる者を制限する必要があります。そうしないと、後から債権者が現れるたびに公平な分配をやり直していては、いつまで経っても弁済することができなくなってしまいます。そこで、本法は、公告の上、その期間を2か月に制限し、その間に申出がなければ、その相続債権者や受遺者は公平な分配に預かることができず、残余財産があった場合にのみ権利を行使できることとしたものです。もちろん限定承認者に分かっている債権者については、その間に申出がなくても公平な分配に預かることができますし、分かっていなくても、先取特権、抵当権等の担保を有している者は優先的に弁済を受けることができます。

2　立法の経緯

　本条は、明治民法1037条をそのまま承継したものです。その趣旨は、特に変わりはありません。

3　実務の運用

　特別担保を有する者の中に相殺ができる債権者が含まれるかどうかが問題となることがあります。相殺には担保的機能があり、相殺権を行使することで、事実上、優先弁済が得られるのであり、一般債権でも認められています。大判

昭和6年4月7日民集10巻535頁は、申出をしなかった債権者が相殺権を行使した事案について、残余財産についてのみ相殺することが認められるとしていますが、これについては学説は分かれています。

　注意しないといけないのは、公告期間がすぎても、優先権を持つ債権者が現れる可能性があり、分配を終わってからでも、知らない債権者が現れれば、優先権を持つ限り、他の一般債権者に先立って弁済しなければならないことです。例えば、個人経営者が事業に失敗して死亡した場合、未払賃金などの優先権のある債権を持つ労働者がいれば、公告期間が満了しても、支払いをしなければなりませんから、帳簿を調べるなどして、把握しておく必要があります。

936条（相続人が数人ある場合の相続財産の管理人）
1　相続人が数人ある場合には、家庭裁判所は、相続人の中から、相続財産の管理人を選任しなければならない。
2　前項の相続財産の管理人は、相続人のために、これに代わって、相続財産の管理及び債務の弁済に必要な一切の行為をする。
3　第926条から前条までの規定は、第1項の相続財産の管理人について準用する。この場合において、第927条第1項中「限定承認をした後5日以内」とあるのは、「その相続財産の管理人の選任があった後10日以内」と読み替えるものとする。

1　本条の趣旨

　相続人が複数いる場合、本来、各相続人は自分の相続分しか処分権限がないので、それぞれが自分の意思で管理及び弁済等を行うと、責任の所在があいまいになり、また、複雑になるので、家庭裁判所が管理人を選任し、その管理人は、他の相続人の代理人としても行動できるようにすることで、円滑な管理と弁済が行えるようにしたものです。前条までに限定相続人の権利や義務として規定されているものは、相続管理人にすべて準用されます。したがって、限定承認が受理された場合、最初にすべき公告や催告から、最終的な弁済に至るまで、相続財産管理人が行うことになり、その半面、選任されなかった他の限定

承認者は、それらの行為を相続財産管理人に委ねることになります。その場合、相続財産管理人に誰がなるかあらかじめ決まっているわけではないので、選任されてすぐに公告の準備をするのは難しいと考えられ、選任後10日以内に公告をしなければならないこととしたのです。

2 立法の経緯

本条は、戦後にできた規定で、明治民法にはありませんでした。明治民法においても、相続人が複数となり、複数人が限定承認することも条文上十分にあり得るのですが、同様の規定は置かれていませんでした。

3 実務の運用

本条による相続財産管理人の選任は、申立ての有無にかかわらず、職権で行います（家事事件手続法別表第一の94）。統計上、本条のみの数は分かりませんが、非常に少ないことは932条の「3　実務の運用」で述べたとおりです。

相続財産管理人は、限定承認者の代理人として弁済を行い、その法的効果はすべての限定承認者に帰属します（本条2項）が、あくまで実体法上の代理権を持つというだけで、訴訟法上、限定承認者と同じ当事者適格を持つわけではありません（最判昭和47年11月9日民集26巻9号1566頁）。

937条（法定単純承認の事由がある場合の相続債権者）
　限定承認をした共同相続人の1人又は数人について第921条第一号又は第三号に掲げる事由があるときは、相続債権者は、相続財産をもって弁済を受けることができなかった債権額について、当該共同相続人に対し、その相続分に応じて権利を行使することができる。

---

1 本条の趣旨

限定承認は、共同相続人全員でなければできず、相続を承認した者がいるときは、限定承認ができないのですが、限定承認をした後に、法定単純承認の事

由が生じ、あるいは限定承認事由があることが分かった場合、どのような法律関係になるのか、それを規定したのが本条です。すなわち、限定承認の効力は影響を受けないが、限定承認によって十分な弁済が得られなかった相続債権者は、その単純承認をした共同相続人の相続分に応じて権利行使ができるとして調整を図ったものです。

2 立法の経緯

本条も戦後新たに規定された条文であり、明治民法にはありませんでした。

3 実務の運用

もともと限定承認が少ないこと、本条では相続財産よりも被相続人の債務が多いと考えられるケースで起きてくる問題であること、そのような場合、限定承認をした相続人が、921条3号が規定するように事後的に財産目録に記載をした相続財産を隠匿し、私に消費することはあまり考えにくいこと、共同相続の場合、相続財産管理人が選任され、その合意のもとで財産目録が作成されるので、悪意で相続財産を記載しないということもまた通常は難しいと考えられること、もし同条1号のように事前に処分をしていれば限定承認の時点で発覚することが多いと考えられることなどを総合して考えると、本条が適用になるようなケースというのは、実際には起きにくいと考えられ、明治民法が特段の規定を置かなかったのも、それで特に不都合がなかったからではないかと考えられます。

第3節　相続の放棄

> **938条（相続の放棄の方式）**
> 　相続の放棄をしようとする者は、その旨を家庭裁判所に申述しなければならない。

1 本条の趣旨

本条は、相続放棄の方式を定めたものです。相続財産を承認するか、放棄するかは、相続財産が誰に帰属するのかを決めるために必要不可欠の行為ですが、多くの関係者に関わることなので、放棄したのかどうかが分かるようにする必要があります。昔は、親の借金を子が支払うのは当然という風潮もあり、相続するのが原則と考えられ、したがって一定期間何もしなければ相続したものとみなされ（法定単純承認）、放棄をしたければ、客観的に誰もが確認できる方法で行う必要があると考えられたわけです。そこで、家庭裁判所に対し、放棄の申述をし、これが受理されれば、放棄したことが分かる仕組みにしたのです。申述というのは、放棄するという意思の表明であり、そういうものがあったということを確認するのが放棄の受理です。したがって、その意思に無効、取消原因があれば、放棄の効力が生じなかったり、失われたりしますが、とりあえずは、相続人にならなかったものとして扱われることになります。

2 立法の経緯

本条は、明治民法1038条をそのまま承継しています。新たに家庭裁判所ができたので、「裁判所」が「家庭裁判所」に変更され、口語化されましたが、趣旨、内容は同じです。梅・民法要義巻之5・204頁は、本条は放棄の手続を定めたもので、その手続は限定承認と大体同じで裁判所に申述すべきものとしている、ただ限定承認のように目録を調製して提出する必要はない、なぜなら、相続に関係ない者だから相続財産の目録を作る義務がないことはもとよりで、もし相続人が相続財産の管理中その財産を処分しまたは隠匿、消費した場合は単純承認者とみなされるから放棄をすることはできないとだけ書いています。ここでは「手続」と表現されていますが、単なる手続というよりも、遺言と同じで、その方法を採ることによって初めてその効果が生じるという意味では「方式」とした方が正確だと言えるでしょう。

3 実務の運用

平成27年度司法統計年報によると、相続放棄の申述の受理件数は、18万9381件であり、ここ数年増加傾向です。そのため、平成25年までは、子の氏

第4章　相続の承認及び放棄（915条〜940条）

の変更事件が最も件数が多かったのですが、子の数が減少するに連れて子の氏の変更事件の数が減少する半面、相続放棄申述受理の件数が増加したため、平成26年以降、家庭裁判所が受理する件数の中で最も多くなっています。

一般に債務超過の場合に相続を放棄すると考えれば、債務超過の人が増えているとも言えるのですが、実際に相続をしているかどうかという点からみると、放棄の受理件数は、現実を反映していません。

相続税法では、課税最低限度額5000万円を3000万円に引き下げ、相続人1人つきの控除額1000万円が600万円に引き下げられましたが、誰かに単独相続をさせたいという場合、他の全員が相続放棄の申述をすれば、3000万円＋600万円までしか控除を受けられませんが、例えば兄弟姉妹が5人いれば、3000万円＋600万円×5人分の控除が受けられます。このように税法上の節税策としては、放棄をしないで事実上相続しないという選択をした方が有利だというところがあります。方法としては、相続した上で、自分の相続分を放棄したり、他の相続人に譲渡する方法があります。相続分を放棄すれば、他の共同相続人全員の相続分が増えますし、譲渡すると譲受した相続人の相続分が増えます。特別受益や寄与分を考慮して具体的相続分がないということを証明する文書（特別受益証明書と呼ばれています）を作成する方法もあります。また、遺産分割協議書に取得財産を全くまたはわずかしか記載しないという方法もあります。ただし、相続放棄をしていない以上、相続債権者との関係では、当然に債務負担をしなければなりませんので、債務超過の場合には、あまり意味のあることではありません。個人事業主や農業経営者が被相続人の場合において、それを承継する者が相続するということが行われることがありますが、その場合も、他の相続人が完全に放棄するのではなく、積極財産、消極財産の多寡にあわせて、一部の積極財産を他の相続人が取得し、残りの積極財産とすべての消極財産を承継者が取得、負担をするということが行われることが多いようです。

> **939条（相続の放棄の効力）**
> 相続の放棄をした者は、その相続に関しては、初めから相続人とならなかったものとみなす。

1　本条の趣旨

本条は、相続放棄の効果について規定をしています。相続が開始されると、同時に相続財産は相続人の共有になります。その上で、相続放棄をすると、相続の時点に遡って相続人ではなかったことになります。相続人の死亡や欠格・廃除事由により相続できない場合は、代襲相続が認められますが、放棄の場合、自らの意思で相続人にならないという選択をしたわけですから、代襲相続も認められません。

2　立法の経緯

明治民法139条1項は、本条と同趣旨の規定を置いており、同条2項は、「数人ノ相続人アル場合ニ於テ其一人カ放棄ヲ為シタルトキハ其相続分ハ他ノ相続人ノ相続分ニ応シテ之ニ帰属ス」と規定していました。そして、戦後の民法改正では、この1項と2項とがともにそのまま承継されました。しかし、2項の「他ノ相続人ノ相続分ニ応シテ」の解釈を巡って解釈が分かれました。例えば、妻甲と2人の子乙丙が相続をし、子丙が相続放棄をした場合、乙の相続分だけが増えるのか甲の相続分も増えるのか、また、代襲相続人の相続分になるのかがこの条文からだけでは必ずしも分かりません。そこで、昭和37年の民法改正の際、代襲相続原因には相続放棄を含まない旨を明文化し（887条の改正）、本条2項を削除しました。

3　実務の運用

実務の運用としては、妻甲と子乙丙が相続人である場合において、丙が相続を放棄すれば、子が乙1人だけになり、乙の相続分だけが増えると解釈されています。つまり900条によれば、子と配偶者がある場合、子の相続分が2分の1、配偶者の相続分が2分の1ですから、子が何人いても2分の1は変わりが

ないわけです。その子2人が1人になっても、子の相続分は2分の1ですから、この2分の1を乙丙2人が4分の1ずつ相続する予定であったが、丙が放棄したことにより、乙だけになったので、乙がこの2分の1を取得するということになります。

　第三者がいる場合、相続放棄の効果が遡及すると、第三者の権利が害されるおそれがあります。そこで、この第三者の権利を害することができるかが問題となります。例えば、相続財産の不動産について相続債権者が債権者代位により、法定相続分で相続を原因とする所有権移転登記をした上で、その相続人の持分を仮差押えの登記をした場合において、その相続人が相続を放棄するとどうなるのかという問題です。相続債権者は、その相続人が自分が相続人になったことを知ってから3か月以内であれば、相続を放棄することによって、相続人にならなくなることは当初から分かっていたことですから、相続放棄により、その効力が失われても当然甘受すべきリスクです。これに対し、相続放棄をする者は、相続財産に関心がないので、その中に不動産があるかどうかも知らないかもしれませんし、すべての相続人に放棄した旨の通知が行くわけではありませんから、放棄をした者が自分だけを除いた相続登記をすることも期待できませんし、他の共同相続人に先に全員の相続登記をして、放棄する者が現れる度に、その者の登記を抹消することを求めることもできません。また、本条には、相続放棄の効果を第三者に対抗することができない旨の規定もありませんから、相続放棄の効力は絶対的であり、この仮差押え登記は抹消すべきことになります（最判昭和42年1月20日民集21巻1号16頁、百選72）。

940条（相続の放棄をした者による管理）
1　相続の放棄をした者は、その放棄によって相続人となった者が相続財産の管理を始めることができるまで、自己の財産におけるのと同一の注意をもって、その財産の管理を継続しなければならない。
2　第645条、第646条、第650条第1項及び第2項並びに第918条第2項及び第3項の規定は、前項の場合について準用する。

1 本条の趣旨

　相続財産の多くは、相続人が管理していることが多いので、もし自分が管理している相続財産があれば、放棄の結果、相続人になった者が管理を開始できるようになるまで誰かが管理をしなければならず、その際は、自分の財産を管理しているのと同程度の注意義務で足りるので、管理を続ける義務があることを規定したのが本条です。その場合の管理方法については委任の規定を準用しています。すなわち、相続人に対し、自分が管理している相続財産の状況を報告し（645条の準用）、例えば預貯金の利息のように受け取ったものがあればこれを引き渡す（646条の準用）義務がある半面、賃貸物件の修繕費用の支払いなど必要な支出をした場合、その費用の償還を請求し、あるいは代わりに支払うよう求める（650条1項、2項）権利があります。また、相続を放棄した者が管理している相続財産に対しては、利害関係人または検察官の請求により、家庭裁判所はその保存に必要な処分を命じることができ（918条2項）、相続財産管理人が選任された場合は、その管理人が不在者財産管理人と同様の管理行為（918条3項による27ないし29条の準用）を行うことになります。これは限定承認者が管理を継続する場合と同じことです。

2 立法の経緯

　本条は、明治民法1040条をそのまま承継したもので、その趣旨にも変更はありません。

3 実務の運用

　条文の文言は「その放棄によって相続人となった者」が管理を始めるまでとされていますが、父が亡くなり、母と子2人が相続し、二男が相続を放棄した場合、母も長男も、その放棄によって相続人となった者ではなく、当初から相続人であり、母は、その放棄によって相続分にも影響を受けません。しかし、母が管理を始めれば、放棄をした二男の管理義務は終了します。また、唯一の相続人が放棄した場合、相続人は不存在となりますから、相続債権者などの利害関係人らが相続財産管理人の選任を申し立て、管理人が管理を始めれば、相続放棄をした相続人の管理義務は終了します。また、2項の委任者は、相続人

と読み替えるものとされていますが、管理人が選任された場合は、管理人と読み替えることになります。例えば、相続人不存在の場合に管理人が選任された場合だけではなく、残りの相続人が限定承認をし、家庭裁判所が相続財産管理人を選任した場合（936条）、その管理人に報告し、管理人に償還請求をすることになります。これは相続財産管理のための費用として相続債権者に対する弁済の前に支払いを受けることになります。

第 5 章

財産分離

941条〜950条

第 5 章　財産分離（941 条〜950 条）

> 941 条（相続債権者又は受遺者の請求による財産分離）
> 1　相続債権者又は受遺者は、相続開始の時から 3 箇月以内に、相続人の財産の中から相続財産を分離することを家庭裁判所に請求することができる。相続財産が相続人の固有財産と混合しない間は、その期間の満了後も、同様とする。
> 2　家庭裁判所が前項の請求によって財産分離を命じたときは、その請求をした者は、5 日以内に、他の相続債権者及び受遺者に対し、財産分離の命令があったこと及び一定の期間内に配当加入の申出をすべき旨を公告しなければならない。この場合において、その期間は、2 箇月を下ることができない。
> 3　前項の規定による公告は、官報に掲載してする。

1　本条の趣旨

　本条は、「財産分離」について定めた規定です。相続が開始されると、被相続人の相続財産と相続人の固有財産とが混じり合って分からなくなるおそれがあります。その場合、例えば、相続財産だけであれば十分な弁済が得られるのに相続人が多額の債務を抱えているため、相続財産がもともとの相続人の債務の弁済にも充てられる結果として、かえって債務額が増えて、限定承認の場合と比較して、逆に弁済を得られなくなったり、非常にわずかしか弁済を得ることしかできなくなったりする危険が生じます。本来、相続債権者は相続財産をあてにして債権を取得しており、他方、相続人の債権者は、相続財産をあてにすべきではありませんから、相続財産については相続債権者や受遺者が優先的に弁済が得られて然るべきです。そこで、相続債権者や受遺者に、相続財産を分離して保管し、相続人の債権者に優先して弁済が得られる制度が必要となります。このことを「財産分離」と呼んでおり、講学上、逆の理由で相続人の債権者が請求する財産分離と区別するため、第一種の財産分離と呼んでいます。

2　立法の経緯

　本条は、明治民法 1041 条をそのまま承継したものです。その趣旨も特に変化はありません。明治民法では、これを「相続債権者ノ為メニスル財産分離」と呼んでいました。梅・民法要義巻之 5・208 頁以下によると、本条を設けた

趣旨として、相続人が債務超過の場合のみではなく、相続人が浪費者で、相続債権者に対する弁済をする前に相続財産を費消してしまうおそれがある場合なども念頭に置かれています。条文上も、特に相続人が債務を負担していることは要件とはされていないので、そのようなケースでは、相続人の債権者に先立って弁済を受けるというよりも、相続人の浪費に先立って弁済を受けることに財産分離の意味があるということになります。

3 実務の運用

　平成27年度の司法統計年報によると、財産分離事件の受理件数は、年間2件であり、ここ数年2件が続いています。また、平成8年から平成17年までの10年間も概ね0から5件の間で推移していたとされています（基本法コメ相続139頁参照）。しかも、これは第一種と第二種を併せた数字です。これは、もはや民法上の制度として不要であることを意味しています。もし、相続財産自体が債務超過なら、相続財産に対する破産申立（破産法222条以下）の方法によって公平な分配は確保できますし、浪費が心配なら仮差押えをして保全をすることもできますから、これがなければ困るという制度ではありません。

　なぜ利用されないのでしょうか。これは弁護士会にアンケート調査を依頼して調べたわけではないので、推測でしかありませんが、まず、相続開始から3か月以内に債権者自身が死亡した事実を知らないことがしばしばあること、仮に相続開始の事実を知っても、債権が発生した当時から被相続人が債務超過だということは通常なく、相続時に被相続人がどれだけの資産と債務を負っているのか、また、債務超過かどうかは分からないこと、もし債務超過であることが分かったとしても、その場合、極めてまれな例外を除き、相続人は相続を放棄するのが通常であり、相続人が不存在になれば、わざわざ財産分離をする意味はないこと、相続財産が債務超過ではないときは、相続人が債務超過か浪費家かを調べる必要がありますが、相続開始から3か月以内では、多くの場合、まだ相続人が決まっておらず、推定相続人の資力や負債がどの程度あるのかも調査困難であること、相続債権者がそれらの調査を亡くなってすぐに始めれば、まだ相続するかどうかも決まっていないし、亡くなって間がないのに、推定相続人の資力調査をするなど心ない債権者だとしか思われず、早くても四十九日

が過ぎてからでないと調査しづらいこと、その後の調査で、仮にそれらの情報が分かって、このままで大丈夫か不安になっても、財産分離などという制度は知られておらず、弁護士に相談に行って初めて知るとなると、手続が間に合わないことが多いと考えられること、更には、財産分離命令から5日以内に他の相続債権者及び受遺者に財産分離命令があったこと及び2か月以上の期間を定めて配当加入の申出をすべき旨の広告を官報に掲載しなければならないが、官報の掲載に1週間かかるので、財産分離命令が送達されてから官報掲載を依頼したのでは間に合わないことなど、数え上げれば、実務上のネックが限りなくたくさんあり、とても実際の利用を考えた条文にはなっていないのです。財産分離制度があれば困るというわけではないのでそのままになっているのでしょうが、もし、民法の中に規定を置くのであれば、実際に利用しやすい改正をすべきでしょうし、そうでなければ廃止した方がよいでしょう。

> 942条（財産分離の効力）
> 　財産分離の請求をした者及び前条第2項の規定により配当加入の申出をした者は、相続財産について、相続人の債権者に先立って弁済を受ける。

1　本条の趣旨

財産分離の法的効果は、財産分離の申立てをし、または公告された期間内に配当加入の申出をした相続債権者または受遺者が、相続人の債権者に優先して相続財産の中から弁済を受けることができるという点にあり、それを規定したのが本条です。

2　立法の経緯

本条は、明治民法1042条をそのまま承継したものです。立法趣旨にも変化はありません。

3　実務の運用

実務の運用は前条の「3　実務の運用」に詳しく述べたとおりであり、毎年2件の実例があるようですが、これは申立てが受理された件数であり、実際に本条に基づいてその法的効果が享受された実例があるのかどうかは、統計からは分かりません。

943条（財産分離の請求後の相続財産の管理）
1　財産分離の請求があったときは、家庭裁判所は、相続財産の管理について必要な処分を命ずることができる。
2　第27条から第29条までの規定は、前項の規定により家庭裁判所が相続財産の管理人を選任した場合について準用する。

1　本条の趣旨

本条は、財産分離命令の他に、相続財産を保全するため必要なことがあれば、その処分を命じることができることを規定したものですが、その中には相続財産管理人を選任することも予定されており、家庭裁判所が相続財産管理人を選任したときは、不在者財産管理人の職務、権限、担保提供及び報酬に関する条文にしたがって管理を行うことを規定しています。

2　立法の経緯

本条は、明治民法1043条をそのまま承継しています。その立法趣旨に特に変化はありません。

3　実務の運用

毎年2例ほど第一種及び第二種の財産分離の申立てがありますが、実際に相続財産管理人が選任された事例があるのかどうか、統計がないので分かりません。

第5章　財産分離（941条～950条）

> 944条（財産分離の請求後の相続人による管理）
> 1　相続人は、単純承認をした後でも、財産分離の請求があったときは、以後、その固有財産におけるのと同一の注意をもって、相続財産の管理をしなければならない。ただし、家庭裁判所が相続財産の管理人を選任したときは、この限りでない。
> 2　第645条から第647条まで並びに第650条第1項及び第2項の規定は、前項の場合について準用する。

1　本条の趣旨

　単純承認により相続人になった者は、相続財産をどのように処分をするのも通常は自由なのですが、財産分離があった場合、それは相続債権者が優先弁済を受けるべき財産として保全される必要がありますから、相続人は、自己の固有財産を保管するのと同様の注意義務をもって保管をする責任があります。相続財産管理人が選任された場合は、同管理人が保管義務を負担しますので、管理人が保管を開始するまでの間の保管義務を規定したものです。その間は、相続債権者や受遺者を委任者とする受任者と同じ立場に立つので、受任者による報告（645条）、受任者による受取物の引渡等（646条）、受任者の金銭消費についての責任（647条）、受任者による費用等の償還請求（650条1項、2項）の規定が準用されています。

2　立法の経緯

　本条は、明治民法1044条をそのまま承継したものです。立法趣旨も変わりはありません。

3　実務の運用

　財産分離の申立ては年間2件程度でありますが、実際に本条2項にあるような行為がされた実例があるのかどうかは、統計上分かりません。

> 945条（不動産についての財産分離の対抗要件）
>   財産分離は、不動産については、その登記をしなければ、第三者に対抗することができない。

1　本条の趣旨

　財産分離があっても、相続が開始されていれば、相続人の債権者は、相続債権者が先に権利を行使する前に、相続財産を差し押さえることもできますし、また、相続人が管理する相続財産である不動産を第三者に売却した場合、第三者は財産分離がされていることは分かりませんので、その第三者を保護する必要があります。したがって、財産分離がされたことについては、登記をしなければ第三者に対抗できないことを明らかにしたものです。

2　立法の経緯

　本条は、明治民法1045条をそのまま承継したものです。立法趣旨にも変わりはありません。

3　実務の運用

　財産分離制度の利用は、年間2件程度であり、実際に対抗関係が生じて問題になった実例があるのかどうか分かりません。通常、財産分離が申立てられるとすると、相続人が債務超過になっている場合ですから、相続人の債権者が不動産を相続した事実を知れば、仮差押えをや差押えをすることが予測され、財産分離の登記以前に相続人の債権者が不動産を押さえることは十分にあり得ることです。しかし、登記義務者である相続人からすれば、望んで財産分離をしたわけではないので、進んで登記をすることは考えにくい。その場合、財産分離を申し立てた相続債権者が財産分離命令の記載された家庭裁判所の審判書に基づいて登記をすることになるでしょう（不動産登記法63条2項）。ただし、財産分離はほとんど実例がないためか、財産分離の登記という制度は設けられていません。したがって、登記法3条の「保存等」に含まれている「処分の制限」の登記をすることになります。

第5章　財産分離（941条〜950条）

> 946条（物上代位の規定の準用）
> 　第304条の規定は、財産分離の場合について準用する。

1　本条の趣旨

　304条は、先取特権における物上代位の規定であり、「先取特権は、その目的物の売却、賃貸、滅失又は損傷によって債務者等が受けるべき金銭その他の物に対しても、行使することができる。ただし、先取特権者は、その払渡し又は引渡しの前に差押えをしなければならない。」「2　債務者が先取特権の目的物につき設定した物権の対価についても前項と同様とする。」とされています。これを準用する趣旨は、相続債権者及び受遺者に対し、物上代位については、相続財産に対する関係において、包括的に先取特権を与えたのと同様の地位を与えるということになります。具体的には、例えば、財産分離登記の前に相続人が相続した不動産を第三者に売却すれば、それは相続財産ではなくなりますので、その売却代金に対し権利を行使できるとしたものです。既に売却代金が支払われてしまうと、相続人の財産と混交してしまうので、支払われる前に売却代金請求権を差押える必要があります。動産が即時取得された場合も同様であり、相続財産を賃貸して賃料請求権が発生した場合も同様です。財産分離は先取特権と同様、第三者からみて分かりませんので、取引安全のため、その取引行為は有効としながら、その対価に対して権利を行使できるようにすることで優先弁済権を確保しようとするもので、その考え方の基礎は、財産分離を求める場合にも妥当すると考えられたものです。

2　立法の経緯

　本条は、明治民法1046条をそのまま承継したものです。立法理由にも特に変更はありません。

3　実務の運用

　財産分離自体の実例が乏しいところから、実際に物上代位に基づいて権利が行使された例がこれまでにあるのかどうか、統計資料からはつかむことができ

ません。通常、相続債権者が財産分離が必要と考えるケースでは、相続人が保管している不動産等を売却してお金に代えてしまう危険がありますが、その半面、その情報が相続債権者に伝わることは通常考えにくく、代金支払前に代金請求権を特定明示して、本条に基づいて、仮差押えまたは差押えをするというのは非常に難しいことであり、あまり価値のない動産類は、物上代位権を行使しても費用倒れになる可能性が高いので、果たして財産分離に関して、物上代位の実例があるのか分かりません。

947条（相続債権者及び受遺者に対する弁済）
1　相続人は、第941条第1項及び第2項の期間の満了前には、相続債権者及び受遺者に対して弁済を拒むことができる。
2　財産分離の請求があったときは、相続人は、第941条第2項の期間の満了後に、相続財産をもって、財産分離の請求又は配当加入の申出をした相続債権者及び受遺者に、それぞれその債権額の割合に応じて弁済をしなければならない。ただし、優先権を有する債権者の権利を害することはできない。
3　第930条から第934条までの規定は、前項の場合について準用する。

1　本条の趣旨

　本条は、財産分離があった場合の相続債権者らへの弁済の手続について規定したもので、考え方は、限定承認をした場合と同様で、まず、公平な分配に預かることができる相続債権者及び受遺者が確定するまでの公告期間の間は、個別の相続債権者等から弁済請求があっても、これを拒むことができること、公告期間が満了すれば、優先権を有する債権者の取得分を除いて、申立てをした債権者並びに公告期間に配当加入の申出をした相続債権者及び受遺者に公平に分配することが1項に規定されています。また、その場合、期限前の債務等の弁済をすべきこと（930条）、受遺者に対する弁済は相続債権者に劣後すること（931条）、弁済のため必要があれば相続財産を換価すべきこと（932条）、その換価手続に相続債権者及び受遺者は参加できること（933条）、不当な弁済をした場合、その相続人は、これによって生じた損害の賠償をすべきこと（934条）

第5章　財産分離（941条～950条）

は、限定承認をした場合と同様に扱われることを2項が規定をしています。

2　立法の経緯
本条は、明治民法1047条をそのまま承継しています。その立法趣旨も特に変わりはありません。

3　実務の運用
財産分離の実例がほとんどなく、本条に則して実際に実務処理がされたものがあるのか、統計資料からはよく分かりません。おそらく、本条に従った処理がされたのではないかと推測されますが、2項の実例があるのかどうか分かりません。

948条（相続人の固有財産からの弁済）
　財産分離の請求をした者及び配当加入の申出をした者は、相続財産をもって全部の弁済を受けることができなかった場合に限り、相続人の固有財産についてその権利を行使することができる。この場合においては、相続人の債権者は、その者に先立って弁済を受けることができる。

1　本条の趣旨
財産分離というのは、相続人が相続を承認したことを前提として、被相続人の債権者は相続財産から優先的に弁済を受け、相続人の債権者は相続人の固有財産から優先的に弁済を受けるのが公平に適うことから、それが可能になるよう、被相続人の相続財産と相続人の固有財産とを分離する制度です。したがって、財産分離を請求し、または配当加入の申出をした相続債権者及び受遺者は、まず相続財産から弁済を受ける必要があり、不足する場合に限って、相続人の固有財産から弁済を受けることができますが、その場合は、相続人の債権者が優先的に弁済を受けることができることになります。そのことを規定したのが本条です。

2 立法の経緯

本条は、明治民法1048条をそのまま承継したものです。その趣旨も変わりはありません。

3 実務の運用

本条は、財産分離制度の趣旨から当然に出てくることがらであり、特に解釈上の疑義はありません。問題になるのは、公告期間内に配当加入をしなかった相続債権者または受遺者の権利がどのように扱われるのかですが、本来、相続債権者らに財産分離を認めたのは、その方が相続債権者らに有利だと考えられるからで、公告期間内に配当加入をしなかった者は、相続財産に対する優先弁済を得られなかったわけですから、特に固有財産から弁済を受けるに当たり、相続人の債権者よりも不利に扱われるべき理由は何もありません。相続財産の残余財産及び相続人の固有財産に関しては、他の債権者と平等に扱われることになります。

949条（財産分離の請求の防止等）
　相続人は、その固有財産をもって相続債権者若しくは受遺者に弁済をし、又はこれに相当の担保を供して、財産分離の請求を防止し、又はその効力を消滅させることができる。ただし、相続人の債権者が、これによって損害を受けるべきことを証明して、異議を述べたときは、この限りでない。

---

1 本条の趣旨

相続債権者または受遺者が財産分離を求める趣旨は、相続人の固有財産と相続財産とが一体となることで、相続人の債権者も相続財産に対し請求ができることになり、その結果として、相続債権者らの弁済がより受けられなくなるおそれがあるという点にあります。したがって、相続人が固有財産を相続債権者または受遺者のために提供するのであれば、敢えて財産分離を求める必要はないことになります。他方、相続人としては、財産分離を避けたい場合がありま

すから、そうすると、相続人が固有財産をもって弁済し、または担保に提供することで、相続債権者または受遺者が害されない状態を形成すれば、財産分離の申立てがされるのを阻止し、または、既に開始されている財産分離の効果の発生を消滅させることを認めてよいと考えられます。そこで、本条が設けられたわけです。しかし、それは、相続人の固有財産を優先的に相続債権者または受遺者に提供することを意味しており、それによって相続人の債権者が損害を受けるとすると、今度は、相続人の債権者との公平を害することになります。そこで、相続人の債権者がそれによって損害を受けることを証明して、相続人の行為に異議を述べたときは、財産分離を防止することができなくなることを明らかにしています。

2　立法の経緯

本条は、明治民法1049条をそのまま承継したものです。

3　実務の運用

　本条の行為が、いつどのような場で行われるのか、必ずしも明らかではありません。まず、財産分離の請求を防止するというのが、財産分離の申立てをさせないということだとすると、事前に財産分離の申立てをする相続債権者がいて、固有財産から一部弁済するので申立てをしないでほしいと求め、相続債権者がこれに応じた場合、財産分離に至らないでしょうが、それは本条とは関係なく、当事者間の任意の合意に基づくものです。本条が裁判規範として意味を持つのは、財産分離の申立てがされたことを知った相続人が固有財産からの弁済及び担保提供を申し立てて、家庭裁判所に対し、その申立てを認める審判をしないよう働きかけることが考えられます。財産分離命令を出すかどうかについて特別の要件があるわけではなく、この段階では、まだ公告もされておらず、優先弁済を受けるべき相続債権者及び債権額も特定されていないので、家庭裁判所が、その弁済あるいは担保の提供で十分かどうか判断することはできません。実際に財産分離を認める審判をし、配当加入がされ、総債権額が確定し、相続財産の総額が確定すれば、これによって不足額が明らかになりますから、その段階で不足額を超える金額を相続人が固有財産から弁済し、または担保提

供することが考えられます。しかし、財産分離をしなければ、相続人の債権者も相続財産に対し権利を行使することになるので、相続債権者が権利を行使しても、すべての相続債権者及び受遺者が満足を得られることを明らかにしなければ、財産分離の必要がなくなったという判断をすることは困難です。しかも、そのような判断がされても、既に審判が確定していれば、これを勝手に家庭裁判所が取り消すことはできません。そうすると、財産分離の審判がされ、それが確定する前に抗告し、抗告審で主張をすることになりますが、抗告があれば、債権申出等の手続が進まなくなりますから、抗告審でも、債権額を確定することは難しくなります。ましては、そのような手続が進められていても、相続人の債権者は知り得ないことなので、異議を述べる機会も与えられていません。たまたま知った相続人の債権者が、本条に基づいて抗告審への関与を求めてきた場合にだけ、本条ただし書きが機能するというのも、制度として中途半端というしかありません。どの文献をみても、この論点について、抗告審の判断がされたという実例は出されていません。もし、あれば貴重な事例となるので、何らかの裁判事例として外部に出てもよさそうですが、寡聞にして聞いたことはありません。年間2件しかない財産分離の申立件数や争い方がよく分からない規定の仕方から考えて、おそらく実例はないと考えられます。もし、明治民法以来100年以上使われたことがないのであれば、このような条文を置いておく意味はどこにあるのでしょうか。

> 950条（相続人の債権者の請求による財産分離）
> 1　相続人が限定承認をすることができる間又は相続財産が相続人の固有財産と混合しない間は、相続人の債権者は、家庭裁判所に対して財産分離の請求をすることができる。
> 2　第304条、第925条、第927条から第934条まで、第943条から第945条まで及び第948条の規定は、前項の場合について準用する。ただし、第927条の公告及び催告は、財産分離の請求をした債権者がしなければならない。

第 5 章　財産分離（941 条〜 950 条）

1　本条の趣旨

　本条は、相続債権者及び受遺者の債権額等が相続財産を上回っている場合において、被相続人の相続財産と相続人の固有財産とが区別できなくなると、相続人の債権者が不測の損害を受けるおそれがあると考えたときに、相続財産と相続人の固有財産とを分離することによって、相続人の債権者が相続人の固有財産から優先弁済を受けることができるようにする制度を定めたものです。これは、相続債権者が財産分離を求める 941 条の場合とちょうど逆の関係にありますが、その立法趣旨は同じところにあります。したがって、941 条の場合に適用又は準用される条文が本条 2 項で準用されています。941 条の財産分離を第一種財産分離と呼ぶのに対して、本条の財産分離を第二種の財産分離と呼ぶことがあります。

2　立法の経緯

　本条は、明治民法 1050 条をそのまま承継したものです。立法趣旨も特に変化はありません。

3　実務の運用

　本条については、941 条の 3 に述べたことがほぼそのまま当てはまります。そもそも本条の財産分離が必要とされるほど、被相続人の積極財産が消極財産を下回っていれば、普通は相続を放棄します。相続人が放棄してよいかどうか分からない状態であれば、相続人の債権者がそのことを知る由もありません。また、何らかの事情で相続財産が債務超過の状態にあることを知ったとしても、相続人の負債がどれくらいあるかも分からないと、財産分離の必要があるかどうかも分かりません。また申立期間は、相続人が限定承認することができる間または相続財産が相続人の固有財産と混合しない間とされている点は、941 条の場合と異なり、申立期間に余裕があるように見えますが、そもそも、相続人の債権者は、相続人が相続をしたかどうかも通常知り得ないことであり、ましては、限定承認することができる間がどの程度のものかも分かりません。また、条文は異なりますが、相続財産の破産手続によって、相続人の債権者は固有財産を確保することができます。相続財産破産後に相続を承認しても、限定承認

の効果が生じる（破産法238条）ので、相続債権者は相続財産からしか弁済を受けることができません。したがって、その場合、相続人の債権者が財産分離の申立てをする必要はありません。

　いずれにしても、この財産分離制度は、数十年にわたり、ほとんど利用されておらず、既に10年前から、抜本的改正の必要性が求められており（例えば、基本法コメ相続145頁など参照）、第一種及び第二種の合計の実例も年間2件程度しかないのが原状であることに鑑みると、これを廃止するか、もっと利用しやすい制度を考える必要があると思われます。

第 6 章

相続人の不存在

951条〜959条

第6章　相続人の不存在（951条〜959条）

> **951条（相続財産法人の成立）**
> 相続人のあることが明らかでないときは、相続財産は、法人とする。

1　本条の趣旨

　被相続人が死亡すると、その相続財産は、同時に相続人に帰属します。そして、相続を放棄することによって、遡及的に相続人ではなかったことになります。したがって、全員が相続を放棄しても、それまでは相続人の共有ということになります。これに対し、相続の時点から相続人のあることが明らかでない場合があります。しかし、相続財産はそこにあるので、この相続財産の帰属をどうするかを決めておかないと、無主の動産や不動産が生じてしまい、誰でも好きにできることになってしまいます。それでは相続財産について権利を有する者の権利が害されてしまいます。しかし、無主物にしないためには、相続財産の帰属主体を作る必要があります。そこで、相続財産自体を法人として扱うことにしたのが本条です。被相続人の持っていた積極、消極財産のすべてが死亡と同時に相続財産法人に承継されたとみなし、相続財産及び債権債務等の処理をしようというのが相続人不存在という制度です。

　相続人であるかどうかは、まず戸籍によって決められます。戸籍上、相続人に該当する者が一人でもいれば、本条に該当しません。その1人が所在不明であれば、不在者財産管理人を選任することになります。戸籍上判明している相続人が全員相続放棄をすれば、遡及的に相続人が不存在であるということになりますし、廃除されたり、欠格事由がある場合も、相続人になることができませんから、やはり本条に該当します。しかし、戸籍上相続人となるべき者がすべて相続人にならないことが確定した場合でも、相続人が不存在であることが明らかであるとは言えません。例えば、認知請求、離婚無効請求などがされていて、これを認める判決が確定すれば、相続時に遡って相続人になるというケースなどがあり、また、これからもそのような訴訟が生じる可能性がありますから、相続人の不存在の立証は極めて困難です。その半面、これらの訴訟で認容判決が確定するとしても、それは先のことであり、その判決の確定を待っていては、相続財産が散逸してしまい、本条を設けた趣旨が没却されてしまうお

それがあります。したがって、このような場合も、とりあえずは、本条に該当するものとして処理する必要があります。

その反面、包括受遺者がいる場合はどうでしょうか。包括受遺者というのは、被相続人の有している一身専属的ではない一切の権利義務、または、その割合的一部の遺贈を受けた者であり、相続人と同様の権利義務があります（990条）。したがって、遺産全部の包括受遺者の場合は、すべての権利義務が包括受遺者に帰属している以上、相続債権者は包括受遺者に対し権利を行使すればよく、相続財産法人を設立させる必要はありません（最判平成9年9月12日民集51巻8号3887頁）から、本条には該当しないことになります。

2　立法の経緯

本条は、明治民法1051条をそのまま承継したもので、その立法趣旨にも変わりはありません。梅・民法要義巻之5・243頁以下によると、相続人が不分明の場合、もし相続人がいれば、速やかに現出して相続させるように計り、かつ、その間、相続財産の減失、毀損させないための管理人を選ばしめ、相続人のいないことが明らかになれば、相続財産を国庫に帰属させる手続であるということです。明治民法では、特別縁故者の制度がなかったので、相続権利者への弁済や引渡が済めば、残余財産は国庫に帰属することになっていました。そのため、本条の解釈についても、本来は、相続人がいれば、相続当時から相続人に帰属し、相続人がいなければ、国家に帰属するが、相続人が不分明の場合、家督相続もありそのまま国が被相続人の権利義務を相続するというわけにはいかない、だから仮定のことだが、法人という形をとったのだと説明しています。

3　実務の運用

本条では、相続人が存在するかどうか不分明の場合、相続財産を法人とするとのみ規定していることから、相続財産法人が相続財産の暫定的な帰属主体として取り扱うものとしたもので、いわば、相続財産の入れ物のようなものです。この相続財産法人という入れ物の中には、不動産、動産、債権、債務などあらゆるものが入ってきます。その上で、相続人が現れるまで、管理人を選任することで、積極、消極財産の処理を計ろうというものです。しかし、法人組織と

第6章　相続人の不存在（951条～959条）

しての実態があるわけではありませんから、法人としての登記もありませんし、積極的に活動をすることも予定されていません。あくまで、清算業務を行い、最終的には、相続人が出現すれば、法人は消滅しますし、相続人が現れなければ、相続財産を特別縁故者に分与し、残余財産があれば、これを国庫に帰属させることによって、法人は消滅することになります。

> 952条（相続財産の管理人の選任）
> 1　前条の場合には、家庭裁判所は、利害関係人又は検察官の請求によって、相続財産の管理人を選任しなければならない。
> 2　前項の規定により相続財産の管理人を選任したときは、家庭裁判所は、遅滞なくこれを公告しなければならない。

1　本条の趣旨

　相続財産の清算処理をするのにも、相続財産を管理しながら清算業務に従事する管理人を選任する必要があります。そこで、家庭裁判所が利害関係人又は検察官の請求によって相続財産管理人を選任することとしたのです。
　この管理人が選任されるまでは、誰のものとも分からない相続財産がそれぞればらばらに存在しているだけの状態で、そのような法人が成立しているのかどうかさえ、誰にも分かりません。利害関係人や公の代表者である検察官の申立により家庭裁判所が相続人が不分明であることを確認して相続財産管理人を選任することにより、初めて、相続財産法人の成立が明らかになります。しかし、登記もされないので、果たして、そのような法人が存在するのかは誰にも分かりません。そこで、相続人不分明の財産があります、その管理人は誰になりましたということを、速やかに多くの人に知らせる必要があります。そこで、家庭裁判所が本条の相続財産管理人を選任したときは、公告をするよう定められたわけです。被相続人の債権者は、これによって、その管理人に対し権利を行使することが可能になり、弁済することが可能になります。また相続人がいれば、管理人に対し、自分は相続人であると主張して証拠を提出することがで

きるようになります。

2 立法の経緯

本条は、明治民法1052条をそのまま承継したものです。その立法趣旨も変わりはありません。梅・民法要義巻之5・246頁以下は、次のように説明しています。すなわち、本条は、法人の代表者である管理人を選任すべきことを規定したものです、けだし、本章は相続人がいるかいないか分明でないので、1021条により当然に相続財産を管理すべき者がいない、だから、もしこれを放任すると、その財産が滅失、毀損するおそれがあるから、特に管理人を選任する必要がある、ただし、裁判所は相続人がいるかいないか分からないので、利害関係人または検事（現在の検察官）の請求ある場合に限り、管理人を選任すべきこととした、なお、利害関係人とは、主として債権者、受益者等であり、検事が請求できるとしたのは、一つは、不幸にして相続開始地にいない相続人を保護し、かつ、間接に国富の減少をさせないためである、もう一つは、もし相続人がいないことが明らかな場合、相続財産は国に属するべきものであるから、国もまた利害関係者であるというべく、検事をしてこれを代表させるのは当然である、また、管理人は法人の代表者であるから、世人にこれを知らせる必要がある、特に相続財産に対し法律関係を有する者は、管理人に対し必要な行為をする便がある、また公告することで、相続権を有するものがこれをみて権利を主張する便もある。このように説明されており、現在も基本的にはそのように解されているほか、特別縁故者制度ができてからは、この特別縁故の主張をする者も利害関係人に含まれることになります。

3 実務の運用

請求権者は、利害関係人又は検察官です。相続財産法人に権利を行使する必要がある者は、誰でも利害関係人と考えることができます。国については争いがありますが、相続財産法人から、滞納している国税を回収する必要があり、また可能であれば、将来的に国庫に帰属する可能性があるとしても、相続人が出現する可能性もあるので、国も利害関係になると考えられます。その場合、検察官が担当することも考えられますが、直接、実情が分かっている税務署の

担当者に申立てを認めた方が現実的であろうと考えられます。

平成27年度の司法統計年報によると、本条の相続財産管理人選任事件の件数は、1万8568件であり、年々増加傾向にあります。我が国も高齢化がすすんでおり、身寄りのない1人暮らしの高齢者も増えていることから、相続人が必ずしも明らかではないまま亡くなる方が増加する可能性があり、相続財産管理人を選任する必要がある事例も増えてくる可能性があります。

> 953条（不在者の財産の管理人に関する規定の準用）
> 　第27条から第29条までの規定は、前条第1項の相続財産の管理人（以下この章において単に「相続財産の管理人」という。）について準用する。

1　本条の趣旨

財産の帰属主体が不明で管理人がその財産を管理する必要があるという点では、相続財産管理人は、不在者財産管理人に似ていることから、不在者財産管理人の規定を準用しようというのが本条です。27条は、管理人の職務に関する規定であり、まずは、相続財産目録を作成する義務があります。また、家庭裁判所が保存のために必要であるとして管理人に命じたことも実行する必要があります。28条は、管理人の権限を定めており、103条の管理行為（保存行為及び物又は権利の性質を変えない範囲での利用又は改良を目的とする行為）を超える行為は、家庭裁判所の許可を得て行うことができます。29条は、管理人の担保提供義務及び報酬について規定をしており、家庭裁判所から担保を立てるよう言われれば、これを立てる必要があり、また、管理人と相続財産との関係等を考えて、家庭裁判所の判断により、相当な報酬を相続財産の中から受け取ることができます。

2　立法の経緯

本条は、明治民法1053条をそのまま承継したものであり、その趣旨は特に変わりはありません。

3 実務の運用

　誰を相続財産管理人に選任するかは家庭裁判所が決めることになっていますが、従来の実務では、特に争いがある事案でなければ、申立人が適当な第三者を推薦し、家庭裁判所がその第三者について、特に相続財産管理人として問題がないと判断すれば、その第三者を相続財産管理人に指定するという運用がされていました。ただ、第三者の中立性という観点からは、家庭裁判所が申立人と関係のない者を選ぶのが望ましいと考えられます。特に相続債権者がおらず、それほど高価な物品がなく、特別縁故の申立てをするために相続財産管理人の選任が申し立てられたようなケースでは、第三者である弁護士等の選任をして報酬を支払うと、ほとんど残らないという場合もある半面、安い報酬で引き受けてくれる第三者がいないとなると、やはり、ある程度関係者でもやむを得ないという場合もあるので、ケース毎に考える必要があります。

　なお、その場合、相続財産管理人の選任を待てない事情があり、緊急に権利を行使する必要がある場合があります。その場合、民訴法35条により、特別代理人を選任して訴訟を追行することができます。そして、その後、相続財産管理人が選任されても、裁判所によって特別代理人を解任されない限り、その権限は存続するとした裁判例（最判昭和36年10月31日裁判集民事55号531頁）があります。

954条（相続財産の管理人の報告）
　相続財産の管理人は、相続債権者又は受遺者の請求があるときは、その請求をした者に相続財産の状況を報告しなければならない。

1 本条の趣旨

　相続財産管理人は、委任契約の受任者のような立場に立ちますが、しかし、個々の相続債権者や受遺者が委任者というわけではありません。したがって、委任の規定を準用して報告義務を負担させるのは相当ではない半面、相続債権者や受遺者は、相続財産の状況を知らないと、どの程度権利が実現できるのか

第6章　相続人の不存在（951条〜959条）

などの予測が立たないのであり、これらの利益を保護する必要があると考えられるので、特別に請求をした相続債権者及び受遺者に対しては、報告義務を認めたものです。

2　立法の経緯

本条は、明治民法1054条をそのまま承継したものです。梅・民法要義巻之5・248頁は、その趣旨について、相続債権者及び受遺者は、相続財産に関して最も利害を感ずる者であるから、その財産が適当に管理されているか否かを知ろうと欲するのは、もとより当然であるから、請求があれば、管理人は必ず報告すべきであるとしています。

3　実務の運用

実務では、家庭裁判所が相続財産管理人に対し、管理状況の報告を書面で求めており、管理人も、本条に基づいて、作成した報告書を相続債権者や受遺者の求めがあれば、開示し、あるいは、口頭で報告するなどしているのが実情ではないかと思われます。また、相続財産の状況の報告という規定をしており、その内容や方法については、具体的に決められていません。実情に応じてということであり、本条の義務かどうかは別として、相続債権者や受遺者以外でも、相続財産に利害を有する者に対しては、濃淡はあっても、状況を報告するのが相当であると考えられます。

> 955条（相続財産法人の不成立）
> 　相続人のあることが明らかになったときは、第951条の法人は、成立しなかったものとみなす。ただし、相続財産の管理人がその権限内でした行為の効力を妨げない。

1　本条の趣旨

相続財産法人の成立は、相続人が存在するかどうか分からない場合に実際の

必要性から、暫定的に法人を擬制しているに過ぎません。そして相続人が判明した場合、相続財産は、相続時から相続人に帰属することになりますから、事実上は、相続人が判明した時点において、相続財産を法人から相続人に引き継ぐことになるとしても、法律上は、当初から相続人が相続をした扱いになりますから、最初から相続財産法人は成立しないものとして扱う必要があります。そうしないと、その間、相続財産が相続人と法人との双方に帰属するという矛盾を生じさせてしまいます。成立しなかったものとみなすというのはそういう趣旨です。しかし、そうは言っても、実際には、相続人が出現するまでに管理人は、相続財産の維持、管理を行ってきており、それは有効なものとして扱う必要があります。そのことを注意的に明らかにしたのが本条ただし書きです。

2 立法の経緯

本条は、明治民法1055条をそのまま承継しています。立法趣旨は、特に変わってはいません。

3 実務の運用

相続財産法人と言っても観念的なものであり、実際には、不在者財産管理人と同様に管理人に選任された人が相続財産と考えられるものを集めて管理し、その目録を作ります。そして相続人を捜索し、相続人が現れれば、相続人に引継ぎ、現れなければ、債権者や受遺者から一定の期間申出の機会を与えて、申し出た債権者や受遺者に対し、公平に弁済し、残余財産を国庫に帰属させるか、特別縁故の申出をする者がいれば、家庭裁判所の審判に基づき、特別縁故者に財産を引き継ぐということになります。

第6章　相続人の不存在（951条〜959条）

> 956条（相続財産の管理人の代理権の消滅）
> 1　相続財産の管理人の代理権は、相続人が相続の承認をした時に消滅する。
> 2　前項の場合には、相続財産の管理人は、遅滞なく相続人に対して管理の計算をしなければならない。

1　本条の趣旨

本条は、相続人が現れ、相続を承認するまでは、相続財産管理人の権限は続くこと、相続人が相続を承認したときは、管理人は、速やかに管理の計算をして相続人に引き継ぐべきことを規定したものです。

2　立法の経緯

本条は、明治民法1056条をそのまま承継したものです。その趣旨にも変更はありません。梅・民法要義巻之5・250頁以下は、法人は相続人のいることが判明した時点で消滅するから、本来は、同時に管理人の権限も消滅するはずだが、それは相続人に不利益なことが多いので、相続人が承認するまでの間、管理人の代理権を認めた、というのも、初めは相続人が分明でなかったという場合、その相続人は、多くは、相続開始地におらず、故に直ぐに管理をしようと思ってもできないのが通常で、相続人自身は相続が開始されたことを知らないことも稀ではないだろう、故に事実上その者が管理をすることは不可能というべきで、だから管理人の代理権を認める必要があるのだと説明しています。

3　実務の運用

実際の実務上の処理として、当該相続人が相続開始地に帰来し、直ぐに承認して自分で管理すると言えば、相続財産管理人は、速やかに管理の計算をして、相続人に引き継ぐ必要があります。しかし、遠隔地にいて、相続を承認しても管理ができないという場合、その相続人が管理者を選任し、あるいは自ら管理する等直ちにできないという場合には、相続人の依頼に基づいて管理を継続することはもとより妨げないでしょう。

相続人が承認をしても、申立てにより、相続財産管理人の解任の手続が必要

だとする学説もありますが、誰もその申立てをしない場合や解任までに時間がかかる場合、その間、相続を承認した相続人が管理を開始できないし、管理人は解任の裁判まで待たなければならないというのは、実務的には難しいと思います。例えば、遺言によって相続財産の帰属先が明示されており、遺留分のない相続人が出現したような場合、遺言を無視して、相続財産を相続人に委ねてしまってよいかが問題となったケースにおいて、遺言の効力が確定するまでは管理人の権限は失われないとした事例（神戸家審昭和43年12月14日判時547号76頁）があります。当初から遺留分のない相続人がおり、他方で、その遺言について遺言執行者が選任されていれば、遺言執行者が遺言有効の確認訴訟を提起することもあれば、相続人が遺言無効を争う場合もあり、別途、相続財産管理人は必要がないとも言え、このような場合、家庭裁判所に選任された相続管理人の立場はどちらにも与し得ないものであり、管財人の権限を維持する必要はないかもしれません。これもケースによりますので、一律には言いにくいところがあります。

> 957条（相続債権者及び受遺者に対する弁済）
> 1　第952条第2項の公告があった後2箇月以内に相続人のあることが明らかにならなかったときは、相続財産の管理人は、遅滞なく、すべての相続債権者及び受遺者に対し、一定の期間内にその請求の申出をすべき旨を公告しなければならない。この場合において、その期間は、2箇月を下ることができない。
> 2　第927条第2項から第4項まで及び第928条から第935条まで（第932条ただし書を除く。）の規定は、前項の場合について準用する。

1　本条の趣旨

相続財産管理人Bは、まず、家庭裁判所が、被相続人Aが死亡してBが管理人に選任された旨の公告（952条2項）をし、これを見た相続人が出現するのを待つことになります。しかし、いつまでも待ってはいられないので、2か月が経過して相続人が出現しないときは、次に相続債権者及び受遺者を捜索す

ることになります。その方法は、相続財産管理人が一定期間内に権利の申出をするよう催告する内容の公告をすると定められています。申出の権利を保障するため、最低でも2か月間の期間を置くべき旨を定めています。この公告はちょうど限定承認者が相続債権者らに申出をするよう催告する場合と同様の趣旨なので、限定承認に関する条項が準用されています。すなわち、この公告は官報に掲載して行い（927条4項）、それには、相続債権者及び受遺者がその期間内に申出をしないときは弁済から除斥されるべき旨を付記しなければなりません（927条2項）。また、管理人に既に分かっている相続債権者及び受遺者については、除斥ができない（同条2項ただし書き）ので、個別に申出の催告をしなければなりません（同条3項）。相続債権者または受遺者から公告期間満了前に請求された場合、管理人はその支払いや引渡しを拒むことができ（928条）、公告期間が満了すれば、申出をした、及び知れている相続債権者に公平に弁済をする必要があり、優先権を持つ債権者には優先的に弁済をする必要があります（929条。ただし優先権を他の債権者に主張するためには、相続開始前に対抗要件を具備する必要があると解されています。東京高判昭和48年6月28日下民集24巻5-8号435頁など参照）。また、期限前の債権は期限のないものとして即時弁済し（930条1項）、条件付債権、存続期間の不確定な債権については、家庭裁判所の選任した鑑定人の評価に従って弁済し（同条2項）、これら相続債権者に対する弁済が終わってから受遺者に弁済をします（931条）。これらの弁済のため、相続財産を売却する必要があれば、競売に付する必要があります。限定承認の場合、限定承認者が負担をして競売を止めることができますが、相続財産管理人が負担をして競売を止めるということはありませんので、932条ただし書きは準用されません。この換価手続に相続債権者及び受遺者が自己費用で参加できることは限定承認と同じです（933条）。また、相続財産管理人が権利行使催告の公告を怠ったり、不当な弁済をしたり、上記の規定に違反をし、そのため、損害を受けた者がいれば、これに対し賠償する責任があります（934条）。限定承認と同様、公告期間内に申出をしなかった債権者で財産管理人が知らないものは、残余財産についてのみ権利を行使できます（935条）。

2 立法の経緯

本条は、明治民法1057条をそのまま承継したものです。その趣旨にも変わりはありません。

3 実務の運用

相続財産管理人の清算手続も、基本的には限定承認の場合と同じであり、限定承認自体は数が少ないので、実際に利用されているのは、こちらの手続です。

それでは、期間満了前は弁済を拒めるとして、期間満了後はどうでしょうか。期間満了後は、相続財産管理人は、相続財産が全体で概ねどの程度の金額になるのか、総債権額がどの程度になるのか計算できる状態にあります。その時点で債務超過になっていれば、破産の申立てをすることになります（破産224条）。もちろん、任意整理に準じて、すべての相続債権者及び受遺者が納得して相続財産管理人の弁済に応じれば、敢えて破産の申立てをする必要はありません。しかし、十分な弁済ができない状態で、一部の相続債権者が強制執行を申し立てて来れば、不公平な弁済になってしまいますから、破産の申立てをして破産手続の中で弁済をしていくことになります（東京高決平成7年10月30日判タ920号246頁は、公告期間満了後は弁済を求めることができるので、破産申立てがされていない段階では強制執行の申立てもできるとしています）。

958条（相続人の捜索の公告）

　前条第1項の期間の満了後、なお相続人のあることが明らかでないときは、家庭裁判所は、相続財産の管理人又は検察官の請求によって、相続人があるならば一定の期間内にその権利を主張すべき旨を公告しなければならない。この場合において、その期間は、6箇月を下ることができない。

---

1 本条の趣旨

相続債権者や受遺者に対する弁済は、相続人がいてもいなくてもする必要のあることなので、相続人が万一いたとしても、それほど相続人を害する心配は

第 6 章　相続人の不存在（951 条～ 959 条）

ありません。しかし、最終的にこれらの弁済を終えて、残余財産がある場合、本来ならすべて相続人に帰属すべき財産ということになります。それを特別縁故者に分与したり、国庫に帰属させてしまうとなると、憲法 29 条の財産権の侵害になるおそれがあるわけですから、慎重に行う必要があります。そのため、改めて相続人の捜索をしなければならないこととし、その期間も 6 か月以上という長い期間を設けたものです。本条では「公告」とあるだけで、その方法について規定はなく、また、官報に掲載する旨の 927 条 4 項も準用されていません。

2　立法の経緯

本条は、明治民法 1058 条を戦後そのまま承継した後、昭和 37 年の改正の際、相続人捜索の期間を「1 年以上」としていたものを「6 か月以上」に改めたものです。これは、同改正の際、特別縁故者の分与制度ができたことで、改めて見直しがされたものです。明治時代と比べて通信、交通の手段が発達してきており、1 年も待たなくてもよいだろうという判断によるものと考えられています。

梅・民法要義巻之 5・254 頁以下によると、2 回の公告で多分相続人はいないと推測されるが、未だ確定したものではないので、更に 1 年以上の期間を定め、相続人がいれば、その期間内に相続を主張すべき旨を公告することにしたもので、この期間については、3 年など、もっと長い例もあるが、交通の便が開けた今日に在っては長期の必要はなく、速やかに相続財産の処置をしないと、そのために少なからず煩雑を生じるので 1 年としたと説明されています。

3　実務の運用

本条の期間内に相続人の申出がなかった場合、相続人が不存在であることが確定し、次の特別縁故者への分与手続に入り、その申立てがなければ、相続財産を国庫に帰属させる手続に入ることになります。ところで本条の期間内に申し出たが、相続人の資格について争いがあり、相続人であることが確定しないまま本条を経過するとどうなるのかが問題となりますが、申出をした以上、その相続人については裁判の結果によって判断すべきであり、相続人ではない旨

の裁判が確定して、相続人不存在が確定するというべきでしょう。それは、あくまでその相続人についてであり、本条の期間内に申出さえしなかった相続人については次条により権利を失うことになります（最判昭和56年10月30日民集35巻7号1243頁参照）。

コラム⑧　相続人不存在の公告

　被相続人に資産がある場合、ほとんどは戸籍によって本人を特定でき、本人が戸籍上判明すれば、ほとんどの場合、戸籍と戸籍の付票を辿ることで、相続人を発見することが可能です。それでもなお、戸籍上相続人が分からない場合に初めて相続財産管理人が選任されるので、ほとんどの場合、相続人が現れることはないと考えられています。公示送達もそうですが、裁判所の掲示板を毎日見に来る暇な人はいないし、毎日官報に目を通す人も普通はいません。したがって官報に何度掲載しようが、その期間をどれだけ長く設定しようが、それを見て名乗り出る相続人など極めて希有としか言えません。
　しかし、例えば認知されないまま父親と離ればなれになっていて父の本籍と名前だけは覚えている嫡出でない子などがいないとは限りません。もし、本籍と名前を検索して、その死亡の事実を知ることができれば、死後認知の申立ても可能になります。認知されないのは本人の責任ではありません。しかし、今の制度が予定している官報への掲載という方法では、ほとんど亡くなった事実さえ知る機会が与えられたとはとても言えません。もし、本気で知らせる必要があると法が考えるのなら、ネットに公報掲示板を設けて、誰でも無料でアクセスできて、氏名を入力すれば、その情報が得られる程度のシステムにすべきでしょう（高い料金を支払わないとネットで見ることができない官報では裕福でないと情報が得られないもので、公告とは言い難いものです）。そうすれば、誰もが2か月に一度そのサイトにアクセスすれば、見落とす心配はありません。官報を見る人よりも、ネットにアクセスできる人の数の方が圧倒的に多数です。官報で公告をした、見ない奴が悪いというのは、あまりにも意地悪な制度です。裁判所の掲示板に掲示した、官報に載せた、だから知る機会を与えたというのは、非現実的な擬制であって、本当に機会を与える必要があるとの前提に立つなら、誰もが見ることができる状態にする必要があります。その上で、父の死亡を知ったなら、死後認知が認められるまでの間は次の手続に進めるのを待つべきでしょう。今の民法は、このような認知もされない子、戸籍も作ってもらえなかった子を保護するための制度が十分とはとても言えない状態にあります。

第6章　相続人の不存在（951条〜959条）

> 958条の2（権利を主張する者がない場合）
> 　前条の期間内に相続人としての権利を主張する者がないときは、相続人並びに相続財産の管理人に知れなかった相続債権者及び受遺者は、その権利を行使することができない。

1　本条の趣旨

相続人捜索の公告が満了するまでに相続人としての権利主張がなければ、これによって相続人は存在しないものとみなして、特別縁故者への分与手続及び国庫帰属手続に入ることになります。相続債権者及び受遺者に対する公告期間が満了した後も、相続債権者及び受遺者は、残余財産に対しては請求することができました。しかし、更に相続人捜索の公告期間が満了するときまでに権利を主張することがなければ、確定的にその権利も失うことになります。

2　立法の経緯

明治民法1059条は、相続人捜索の公告期間が満了し、その間に相続人の権利を主張する者がいないときは、相続財産は国庫に帰属するとし、また、相続債権者及び受遺者は、国庫に対してその権利を行うことができないと規定していました。そして戦後もこの規定が承継されていましたが、昭和37年の改正により、特別縁故者制度が設けられたので、本条のように改正されました。

3　実務の運用

本条によって消滅する権利は、例えば、被相続人から土地や建物を賃借している権利などの用益的権利を含みません。特に対抗力のある賃借権者の場合、賃貸人が相続人なくして亡くなっても、当然に賃借人としての権利が消滅するわけではありません。もし、相続債権者への弁済のため、土地建物を売却するとしても、土地又は建物の賃借権付で売却することになります。

なお、本条の権利行使催告の期間が経過した後は、特別縁故者の権利が認められない限り、国庫に帰属することが確定するので、当該残余財産に対して、失権をした相続人が改めて権利を主張することはできないと解されています

（最判昭和56年10月30日民集35巻7号1243頁）。

> 958条の3（特別縁故者に対する相続財産の分与）
> 1　前条の場合において、相当と認めるときは、家庭裁判所は、被相続人と生計を同じくしていた者、被相続人の療養看護に努めた者その他被相続人と特別の縁故があった者の請求によって、これらの者に、清算後残存すべき相続財産の全部又は一部を与えることができる。
> 2　前項の請求は、第958条の期間の満了後3箇月以内にしなければならない。

1　本条の趣旨

本条は、特別縁故者に対する相続財産の分与に関する規定で、昭和37年の改正の際、新しく設けられたものです。被相続人が相続人なくして死亡した場合、婚姻届をしていない事実上の配偶者や養子縁組をしていない事実上の子がいて、一緒に生活をしていたり、被相続人の療養看護に努めたりしたとしても、相続人ではないため、相続財産を取得できないという問題があり、これらの者に相続財産の一部又は全部を与えて保護する必要があると考えられ、本条が設けられたものです。

2　立法の経緯

本条は、昭和37年法律第40号によって新設された規定であり、その趣旨は上記のとおりです。

3　実務の運用

平成27年度司法統計年報によると、特別縁故者への財産分与の申立件数は、1043件であり、概ね1000件前後で推移しています。特別縁故を巡っては、実務上多くの問題があります。

どのような場合に特別縁故者になるのかは一律には言えませんが、典型的なのは内縁の夫と妻、事実上の親子、夫の母親と妻などの親族関係者、それから

第 6 章　相続人の不存在（951 条〜 959 条）

親族関係はないものの、報酬なしで、あるいは報酬の範囲を超えて、療養看護に努めた者なども特別縁故者に該当するとされています。

　特別縁故者としての分与の申立期間は、相続人捜索の公告終了から 3 か月間です。3 か月が経過していても、国庫に帰属する前であれば、認めてもよさそうですが、そうすると、期間を定めた意味がなくなり、また、3 か月の経過により、分与の申立てを諦めた特別縁故者がいたとすると、その者との関係でも不公平になってしまうので、経過後の申立ては認められないとされています（最決平成 17 年 5 月 20 日家月 57 巻 11 号 52 頁）。

　民法 255 条は、「共有者の 1 人が、その持分を放棄したとき、又は死亡して相続人がないときは、その持分は他の共有者に帰属する」と定めています。そうすると、共有持分については、本条の適用はなく、共有者に帰属するとも考えられます。しかし、相続債権者や受遺者がいる場合には、換価してその弁済に充当されますし、特別縁故者に分与されれば、特別縁故者に帰属すると考えるのが合理的であり、これらの権利主張者がいない場合に初めて他の共有者に帰属すると考える必要があります。この点につき、最判平成元年 11 月 24 日（民集 43 巻 10 号 1220 頁、百選 55）は、特別縁故者に対する分与の対象となる旨を判示しています。

> 959 条（残余財産の国庫への帰属）
> 　前条の規定により処分されなかった相続財産は、国庫に帰属する。この場合においては、第 956 条第 2 項の規定を準用する。

1　本条の趣旨

　本条は、最終的に相続人が不存在と確定し、権利を主張できる相続債権者及び受遺者も不存在となり、特別縁故者の分与もされなかった場合、最終的に残余財産が確定し、これが国庫に帰属することを明らかにしたものです。

2　立法の経緯

本条は、明治民法1059条を承継したものですが、昭和37年の改正により、特別縁故制度ができたため、特別縁故者への分与がされなかったときに国庫に帰属すると改められたものです。管理人の管理業務が終了した場合に行うべき管理の計算の条項である956条2項が準用されるとするのは、明治民法の規定をそのまま承継したものです。

3　実務の運用

相続財産管理人は、すべての残余財産を国庫に引き継ぐ必要があります。したがって、すべての引継ぎが終了するまでは、相続財産管理人の業務は続きますし、相続財産の法人としての性格も残ることになります（最判昭和50年10月24日民集29巻9号1483頁参照）。

第 7 章

遺　言

960条〜1027条

第7章 遺言（960条～1027条）

第1節 総則

> 960条（遺言の方式）
> 遺言は、この法律に定める方式に従わなければ、することができない。

1 本条の趣旨

本条は、遺言をする場合、必ず民法に定められた方式に従わなければならない旨を明確にしたものです。つまり遺言というのは要式行為であり、書面による意思表示であって、これに反する遺言は無効とされています。遺言は、単なる意思表示ではなく、死後に効力が発生するものですから、本人の真意であることが客観的に担保されている必要があります。そのため、非常に厳格な方式が要求され、少しでも間違うと効力が生じなくなるおそれがあるため、なかなか普及しないところがあります。

2 立法の経緯

本条は、明治民法1060条をそのまま承継したものです。それでは、明治民法は、なぜ定められた方式に従うよう要求したのでしょうか。この点について、梅・民法要義巻之5・259頁以下は、次のように述べています。遺言は神聖なものとして、各国の法律が、これに重要な効力を認めているのは当然であり、人が自分の死後、自分の財産をどのように処分をするかを定めようと欲するのは人情当に然るべきところであり、法律は、公益に反しない限り、死者の希望を満たすのに努めるのはもとよりである、又財産以外の事項についても、これに法律上の効力を認めるのは当を得たものである、しかし、一方で、遺言者はややもすれば健全な意思を有せず、また、周囲にいる者がこれを利用して自己の利益を謀ろうとすることも稀ではない、遺言は利害に関すること重大で、死人に口なしという諺に違わず、遺言者死亡後は、その真意を証明すること困難であることに乗じて、死者の遺言を矯めて己を利せんと謀る者あるを免れない、欧州の立法者は、ここにみるところあって、古来、遺言の方式を厳格にした、

我が民法も之に倣い、他の意思表示はほとんど一切の方式を必要としないのに、遺言に限り、最も厳密な方式を必要としたのである、と。現在もこの考え方が承継されているわけです。

3　実務の運用

　世の中で遺言書がどの程度普及しているのか、詳しくは分かりません。自筆証書遺言や秘密証書遺言については、検認の手続があり、必ず遺言書が発見されれば検認を受けるべきことが要請されています。現実にどこまで検認手続がされているのかは疑問がありますが、それでも参考にはなると思います。平成27年度司法統計年報によると、遺言書検認の申立件数は、1万6888件となっており、ここ数年、1万4000件台から1万5000件台となり、平成24年以降は1万6000件台となり、増加傾向にあります。高齢者が増えていることや銀行等の金融機関が遺言信託業務を拡大させていることなど、要因はいろいろあるかと思いますが、いずれにしても、平成27年の死亡者数は約129万人であり、そのうち7割は、75歳以上の高齢者ですから、約90万人になります。仮に公正証書遺言を除く遺言書作成者が全員75歳以上であると仮定しても、その数は2％に届きません。これに対し、公正証書遺言の件数は増加傾向を続けており、平成27年には10万件を超える件数になっています。相続財産額が大きければ、公正証書遺言作成の手数料もけっこう大きな額になりますが、それでも自筆証書遺言の6倍以上の件数になっているのは、これも、自筆証書遺言の要式の難しさに起因しているのかもしれません。

961条（遺言能力）
　15歳に達した者は、遺言をすることができる。

1　本条の趣旨

　本条は、遺言能力について規定したものです。遺言も意思表示であり、一般に有効な意思表示をするには行為能力が必要であるとされており、未成年者は

行為能力がないとされています。しかし、身分行為については、代理に親しまず、本人の意思が重要であり、それぞれの事項について判断する力があると解される場合には、それに相応しい年齢で画することも行われているわけです。そして、遺言をする場合には、自己の財産を誰に帰属させたいのかという判断ができれば、遺言は可能であり、その年齢を15歳としたのが本条です。

2 立法の経緯

本条は、明治民法1061条をそのまま承継したものです。明治民法はなぜ15歳としたのでしょうか。梅・民法要義巻之5・261頁以下によると、遺言も一つの法律行為であるから、特別の明文がなければ、総則編の規定に依るべきだが、遺言は神聖なるものとして最も死者の意思を重んじようとする立法の精神により、法定代理人が代わりにしたり、誰かの同意のもとでしたりするのに馴染まない、また、成人に達するまで待てないこともあるから、その能力を寛にする必要がある、故に外国においても、遺言に関しては特別に低度の能力を認めている、これを15歳としたのは、専ら国情を察し、また、結婚年齢（765条）、養子縁組の年齢（843条1項、844条）等と権衡を得させるためであるとしています。

つまり、当時の明治民法では、女性の婚姻適齢は15歳とされ、養子縁組も15歳以上であれば可能とされたのとバランスをとったということです。

3 実務の運用

実際に15歳以上の未成年者の遺言が存在するのかは分かりません。特別な事情がないと、遺言をする必要を感じることはないでしょうし、その遺言書の効力を巡って訴訟になることもないと考えられることからすると、なかなか把握することは困難です。

ただ、ここで大切なことは、自分の根幹に関わることがらについては、本人の意思が最大限尊重されなければならないという視点だろうと思われます。遺言は、身分行為ではありませんが、死に臨み、何を残された人に希望するのか、それは真摯で神聖な意思決定であり、これに他人が介入してはならないということです。

> 962条
> 第5条、第9条、第13条及び第17条の規定は、遺言については、適用しない。

1　本条の趣旨

　遺言は、神聖な行為として、他人の代理や同意になじまない行為ですから、これらを規定する条項、すなわち、未成年者の法律行為について法定代理人の同意を必要とする5条、成年被後見人の法律行為を取り消すことができるとする9条、被保佐人の法律行為には保佐人の同意を要するとする13条、被補助人は補助人の同意を要するとする17条は、適用されないとしたものです。つまり、未成年者、成年被後見人、被保佐人、被補助人は、それぞの行為能力を制限されているが、意思能力がある限り、自分自身で判断して遺言をすることができるということを示しているわけです。

2　立法の経緯

　本条は、明治民法1062条をそのまま承継したものです。その趣旨も特に変わりはありません。明治民法当時は、禁治産及び準禁治産の制度があり、これが戦後も承継されていましたが、平成11年に新たに後見制度が発足し、禁治産制度は後見制度へ、準禁治産制度は保佐制度へと変わり、新たに補助制度が設けられ、それぞれの判断能力に応じて、残存能力を活用する積極的な制度へと変わったため、引用されている条文も変わりましたが、その趣旨は、同様のものです。

3　実務の運用

　成年被後見人については、意思能力のない常態にあるとされているので、特に意思能力を回復した時に遺言をしたということを明確にする必要があり、医師2人以上の立会を必要としています（973条）が、いずれにしても、15歳以上であるかぎり、意思能力があれば、遺言は可能であるとされています。しかし、実際に遺言をした当時に意思能力があったのかについては、後になってからは分からないことがあるため、実務上、遺言書の効力として問題になること

があります。特に1人暮らしの老人が認知症になっていくプロセスは、ある時突然になるというわけではなく、いわゆるまだらぼけのような場合もあり、遺言時の意思能力を後日に判断するというのは、なかなか難しいし、個人差もあるので、経験則を使うというのも難しいところがあります。

> 963条
> 遺言者は、遺言をする時においてその能力を有しなければならない。

1 本条の趣旨

本条は、遺言は、遺言をするときに、15歳以上であって、かつ、意思能力を有していなければならないことを規定しています。遺言時に意思能力がなければ、その遺言書は無効です。その半面、遺言時に意思能力があれば、その後認知症等により、意思能力が失われても、遺言書は有効です。

2 立法の経緯

本条は、明治民法1063条をそのまま承継したものです。その趣旨も変わりはありません。梅・民法要義巻之5・262頁以下は、遺言は死亡時に効力が発生するから、その時点において意思能力を有する必要があるという説があるが、これは誤謬であり、自分の信じるところによれば、これは成立時期の問題と効力発生の時期の問題とを混同したもので、遺言者が遺言書を作成したときに意思表示は成立しているのであり、その時に意思能力を必要としているのであって、後日これが失われても、これによって遺言書の効力が失われることはないとしています。

3 実務の運用

遺言書作成時に意思能力が必要だとされる以上、遺言書の作成時に意思能力が存在したことを示すことが重要になってきますが、現在のところ、その点を担保しているのは、成年被後見人の場合だけで、それ以外の場合には、遺言書

を作成した時点で意思能力があるかどうかは十分に確認されずに行われています。公証人も、精神科医ではありませんから、本人と会話をすることはあっても、その本人に事理弁識能力があるのかどうかまでは十分に確認することはできません。ましてや、自筆証書遺言の場合、亡くなってから、その遺言書作成の時点で意思能力があったのかどうかという問題が生じても、なかなかはっきりさせることはできません。外形的に見れば、日常生活を過ごせており、問題がないように見えても、少しでも日常でないことになるとできないなど、事理弁識能力を欠いているということがありますし、ほとんど動けないし、しゃべれない常態であっても、判断能力はしっかりしている場合もありますから、よく調べないと判断能力がどの程度あったのかは確認することが難しいところがあります。成年後見が開始されていない以上、判断能力があったと事実上推定し、その推定に反する事実が確認されなければ、判断能力があるということにすると言えればよいのですが、実際には、成年後見が開始されていなくても、判断能力が相当程度低下していることもあるので、一律にそのようにも決められないところがあります。

964条（包括遺贈及び特定遺贈）
　遺言者は、包括又は特定の名義で、その財産の全部又は一部を処分することができる。ただし、遺留分に関する規定に違反することができない。

1　本条の趣旨

本条は、包括遺贈又は特定遺贈ができるが、遺留分を侵害することはできないことを規定しています。包括遺贈というのは、全財産とか、財産の3分の1とか、財産を特定しないで、遺言により無償譲与することであり、包括遺贈を受けた者を包括受遺者と言います。包括受遺者は、相続人と同一の権利義務を有する（900条）とされ、相続財産の全部又は一定割合を取得し、同時に債務も全部又は一定割合を負担することになります。これに対し、特定遺贈というのは、特定の財産だけを遺言により無償譲与することだとされています。しか

し、いずれも遺留分を侵害すれば減殺対象になることを注意的に明らかにしています。

2 立法の経緯

本条は、明治民法1064条をそのまま承継しています。すなわち、「遺言者ハ包括又ハ特定ノ名義ヲ以テ其財産ノ全部又ハ一部ヲ處分スルコトヲ得但遺留分ニ關スル規定ニ違反スルコトヲ得ス」で、文語体を口語体にしただけです。包括遺贈とか特定遺贈とかいう見出しは、平成16年法律第147号によって初めて付されたものです。この包括又ハ特定ノ「名義」というのは何でしょうか。

梅・民法要義巻之5・265頁以下は、次のように説明をしています。フランス民法のdisposition a titre universelを「包括名義の処分」、disposition a titre particuliarを「特定名義の処分」と訳し、包括名義の処分とは、権利と同時に義務も移転するもので、これは通常法律の認めないところである、然るに包括名義の遺贈は各国の法律皆認める所で、その必要があることは疑いを入れない、殊に遺産相続にあっては遺留分権利者がない場合は稀ではないから、遺言でその総財産を処分することもできる、この場合に、もし受遺者が権利のみ承継して義務を承継しないとすると、債権者が損害を被ることは言うまでもない、だから包括名義の遺贈を我が民法でも、これを認めたのだ、義務を移転するなど明文がないとできないという者がいるから、本条に規定をしたのだ。これには絶対包括と一部包括とがある、総財産を遺贈すれば絶対包括だが、半分、3分の1、4分の1等を遺贈すれば一部包括であり、前者の場合は負債の全部、後者の場合は負債の半分、3分の1、4分の1を負担する。これに対し、特定名義の処分というのは、甲の不動産、乙の動産の所有権を遺贈するように、一定の権利に限り、これを処分することを言う。ただし、負担付遺贈では、受遺者は権利を得ると同時に義務を負担することがあるが、これは遺言者の義務を負担するのではなく、自己が遺贈を受けたことにより、新たに負担をする義務であり、また、どれほど量が多く種類がたくさんでも、包括名義でなければ、すべて特定名義の遺贈である、自己の所有する不動産若しくは動産の全部を遺贈するという場合、どれほど多くても特定名義の遺贈である。外国では、一般にこれを包括名義として、受遺者は、不動産又は動産の価額に応じて遺言者の債

務を負担すべきものとするようだが、これは当を得たものではない。なぜなら遺言者が一つの不動産を有する場合において、その不動産を遺贈するというのは特定名義であることは誰も争わないところである、然るに2つの不動産があり、この不動産、この不動産と言えば特定名義で、不動産全部と言えば包括名義だというのは児戯に類するものがある、もし、これを包括名義の処分だというのなら、家の中にある財産全部を遺贈すると言うのも包括名義だと言わざるを得ない、これは要するに、包括名義の処分というのは、財産の全部又はその何分の1というように遺言者の権利義務を集めて一団とし、その全部または一定割合を処分することを言う。

　以上の説明から分かるように、「名義」というと分かりにくいので、この title には、「として」の意味もありますから、「包括」としての処分と「特定」としての処分と訳した方が分かりやすかったのではないかと思われます。そして、「包括」としての処分は、全部またはその分割された割合を権利義務とともに処分するもの、「特定」としての処分とは、積極財産だけを処分するものです。そう考えると、なぜ包括受遺者だけが相続人と同視されるのかもよく理解することができます。条文には、包括又は特定名義の処分ということばしか出てこないということに注意をしてください。基本法コメ相続157頁下段が、包括受遺者は、法定相続人との類似性のもとで考えるべきであると指摘するのは当にそのとおりなのです。我が国の包括名義の処分というのは、権利義務を割合的に承継する相続人を遺言者が創り出す制度だと考え、法定相続人と遺言相続人との差異であるとした方がより正確な理解だと言えるのではないでしょうか。990条は、そのことを示しているのです。

3　実務の運用

　遺言の内容について、遺贈か相続分の指定かが争われた最も大きなものは、公正証書遺言で用いられている「相続させる」旨の遺言の解釈です。「特定の不動産等を特定の相続人に相続させる」旨の遺言文言が公証人実務で使われてきており、これが遺贈の趣旨なのか、相続分の指定を伴う遺産分割方法の指定なのかということが争われていたのです。これについて多くの議論がされていましたが、最判平成3年4月19日（民集45巻4号477頁、百選86）は、この

相続させる旨の遺言者の意思について、「右の各般の事情を配慮して、当該遺産を当該相続人をして、他の共同相続人と共にではなくして、単独で相続させようとする趣旨のものと解するのが当然の合理的な意思解釈というべきであり、遺言書の記載から、その趣旨が遺贈であることが明らかであるか又は遺贈と解すべき特段の事情がない限り、遺贈と解すべきではない」「民法908条において被相続人が遺言で遺産の分割の方法を定めることができるとしているのも、遺産の分割方法として、このような特定の遺産を特定の相続人に単独で相続により承継させることをも遺言で定めることを可能にするために外ならない。したがって、右の「相続させる」趣旨の遺言は、正に同条にいう遺産の分割の方法を定めた遺言であり、他の共同相続人も右の遺言に拘束され、これと異なる遺産分割の協議、更には審判もなし得ないのである」と述べています。その後の判例及び裁判例は、概ねこの基本的な理解のもとで判断されてきており、既に定着した解釈となっています。

　ところで、遺言者は、当然に自分の財産ですから、これを処分する方法は千差万別であり、本条は、あくまで包括としての処分と特定財産の処分という2つの全く性質の異なる処分の仕方があること、そして全部の場合もあれば、一部の場合もあり、いずれも有効であることを規定したにとどまります。したがって実際の実務では、条件をつけたり、期限をつけたり、負担をつけたりして、遺贈をするということがいろいろな形で行われています。その時の基本的な考え方として大切なのは、遺言書の文言に現れている遺言者の意思（真意）を合理的に推認し、できるだけ有効なものとして取り扱うという実務の考え方です。法というのは、その意思表示をした者の合理的な意思を推認し、できるだけこれを支援するという立場に立っており、これを追求することを怠ってはならない（簡単によく分からないから無効だとしない、不合理な文言でも、できるだけ有効になるよう解釈する）というスタンスを持つということです。例えば、後継ぎ遺贈と呼ばれる遺贈があり、これは、「不動産甲をAに遺贈するが、Aが死亡したらB及びCが分割して取得する」というような遺言です。Aに遺贈されれば、本来、Aは甲をどのように処分をするのも自由であり、遺言者の意思に拘束されるものではありません。しかし、だからと言って、その部分を無視して、Aへの遺贈だけが有効だと判断するのは、遺言者の真意を探究した

ものとは言えないのであり、B及びCに対し、Aの死亡を停止期限として遺贈する趣旨とも考えられるし、また、BとCとに分割帰属させる遺言書をAが書くという負担のもとでAに遺贈をするというのが遺言者の真意であると認定できるのであれば、そのような負担付の遺贈と解釈すべきであると考えられるわけです（そのような趣旨のことを述べたものとして、最判昭和58年3月18日家月36巻3号143頁、百選83を参照）。

> 965条（相続人に関する規定の準用）
> 第886条及び第891条の規定は、受遺者について準用する。

1 本条の趣旨

886条は、相続に関する胎児の権利能力に関する規定であり、891条は、相続人の欠格事由に関する規定です。胎児は生きて生まれた時に現実的な権利能力者になるのですが、相続時に存在しないと相続できないという意味で権利能力が認められています。また、被相続人を殺害するとか、遺言を隠匿するとか、相続を認めるのが相当ではない事由があれば相続人になれないとされています。この相続人についての規定を受遺者に準用するのは、受遺者は、相続人と同様に考えるのが相当と考えられる側面を有しているからです。

2 立法の経緯

本条は、明治民法1065条をそのまま承継したものです。その立法趣旨に変わりはありません。遺贈の効力が生じるためには、相続時に遺贈を受ける者が実在している必要があり、既に受遺者とされた者が死亡していれば効力は生じませんし、実在しない人であれば、これもまた効力が生じません。

3 実務の運用

相続の欠格事由を受遺者の欠格事由（受遺欠格）に準用する場合、そのままでは、そもそも該当しないし、仮に該当するとしても、類型的になじまないも

のもあります。例えば、891条1号の故意に被相続人又は先順位若しくは同順位にあるものを死亡するに至らせ処罰された者という場合、受遺者が相続人でなければ、順位は関係ありませんし、被相続人を遺言者と読み替えても、殺害する動機を類型的に推測することができません。同条2号の被相続人が殺害されたことを知りながら告訴・告発しない者については、相続人についても徳義上の義務を欠格事由にするのはどうかという疑問が出されており、また、告訴権を持たない受遺者は告訴できないし、親族が告訴していないのに告発義務を課することは相当ではないし、既に告訴・告発がされていれば、受遺者が更に告発する意味はないので、いかなる場合に同号に該当するか不分明です。同条3号は詐欺、強迫により被相続人の遺言書の作成、撤回等の行為を妨害した者ですが、遺言者が受遺者に遺贈する旨の遺言書の撤回をしようとしたところ、受遺者の詐欺、強迫により、その撤回が妨害されたという場合が想定されます。同条4号は、詐欺、強迫によって遺言をさせるなどした者ですが、当該遺言書だけが遺贈の根拠だとすると、詐欺、強迫を理由としてその遺言書が取り消されれば、遺贈の根拠が失われますから、あえて欠格事由があるという必要はありませんから、遺贈をする遺言は瑕疵なく作成されたが、その後、これを撤回する遺言の作成に関して詐欺、強迫を用いた場合が想定されます。5号は、遺言書を偽造、変造、破棄、隠匿した者ですが、自己を受遺者とする遺言書を偽造すれば、無効ですから欠格事由にする必要はなく、自己を受遺者とする遺言書を隠匿しても、何の利益にもならず、不当な利益を目的とする隠匿というのは考えにくいところがあります。その結果として、実際に、受遺欠格に該当するという理由で遺贈が認められなかったとした裁判例は見かけないようです。

966条（被後見人の遺言の制限）
1 被後見人が、後見の計算の終了前に、後見人又はその配偶者若しくは直系卑属の利益となるべき遺言をしたときは、その遺言は、無効とする。
2 前項の規定は、直系血族、配偶者又は兄弟姉妹が後見人である場合には、適用しない。

1　本条の趣旨

　後見人は被後見人のために、被後見人の財産を管理する者であり、後見の計算が終了し、後見人と被後見人との財産関係が明瞭になれば、不正な目的で遺言が利用される危険がなくなるのですが、財産管理が継続している最中に、被後見人が後見人及びその親族に有利な内容の遺言をすることがあれば、後見人の影響を受けているとも考えられ、実際にも管理内容があいまいになったりし、また、仮に不正な行為があった場合に発見が困難になりやすいなどのことから、管理計算が終わるまでの間は、後見人やその親族等への遺贈など有利な内容の遺言書の作成を禁じたものです。

2　立法の経緯

　本条は、明治民法1066条をそのまま承継したものです。後見人が被後見人に対する地位を利用して被相続人をして自己に利益な行為をなさしめることが往々にしてあることで、特に死のうとするときは世慾を離れることが多く、この時に乗じて後見人が自己の利益を謀ろうと欲することは希ではない。したがって、後見人等の利益となるべき遺言をさせた場合にはこれを無効とする。後見の計算終了前としているのは、後見の計算終了前は、被後見人は自己の財産の実況をも、詳らかにせず、したがって遺言書が自己若しくはその相続人にどのような不利益を与え、後見人にどのような利益を与えるのかを熟知しないことが多いからであると説明されています（梅・民法要義巻之5・273頁以下参照）。

3　実務の運用

　本条は、未成年後見の場合にも、成年後見の場合にも適用されます。いずれも家庭裁判所の監督下にあります。未成年後見の場合、特段の事情がなければ、未成年者が遺言をすることもないでしょうし、成年後見の場合、医師2名の立会（973条）が必要とされていますから、秘密裏に被後見人に遺言を書かせることは困難です。また、遺言書には作成年月日が不可欠であり、その時点が後見の計算終了前かどうかは家庭裁判所には明らかですから、少なくとも、そのことを知りながら遺言書を書かせるということは考え難く、本条を置くことによって、管理計算前に遺言書を被後見人に書かせる行為が抑制されるという点

に本条の立法趣旨があるのかもしれません。

第2節　遺言の方式

第一款　普通の方式

> 967条（普通の方式による遺言の種類）
>   遺言は、自筆証書、公正証書又は秘密証書によってしなければならない。ただし、特別の方式によることを許す場合は、この限りでない。

1　本条の趣旨

　遺言は、要式行為であり、特別の方式を除けば、自筆証書遺言、公正証書遺言、秘密証書遺言のいずれかの方式によるべきことを明らかにしたものです。自筆証書遺言というのは、遺言者が自分自身の手で筆記用具を用いて、遺言内容を自筆で作成する遺言書であり、偽造を防止するため、厳格な要件が定められています。公正証書遺言というのは、公証人役場において、公証人の面前で遺言内容を口述することによって作成する遺言書のことです。秘密証書遺言は、自分で遺言書を作成し、封をした上で、公証人の面前でその遺言書が自分の遺言書であることを申述して作成する遺言書です。普通方式による遺言は、このいずれかの方式で行う必要があります。

　特別方式の遺言書というのは、普通に遺言書を作成できない状況のもとで作成する遺言書で、死亡の危急に迫った者の遺言、伝染病隔離者の遺言、在船者の遺言、船舶遭難者の遺言の4種があります。普通方式が原則になります。

2　立法の経緯

　本条は、明治民法1067条をそのまま承継したものです。遺言書の方式は、明治時代から全く変わっていないことが分かります。

3　実務の運用

遺言書は要式行為であり、厳格な要式が定められているのですが、いずれも、現代社会に対応できておらず、さまざまな問題が生じています。中間答申では、これらに対する対策を検討していますが、抜本的な改正が必要とされています。

> 968条（自筆証書遺言）
> 1　自筆証書によって遺言をするには、遺言者が、その全文、日付及び氏名を自書し、これに印を押さなければならない。
> 2　自筆証書中の加除その他の変更は、遺言者が、その場所を指示し、これを変更した旨を付記して特にこれに署名し、かつ、その変更の場所に印を押さなければ、その効力を生じない。

1　本条の趣旨

本条は、自筆証書遺言の方式について定めた規定であり、この方式を満たさない場合には、遺言としての効力を認めないことが示されています。すなわち、自筆証書遺言が有効になるためには、遺言者が、その全文、日付、氏名を自書することです。自書というのは、一般に自分の手を使って、ひとつひとつの文字を書くということです。自分の手でタイプやワープロを打っても自書とは言えません。そのため、文字が書けない心身の状態にあるときは、自筆証書遺言をすることができません。例えば右利きの人が右半身麻痺になれば書けませんし、目が良く見えないと正確に書けませんし、手が震えていては書けません。また、裕福な方が多数ある不動産を個別に特定の相続人に相続させる遺言書を作成しようと思うと、それぞれの不動産を特定する事項を手で書かなければならず、数十頁にも及ぶことがあり、相当の労力を必要とします。

遺言者は、自書した遺言書に押印をすることが必要です。その場合、遺言者本人の印であればよく、実印である必要はなく、三文判でも本人の印であれば有効です。

遺言書は、封をする必要がありませんから、いつでも、だれでも書き込みが

可能です。したがって、遺言書に加除訂正が必要であれば、必ずどこにどのような加筆削除をしたのかが分かるように付記して、そこに署名をし、加筆削除等をした場所に押印をすることが必要です。この付記も自書で行う必要があります。

2　立法の経緯

本条は、明治民法1068条をそのまま承継したもので、内容に変わりはありません。

3　実務の運用

自筆証書遺言の要式及びその効力を巡っては、多くの問題があります。

本条が「自書」を必要条件としている理由は、筆跡の固有性にあります。人には、それぞれ筆跡に特徴があり、その特徴が分かれば、誰が書いたのかが分かるという前提で、作られています。しかし、実際の実務では、高齢になると、手が震えるなどのこともあって、その人固有の特徴が識別困難となる場合が出てきます。また、本人の筆跡かどうかを確認するためには、間違いなく本人の直筆である対照文書の存在が必要ですが、直筆であることが明らかな文書がないと対照させることができず、そもそも本人の自筆がどのようなものかが分からないと鑑定のしようもありません。また対照文書に遺言書と同じ文字が使われていれば、分かりやすいのですが、共通する文字がないとすると、他の文字の筆跡の特徴からその文字をこのように書くのではないかという推測で特徴を見出していく他なく、正確な鑑定は困難になります。

更に筆跡鑑定の資格の問題があります。不動産鑑定士の場合、国家資格として、一定の鑑定方式が客観化されています。しかし、筆跡鑑定士という国家資格はなく、裁判所は、科捜研などで筆跡鑑定をしていた経験のある元警察官の方などに依頼をするのですが、どこまでの客観性があるのか必ずしもはっきりしないところがあり、実際の実務では、同一人の筆跡であるという鑑定書と別人の筆跡であるとの鑑定書が出てくることもあり、自書だと筆跡により個人識別が必ずできるというわけにはいかないところがあります。なお、カーボンの複写紙に書かれたものも「自筆」であるとされた事例（最判平成5年10月19

日家月46巻4号27頁、百選79）があります。これも事例判断であり、常にカーボン複写が有効な自筆だとしたものではありません。

　自筆で本文が書かれていると認められても、「全文」という要件があるため、少しでも印刷文字があればだめなのかという問題があります。遺言の内容に影響を与えない部分に記載があるとき（例えば印刷文字のある用紙を使って自筆で書いたなど）は問題がないとしても、不動産の物件目録など重要な内容をなしている部分がタイプ印刷であるケースについて、遺言書を無効とした事例（東京高判昭和59年3月22日判タ527号103頁）があります。

　日付も自書である必要があります。遺言書が複数ある場合、抵触する部分があれば、新しい遺言書が有効になりますから、いつ作成されたのか、時間までは要求されませんが、年月日までは特定される必要があります。明白な誤記の場合は、特定されているものとして有効と解されます（大阪高判昭和60年12月11日家月39巻1号148頁、「昭和」が「正和」になっている）。

　「氏名」も自書する必要がありますが、本人であると特定できる記載があればかまいません。戸籍どおりでなくてもよいし、通称でも特定ができていれば有効だと解されています。

　「押印」については、ロシア人について特別に押印の習慣がないとして押印のない遺言書を認めた特殊事例（最判昭和49年12月24日民集28巻10号2152頁）もありますが、通常は必要不可欠であるとされています。しかし、拇印や指印も有効であると解されており（最判平成元年2月16日民集43巻2号45頁）、また、遺言書自体に押印がなく、これを封入した封筒の封じ目に押印がされているケースについて要件に欠けるところはないとした事例（最判平成6年6月24日家月47巻3号60頁、百選78）があります。およそ三文判はどこでも手に入るので、本人の作成であることを推測させるものですらなく、むしろ、銀行等では既に指紋による本人認証が実施され、更に顔貌による本人認証へと時代は進んでおり、押印の持つ信頼性は重視すべきではないでしょう。特に、遺言書の偽造、変造等は、親族間で最も起こりやすいものであり、親族の間では、タンスなどに印鑑が保管されていることが多く、実印でも、本人でなければ押印できないという経験則が使えないケースが多いことに鑑みると、もっと個人識別性の高いものを要件に組み入れた方が現実的かつ合理的であると考えられ

ます。

コラム⑨　自筆証書遺言の方式の緩和

　民法では、普通遺言の方式として、自筆証書遺言、公正証書遺言、秘密証書遺言の3つの方式について定めており、その方式どおりにしないと、遺言は無効であると規定しています。そして、最も一般的に利用されている自筆証書遺言については、必ず全文を自筆で書かなければならないとされているため、遺言事項がたくさんあったり、対象物件がたくさんあったりするときは、遺言書の作成自体に困難な場合が生じます。特に多くの場合、死期が近づいて体力も低下した時期に作成することを考えると、もう少し要件を緩和できないかというのが実務の要請です。

　中間答申では、そうしたことを考慮して、いわゆる財産目録、物件目録については、ワープロ等で作成したものを用いることができることとし、その代わり、本人の意思に基づいて当該目録が作成されたことを示すため、各頁に、遺言者が署名し、同じ印を押捺することとしています。また、その点も含めて、加除訂正をした場合、現在の方式では、当該箇所に署名押印をすることになっていますが、これを署名のみに緩和することが示されています。

　遺言の場合、その効力が生じたときには、遺言者本人が死亡しているので、その遺言書が本人のものかどうかを確認できるようにするため、自筆で書くことを求めているわけですが、しかし、筆跡による同一性の確認は、必ずしも常に十分にできるわけではありません。例えば、自筆であることが明らかな対照する文書、更には同時期に作成された文書がどの程度そろっているのかなどによっても、その精度は左右されますし、遺言書作成時には、手が震えていて、きちんとした文字が書けない状態にあったなどの事情がある場合、本人の書いたものかどうか確認が困難になる場合もあります。他方、印鑑については、身近な親族も入手できる状態にあったのかどうかにより、本人の意思に基づくと言ってよいのかどうか疑問が生じる場合があります。一般的な経験則では、自分の印鑑を他人に預けたりすることは通常ないので、本人の押印があれば、本人の意思に基づいて作成されたと推認され、本人の印鑑が押捺されている文書があれば、その文書内容は本人の意思に基づき作成されたという推認が働くとしても、例えば、筆筒の引き出しにいつも入れており、家族はみなそのことを知っていたような場合には、押印があるからと言って本人の意思に基づき押捺されたという経験則をそのまま適用することはできないわけです。したがって形式的要件を多少緩和したとしても、

あくまで方式の有効性の問題であり、物件目録に関する限り、上記の程度の緩和をすることは認めるのが相当と考えられます。

> 969条（公正証書遺言）
> 　公正証書によって遺言をするには、次に掲げる方式に従わなければならない。
> 一　証人2人以上の立会いがあること。
> 二　遺言者が遺言の趣旨を公証人に口授すること。
> 三　公証人が、遺言者の口述を筆記し、これを遺言者及び証人に読み聞かせ、又は閲覧させること。
> 四　遺言者及び証人が、筆記の正確なことを承認した後、各自これに署名し、印を押すこと。ただし、遺言者が署名することができない場合は、公証人がその事由を付記して、署名に代えることができる。
> 五　公証人が、その証書は前各号に掲げる方式に従って作ったものである旨を付記して、これに署名し、印を押すこと。

1　本条の趣旨

　本条は、公正証書遺言の方式について規定をしたものです。その要件としては、1）証人2人以上の立会いがあること（証人の要件は特に規定はありません）、2）遺言者が遺言の趣旨を公証人に口授すること（口授とは口頭で伝えることです。口授できない場合は次条によります）、3）公証人が口授された内容を筆記して遺言者及び証人に読み聞かせるか、閲覧をさせること（いずれかでかまいません。視覚障害がある場合、読み聞かせる必要があり、聴覚障害がある場合、閲覧させる必要があります）、4）遺言者及び証人が筆記の正確なことを承認した後、署名押印すること、遺言者が署名できないときは、公証人はその事由を付記すること（証人については記載がありませんから、証人は署名押印できる人であることが必要と解されます）、5）公証人が本条の方式に従い作成した旨を付記し、署名押印することが必要です。

2　立法の経緯

本条は、明治民法1069条をそのまま承継したものです。その要式は何も変わっていません。

3　実務の運用

1)　証人は、遺言者が本人であり、遺言をする能力を有していること、本人が口授したことが正確に筆記されていることを確認する役割であると考えられていますが、その資格に制限はないので、果たしてその証人がその役割を果たせているのかは必ずしも明らかではありません。しかし、要式行為なので、その役割を果たせない状況での立会いの仕方、例えば、既に口授があり、公証人が筆記した上で読み聞かせている段階で証人が参加したような場合には、上記の役割を果たせておらず、証人の立会いを欠くものとして無効になるとした裁判例がいくつかあります。

2)　遺言者が公証人に対し口授し、公証人が筆記することが必要とされていますが、しかし、実際に口授→筆記→読み聞かせという条文の順序で作成がされているかと言えば、必ずしもそうではありません。あらかじめ、遺言内容は連絡されており、公証人は既に筆記を終えていて、口授される内容と照らし合わせて確認をするという実情にあるようです。実際、複雑な物件が多数ある遺言書などの場合、その場で口授を受けながら公証人がワープロやタイプを打って物件目録を作成していたのでは、事案によっては丸一日掛けても作成できなくなり、実務の繁に耐えられません。あらかじめ不動産の登記事項証明書と物件目録とを対比して、遺言者の所有であること、登記事項証明書の記載どおりに目録が作成されていることを確認した上で、口授される内容に間違いないかどうかを確認することが必要です。高齢で口授する遺言者が間違ったことを言うかもしれません。そういうときは、登記事項証明書では、こうなっているが、いま言ったのは間違いではないかと正す必要も出てきます。不動産の所在地の番地がひとつ違って口授されたまま公正証書ができてしまえば、存在しない土地が入っていることによって遺言のすべてが無効になってしまうかもしれません。遺言者の真意どおりに口授されているのかも確認する必要がありますし、遺言者の真意どおりに目録が作成されているのかも確認する必要があります。

3）　公証人の読み聞かせ又は閲覧についても、例えば、司法書士や弁護士が遺言者の依頼に基づき物件目録と遺言書案を作成し、これを公証人に事前送付し、これに基づいて公正証書の原案が作成され、遺言者の口授も、公証人の読み聞かせも、その目録に基づいて行われ、その正確性も目録と一致するかどうかで行われた場合、目録自体が間違っていれば、訂正される余地がないまま進んで行きます。最低限度、目録と登記事項証明書の記載内容、どの不動産がどこにあるもので、その不動産をその相続人に相続させることでよいかどうか、一筆一棟ごとに確認しないと、遺言者の真意に基づくのか確認できない場合が生じます。公証人が遺言書案を読み上げて、これに対し、はいとだけ応えたというのでは口授とは言えないでしょう（類似の事例として、東京地判平成11年9月16日判時1718号73頁参照）。

4）　遺言者が署名することができない場合、公証人がその事由を付記して署名押印することになっていますが、署名することができないときに該当するかどうかは客観的かつ慎重に判断する必要があります。周囲の圧力でそうするしかないと思いながらも、いざ、最終段階で署名をするとなると逡巡して迷いが出てしまう、真意としては、この不動産については本当はこの子に上げたいが、四囲の状況からは反対意見が出て難しいだろうというのがあって、署名ができないという場合には、本条の署名ができない場合には該当しません。その遺言書どおりの遺言をすることで全く問題がないし、署名をしたいのだが、病気のため、手が震えて署名ができないというような場合である必要があります。心のどこかで心理的抵抗があり、無意識が妨害しているため、署名したくてもできないという場合には、その遺言内容が真意だと言ってよいのかという問題になります。

第7章 遺　言（960条〜1027条）

> 969条の2（公正証書遺言の方式の特則）
> 1　口がきけない者が公正証書によって遺言をする場合には、遺言者は、公証人及び証人の前で、遺言の趣旨を通訳人の通訳により申述し、又は自書して、前条第二号の口授に代えなければならない。この場合における同条第三号の規定の適用については、同号中「口述」とあるのは、「通訳人の通訳による申述又は自書」とする。
> 2　前条の遺言者又は証人が耳が聞こえない者である場合には、公証人は、同条第三号に規定する筆記した内容を通訳人の通訳により遺言者又は証人に伝えて、同号の読み聞かせに代えることができる。
> 3　公証人は、前2項に定める方式に従って公正証書を作ったときは、その旨をその証書に付記しなければならない。

1　本条の趣旨

　本条は、公正証書遺言の方式の特則を定めるものです。公正証書遺言では、音声言語の発話機能に障害があり、そのため、口授できない者は、公正証書遺言の要件である「口授」ができないため、公正証書遺言ができないという社会的障壁（障害を持つ者を阻む社会的要因）があり、これを除去する必要があって、平成11年に新設された条項です。口のきけない者は、前条の口授に変えて、通訳人の通訳により申述するか、または、自分で書いて伝えることが必要です。しばしば言語に障害があるという言い方がされますが、これは正確ではありません。言語能力・言語機能は音声言語に限定されるものではなく、手話言語も全く同じ機能を果たす言語です。また、音声言語は理解できても、発話機能に障害がある（例えば声帯の摘出など）場合は口授することができませんから、音声言語の理解に全く障害がなくても、本条が適用されます。更に、言語能力及び音声言語の発話機能に全く障害がなくても、失声症など精神的な理由で発話が困難な障害がありますし、口腔内の外科的障害で意味が伝わるように上手にしゃべれない（何を言っているのかよく聞き取れない）ということもあります。いずれも意味が伝わるように「口授」できないという意味で本条の「口がきけない者」に該当すると考える必要があります。「自書」は「自筆」ではなく、本人の同一性の確認が目的ではありませんから、自分の意思を正確に伝達でき

るのであれば、ワープロでもかまわないし、ALS（筋萎縮性側索硬化症）が進行したため、眼球運動しかできなくなっても、文字盤を使ってその意思を文字にして伝えられるのであれば、指でキーを押して文字を選択するのではなく、眼球を移動させて文字を選択することも「自書」であると理解し、どの文字を選んだのかを理解できる人を通訳に準じて考え、本人の意思が確認できるのであれば、本条に該当すると解すべきでしょう。障害者にとって、法の解釈も、社会的障壁の一部であり、障害がある人がそうでない人と平等に公正証書遺言ができるようにするため、可能な限り柔軟な解釈をして、本人の意思が正しく反映された遺言ができるようにすることが障害者権利条約及び障害者基本法の要請でもあると理解する必要があります。

2 立法の経緯

本条は、平成11年法律第149号によって加えられた条文であり、平成12年1月8日から施行されています。

3 実務の運用

上に述べたとおり、遺言者本人の意思確認が正確にできるものであれば、本条の「口のきけない者」や「通訳」や「自書」は、広く解釈されるべきだと思いますが、実務も、そうした方向に動いているように思います。例えば、「通訳人」に該当するかどうかが争いになった事件において、通訳人は、手話通訳に限られず、有資格者である必要もなく、本人の意思を確実に他者に伝達する能力を有する者であれば、広くこれに当たるとして、長期間、遺言者を介護して意思疎通を図ることができる人を通訳人とした場合も含まれるとした裁判例（東京地判平成20年10月9日判タ1289号227頁）があります。

第7章　遺　言（960条～1027条）

> 970条（秘密証書遺言）
> 1　秘密証書によって遺言をするには、次に掲げる方式に従わなければならない。
> 　一　遺言者が、その証書に署名し、印を押すこと。
> 　二　遺言者が、その証書を封じ、証書に用いた印章をもってこれに封印すること。
> 　三　遺言者が、公証人1人及び証人2人以上の前に封書を提出して、自己の遺言書である旨並びにその筆者の氏名及び住所を申述すること。
> 　四　公証人が、その証書を提出した日付及び遺言者の申述を封紙に記載した後、遺言者及び証人とともにこれに署名し、印を押すこと。
> 2　第968条第2項の規定は、秘密証書による遺言について準用する。

1　本条の趣旨

本条は、秘密証書遺言について規定をしています。秘密証書遺言というのは、遺言内容を誰にも知られないようにしたいという場合、その内容を秘密証書という形で作成した上、これを封に入れて封印し、公証人の面前で、この秘密証書が自分の遺言であることを申述し、公証人がその旨を明らかにし、これに遺言者と証人が署名押印をすることで、本人の意思であることを明らかにする方法による遺言です。この秘密証書の内容が遺言内容になります。遺言内容の秘密を保持しながら、それが遺言者の意思に間違いないことを公証する遺言です。遺言の内容が公証されるわけではなく、あくまで公証されるのは遺言者本人の意思によって作成されたということだけで、内容については公証人も証人も分からない状態が保たれます。したがって、公正証書遺言とは異なり、遺言者が秘密証書の内容に古い原稿を間違えて入れてしまっても、公証人や証人には全く分からないままで、それが遺言書になってしまいますし、遺言者自身も、その内容を確認し、何らかの形でメモをしておかないと、後にどのような遺言をしたのかも分からなくなってしまいますので、注意が必要です。なお、秘密証書自体は、自筆証書遺言と異なり、自筆である必要はありません。ワープロで作成したものでもよく、日本語である必要もありません。

2 立法の経緯

本条は、明治民法1070条をそのまま承継したものです。

3 実務の運用

本条3号の「筆者の氏名、住所」とあるのはどういう趣旨でしょうか。秘密証書遺言は、本人が他者に知られたくなくて作成するものです。なぜ、遺言者とは別に「筆者」がいるのでしょうか。この点について、梅・民法要義巻之5は、次のように説明しています。「遺言者自ラ其証書ヲ筆記シタルトキハ其旨ヲ申述スレハ即チ足レリ而シテ筆者ノ氏名住所ヲ申述セシムル所以ノモノ他ナシ後日其証書ニ付キ争ヲ生シタル場合ニ於テ其者ニ就キ果シテ相違ナキヤ否ヤヲ尋問スルノ便ヲ得ヘケレハナリ」(288頁)。考慮すべきは、本条が作られた時代的背景です。この条文が作られた当時には、ワープロもなければ、コピーもなく、手で書くことが予定されており、和文タイプライターが発明され、製品化されたのは1915年であり、明治時代には、手書き以外の方法は想定されていなかったことを念頭に置く必要があります。そして秘密証書遺言ですから、誰かに書いてと頼むとしても信頼できる特定の個人や文字が書ける代書屋さんです。信頼関係のある特定の個人が自筆で書いているから、将来、1年後のこともあれば、10年後のこともあるでしょうが、その作成の経緯について尋ねられれば、こうでしたよと遺言の効力が発生してから尋問に答えることが可能になるのです。言い換えれば、そういうことができる人でないと「筆者」にふさわしくないということです。ところが時代は変わって、今では、ほとんどすべての文書がワープロや音声入力の機械で作成できます。登記事項証明書をセットすれば、自動的に物件目録を作成するプログラムを作ることもさほど難しくはありません。そして、例えば、家族には絶対に秘密にしておいてくださいということで、某銀行の遺言書相談窓口の係が遺言者から相談を受け、資産家であったため、大勢で分担して目録を作ったり、遺言者が持ってきた遺言書案を手直ししながら、これも分担して作ったとしましょう。遺言者はそれを見て、はい、これでいいですということで、秘密証書を作成した。このような場合、「筆者」というのは誰でしょうか。関わった銀行員の全員の住所氏名を遺言者が申述し、公証人がそれを記載したとして、果たして1年後か10年後か、も

っと先かもしれませんが、いったい誰が法廷に出て尋問に答えることができるでしょうか。極めて珍しい例なら覚えているかもしれませんが、量が増えれば記憶の彼方です。むしろ、そういう場合には銀行の支店名と受付番号を書いておき、その資料はその方がなくなるまで非開示で、かつ、死亡が確認されて数年間保存をしておくとした方がよほど作成経緯が分かります。あるいは過去に誰かが作成してたまたま手元にあったワープロによる物件目録を使った場合、物件目録も秘密証書遺言の本文の一部であり、したがって、その目録の作成者が分からないと秘密証書遺言には使えないということになります。あるいは、その目録をコピー機でコピーしたものを利用すれば、そのコピーをした人が「筆者」になるのでしょうか。コンビニで店員にコピーしてもらえば、その店員が「筆者」になるのでしょうか。ケースは異なりますが、この「筆者」は、ワープロを操作して入力をし印字した者で、その者の氏名、住所を申述しなかった場合、無効だという判例があります（最判平成14年9月24日家月55巻3号72頁）。本条を素直に読む限り、理解できないことではありませんが、あまりにも時代錯誤というほかありません。100年前の条文をそのまま使っているので、おかしなことがいっぱい起きてくることになります。そういうことも、秘密証書遺言が利用されない理由のひとつかもしれません。厳格にするのはよいですが、利用されなければ意味がありません。

> 971条（方式に欠ける秘密証書遺言の効力）
> 秘密証書による遺言は、前条に定める方式に欠けるものがあっても、第968条に定める方式を具備しているときは、自筆証書による遺言としてその効力を有する。

1　本条の趣旨

本条は、秘密証書遺言として作成したが、これが方式に欠けて無効になる場合でも、自筆証書遺言としての要件を満たしていれば、自筆証書遺言としては有効になる旨を規定したもので、無効行為の転換の法理に基づき、これを明文

化したものと言えます。

2 立法の経緯

本条は、明治民法1071条をそのまま承継したものです。本条の立法趣旨について、梅・民法要義巻之5・290頁以下では、秘密証書は、往々にして遺言者自らその全文を記載することがあり、これを自分が亡くなるまで秘密にすることを欲して特にこれを鄭重にし、紛失そのほかの危険を避けようと欲する場合、全文を自分で書いても秘密証書にしたいという場合がある、そして、不幸なことに秘密証書の要件中欠けるところがあり、秘密証書としてはもとより無効であっても、これを有効としないことはできない、なぜなら、遺言者が秘密証書の方式によろうと欲したのは間違いないが、もとよりその遺言の効力を生ずることを希望したことは疑いを容れないからであると説明しています。つまり、本条の基礎には、もし秘密証書として無効であるなら、自筆証書として有効な遺言とすることを欲するという遺言者の意思を推定するというものがあるわけです。

3 実務の運用

無効行為の転換が可能になるには、ただ別の法律要件を満たしているというだけではなく、本来の目的とした法律行為が無効になるのであれば、別の有効な法律行為を欲したであろうということが前提となります。したがって、秘密証書遺言が無効な場合、自筆証書遺言として有効に取り扱ってよいという遺言者の意思があると見なした規定と考えるのか、そうではなくて、これは通常の場合であり、もし、この遺言書が方式の違反により無効になるとすれば、自筆証書遺言として有効になることを欲しないという遺言者の意思が確認できる場合には、本条の適用外となる可能性を含んでいるのかは明確ではありません。もし無効行為の転換の注意規定だとすると、転換される法律行為を本人が欲していることが転換を有効とするための前提となりますから、そうでない事実が立証されたときは、本条にかかわらず、無効行為の転換はできず、自筆証書としても効力を持たないと解すべきことになるでしょう。

第 7 章 遺　言（960 条〜 1027 条）

> **972 条（秘密証書遺言の方式の特則）**
> 1　口がきけない者が秘密証書によって遺言をする場合には、遺言者は、公証人及び証人の前で、その証書は自己の遺言書である旨並びにその筆者の氏名及び住所を通訳人の通訳により申述し、又は封紙に自書して、第 970 条第 1 項第 3 号の申述に代えなければならない。
> 2　前項の場合において、遺言者が通訳人の通訳により申述したときは、公証人は、その旨を封紙に記載しなければならない。
> 3　第 1 項の場合において、遺言者が封紙に自書したときは、公証人は、その旨を封紙に記載して、第 970 条第 1 項第 4 号に規定する申述の記載に代えなければならない。

1　本条の趣旨

本条の趣旨は、公正証書遺言の方式の特則を定めた 969 条の 2 と同じです。口がきけないことによって、970 条 3 号の申述ができない場合、これに代えて、通訳人の通訳による申述又は封紙に自書すること、その場合、公証人は、通訳人の通訳により申述したことを封紙に記載すること、遺言者が封紙に自書した場合は、同条 4 号の遺言者の申述の記載に代えて、遺言者が自書した旨を記載することを定めたものです。

2　立法の経緯

本条は、平成 11 年法律第 149 号によって改正されたものです。それでは、その前の 972 条はどうなっていたかというと、「1　言語を発することができない者が秘密証書によって遺言をする場合には、遺言者は、公証人及び証人の前で、その証書は自己の遺言書である旨並びにその筆者の氏名及び住所を封紙に自書して、第 970 条第 1 項第 3 号の申述に代えなければならない。2　公証人は、遺言者が前項に定める方式を践んだ旨を封紙に記載して、申述の記載に代えなければならない。」とされていました。そして平成 11 年改正前のこの条文は、明治民法 1072 条の規定をほぼそのまま口語訳したものでした。つまり秘密証書遺言に関しては、「言語を発することができない者」は、申述に代えて自書することが認められていたわけです。そして平成 11 年の改正によって、

口のきけない者についての公正証書遺言の規定（969条の2）が新設されたことに伴い、本条にも、通訳人の通訳による申述が取り入れられたわけです。

3　実務の運用

本条に関しては、969条の2及び970条に記載したことがそのまま当てはまります。障害を持つものも、そうでないものと平等に遺言をする機会が保障されなければなりませんから、民法の条文が社会的障壁になっているのなら、改正して使いやすいものにしていく必要があります。現代の技術をもってすれば、一面で偽造がされやすいというデメリットもありますが、障害があっても、本人の意思であることを確認する方法はたくさんあります。方式を厳格にするほど利用できる人は少なくなります。本人の真意の確認を容易にする方法を取り入れ、100年以上前のわずか3つしかない方式に限定せず、秘密にしたいというニーズにも応えられるような多様な遺言書の方式を新たに考え模索し、立法化することが必要であり、かつ、可能ではないかと思われます。

973条（成年被後見人の遺言）
1　成年被後見人が事理を弁識する能力を一時回復した時において遺言をするには、医師2人以上の立会いがなければならない。
2　遺言に立ち会った医師は、遺言者が遺言をする時において精神上の障害により事理を弁識する能力を欠く状態になかった旨を遺言書に付記して、これに署名し、印を押さなければならない。ただし、秘密証書による遺言にあっては、その封紙にその旨の記載をし、署名し、印を押さなければならない。

1　本条の趣旨

成年被後見人でも、意思能力があれば、遺言をすることができます。しかし、成年被後見人は事理弁識を欠いた常況にある者ですから、遺言をするときに意思能力があると推定することはできません。そこで、遺言をするときに意思能力があったことを2人の医師が確認し、かつ、確認した旨を遺言書に記載し、

署名、押印をすることを求めたものです。秘密証書遺言の場合には、秘密証書を作成した時点で事理弁識能力のあることを確認する必要があり、かつ、その旨を秘密証書ではなく、その封紙に署名、押印することが必要です。これも方式ですから、仮に意思能力のあることが立証できても、これらの方式を具備している必要があります。

2　立法の経緯

本条は、明治民法1073条をそのまま承継したものです。当時は、禁治産者と呼ばれていましたが、平成11年の成年後見制度の導入に伴い、本条も禁治産者を改めて成年被後見人とし、表現の訂正を行ったもので、その趣旨に変更はありません。

3　実務の運用

本条は、成年被後見人の場合にのみ適用される方式であり、認知症の高齢者には適用されません。厚労省によると、認知症の患者数は、2025年には700万人に達し、65歳以上の5人に1人は認知症となると予測されています。認知症の場合、そのすべてが事理弁識能力を失うわけではありませんが、ある程度の割合で事理弁識能力を欠くことになり、その場合、遺言書の効力が問題になることになります。そういうことが事前に分かっているのですから、例えば、遺言者が認知症と診断された場合は、HDS-R（改定長谷川式簡易知能評価スケール）による評価を実施すべきこと、そして、同テストで例えば15点以下と評価されたときは、医師が遺言者に事理弁識能力があることを確認し、その旨を遺言書に記載をして、署名、押印することなどの方式を考え、紛争の発生と本人の真意に沿った遺言書の作成が可能になるよう法改正を行う必要が生じるだろうと思います。

> 974条（証人及び立会人の欠格事由）
> 　次に掲げる者は、遺言の証人又は立会人となることができない。
> 　一　未成年者
> 　二　推定相続人及び受遺者並びにこれらの配偶者及び直系血族
> 　三　公証人の配偶者、四親等内の親族、書記及び使用人

1　本条の趣旨

　本条は、遺言をする場合に必要とされている証人または立会人について、その欠格事由を定めたものです。証人または立会人に欠格事由があると、遺言の方式を充たさないものとして、その遺言は無効になります。1号の未成年者は、15歳以上であれば自分自身は遺言をすることは可能ですが、他人の遺言書の内容が口授した遺言者の真意に則っているのかなどを判断する力が要求されており、その点からすると、十分ではないと考えられるわけです。婚姻をして成人と見なされる場合には、20歳未満でも欠格事由にはなりません。2号は、遺言の内容に利害関係を持つ者は証人や立会人として相応しくないと考えられるからです。3号は、公正証書遺言や秘密証書遺言において、公証人が関与する場合、その公証人の行為が適正に行われたのかどうかを確認するのが証人または立会人ですから、公証人の関係者は、相応しくないと考えられることによるものです。

2　立法の経緯

　本条は、明治民法1074条を承継していますが、戦後、何度か改正されています。すなわち、明治民法1074条は、欠格事由として、1号の未成年者は同じですが、それ以外に次のように定めていました。2号は禁治産者及び準禁治産者、3号は剥奪公権者及び停止公権者、4号は遺言者の配偶者、5号は推定相続人、受遺者及びその配偶者並びに直系血族、6号は公証人と家を同じくする者及び公証人の直系血族並びに筆生、雇人です。そして、戦後の改正で、3号及び公証人と家を同じくする者は削除され、また、「筆生」（ひっせい）が「書記」に改められました。そして、平成11年になって成年後見制度ができ、

すべての成年被後見人、被保佐人が証人及び立会人としての適格性を欠いているわけではないと考えられたことから、2号の禁治産者及び準禁治産者は削除されました。また、平成16年の字句の改正の際、2号、3号の表現が改められ、現在の条項に至っています。2号は「推定相続人、受遺者及びその配偶者」となっていたので、受遺者の配偶者は含まれるが、推定相続人の配偶者は含まれないように読めてしまうので、その点が争いとなり、最判昭和47年5月25日（民集26巻4号747頁）は、この「配偶者」には、推定相続人も含まれるとの判断を示していましたが、条文上の疑義をなくすため、現行の2号の表現に改めたものです。

3 実務の運用

　本条に掲げられた者でなければ、証人及び立会人としての適格があるかと言えば、そうではありません。例えば、受遺者から金で雇われていた者などは、証人または立会人としての適格性を欠くと判断される場合もあるでしょう。盲人（視力障害者）は、公正証書遺言の証人としての欠格者でもなく、適正を欠く事実上の欠格者ということもできないとした判例（最判昭和55年12月4日民集34巻7号835頁、百選80）があります。

　遺言作成の方式として要求されている証人及び立会人ではないものの、本条の欠格事由を有する者が同席していた場合、事実上、立ち会っていれば、欠格事由がある者の立会となり、遺言書は無効となるのでしょうか。この点について、遺言公正証書の作成において証人となることができない者が同席していても、この者によって遺言の内容が左右されたり、遺言者が自己の真意に基づいて遺言をすることを妨げられたりするなどの特段の事情がない限り、遺言書は無効にならないと解されています（最判平成13年3月27日家月53巻10号98頁）。

975条（共同遺言の禁止）
　遺言は、2人以上の者が同一の証書ですることができない。

1 本条の趣旨

本条は、いわゆる共同遺言を禁止し、共同遺言は、遺言の方式を充たしていても、その効力は生じないとしたものです。その理由として、遺言は他人の意思に左右されることなく行われなければならないし、後で遺言は撤回できるものである、したがって2人がお互いに関連あるものとして遺言をすれば、各自の遺言の自由や撤回の自由を制約することになるからだと説明されています（基本法コメ相続169頁、野田＝梶村総編・新家族法実務体系(4)144頁、判例民法10・326頁など）。

2 立法の経緯

本条は、明治民法1075条をそのまま承継したものです。その立法趣旨について、梅・民法要義巻之5・299頁は次のように説明しています。本条は、共同遺言を禁じたものであり、その理由は、2人以上が同時に同一の証書で遺言をすると、その一方が取り消して他の一方が取り消さないことができないという事情が生じ、遺言の取消しを自由にした趣旨に反すること、一方の遺言が他の一方の遺言の条件となり、したがって一方の遺言の存続が、他の一方の遺言の存続によって定まることなしとしない。これも、遺言を自由にし、また、その取消しを自由にした趣旨に反する。特に二人以上が一つの証書で遺言をすれば、一方は他方に対する斟酌によって、十分に自由の遺言ができないことがある、だから共同遺言は全くこれを禁じたのだと。この立法趣旨は、そのまま承継されています。

3 実務の運用

以上の立法趣旨からすると、双方に遺言及びその取消しの自由が確保されていれば、一通の書面でされても、共同遺言には該当しないと理解されることになります。例えば、遺言書が各葉ごとにAの印章による契印がされ、数枚が合綴したものでも、A名義の遺言書の形式のものと、B名義の遺言書の形式のものとが容易に切り離すことができる場合には、共同遺言に該当しないと判断した事例（最判平成5年10月19日家月46巻4号27頁、百選79）があります。これに対し、最判昭和56年9月11日（民集35巻6号1013頁、百選82）は、父

第 7 章 遺　言〔960 条〜1027 条〕

A 母 B とする自筆証書遺言について、署名押印を含め父 A が作成したもので、A は全財産を B に相続させる、B は A から相続した遺産を一定の子に相続させる旨の内容で、A が B に説明し、B の承諾を得たとの認定をした上で、これが共同遺言に該当するとした原審の判断に対して上告されたのに対し、同一の証書に 2 人の遺言が記載されている場合は、「そのうちの一方に氏名を自署しない方式の違背があるときでも、右遺言は、民法 975 条により禁止された共同遺言にあたるものと解するのが相当である。」と判示しています。これに対しては、共同遺言となるのは双方の遺言が有効な場合であり、一方が無効である場合には共同遺言ではないと解するべきだという視点からの批判があります。要は、共同遺言としたことで、一方の意思が他方の遺言の自由や取消しの自由を奪っているのかどうかであり、たまたま遺言の一方に形式的な瑕疵があって無効になった場合には共同遺言ではないと解することは、その立法趣旨からして無理があるのではないかと思われます。特に本件は昭和 43 年に死亡をした夫が自分で作成して妻に承諾を求めて作ったというものです。本当に妻が承諾したのであれば、妻が同内容の遺言書を作成すればよいはずです。それをしていない以上、形式的瑕疵があってたまたま無効になるかどうかは別として、妻自身が夫から相続した遺産を夫が記載したように一部の子だけに相続させる意思が真実そうであったのかどうか疑問の残る事案であり、夫の意思に影響を受けていると見ざるを得ないことを考えると、なお、共同遺言として、形式的瑕疵の如何にかかわらず、全体が無効であると解されることなるでしょう。

第2款　特別の方式

> 976条（死亡の危急に迫った者の遺言）
> 1　疾病その他の事由によって死亡の危急に迫った者が遺言をしようとするときは、証人3人以上の立会いをもって、その1人に遺言の趣旨を口授して、これをすることができる。この場合においては、その口授を受けた者が、これを筆記して、遺言者及び他の証人に読み聞かせ、又は閲覧させ、各証人がその筆記の正確なことを承認した後、これに署名し、印を押さなければならない。
> 2　口がきけない者が前項の規定により遺言をする場合には、遺言者は、証人の前で、遺言の趣旨を通訳人の通訳により申述して、同項の口授に代えなければならない。
> 3　第1項後段の遺言者又は他の証人が耳が聞こえない者である場合には、遺言の趣旨の口授又は申述を受けた者は、同項後段に規定する筆記した内容を通訳人の通訳によりその遺言者又は他の証人に伝えて、同項後段の読み聞かせに代えることができる。
> 4　前3項の規定によりした遺言は、遺言の日から20日以内に、証人の1人又は利害関係人から家庭裁判所に請求してその確認を得なければ、その効力を生じない。
> 5　家庭裁判所は、前項の遺言が遺言者の真意に出たものであるとの心証を得なければ、これを確認することができない。

1　本条の趣旨

　本条は、死亡の危急に迫った者の遺言について特別の方式を定めるものです。死亡の危急に迫った場合、自筆証書遺言を書くことができなかったり、公証人に来てもらって口授するゆとりがない場合があります。本人意思の確認方法が原則として口授である点で、公正証書遺言の意思確認方式と似ていますが、公証人がいないため、証人の数を3人に増やし、かつ、本人の意思によるとの状況が確保されていたかどうかを確認するため、遺言書を作成してから20日以内に家庭裁判所の確認を得なければならず、家庭裁判所は、遺言者の真意に基づく遺言であるとの心証を得ないと、確認できないとしています。また、公正

証書遺言と同じく、平成11年の改正で、口がきけない者、耳が聞こえない者の特則が作られました。その趣旨は、公正証書遺言の方式の特則を定めた969条の2の解説で述べたとおりですので、同条の解説を参照してください。

2 立法の経緯

本条は、明治民法1076条を、戦後そのまま承継したものであり、その後平成11年に口のきけない者、耳の聞こえない者についての2項と3項とが付加されたものです。

3 実務の運用

本条の確認申請があれば、家庭裁判所は、遺言者の真意によるものかどうかを確認します。遺言者が入院しているときは、裁判官の命により、家庭裁判所調査官が病院に赴いて確認をします。裁判官は、その調査の報告を受けて、遺言者の真意に出たものとの心証を得れば、確認の手続をします。この手続は、あくまで真意に基づくかどうかの確認をするだけで、遺言書の有効、無効を確定するものではありません。この心証は、確信の程度である必要はなく、当該遺言が一応遺言者の真意に適うと判断される程度の緩和された心証で足りるとした裁判例（東京高決平成9年11月27日家月50巻5号69頁）があります。

実際にどの程度の件数があるのかをみると、平成27年度司法統計年報によると、本条と979条の船舶遭難による危急時遺言の確認と合わせて、合計144件であり、概ね年間100件前後で推移しています。

また、本条の遺言で、作成に数日を要しており、まだ遺言書が完成していない日付が記載されていたため、その有効性が争われた事案で、日附の記載は有効要件ではなく、また、筆記者である証人が筆記内容を清書した書面に遺言者が現在しない場所で署名捺印し、他の2名の証人の署名を得たうえで、遺言者に読み聞かせ、その後、遺言執行者に指定された者の法律事務所で、証人2名が捺印して、完成させた場合でも、「その署名捺印が筆記内容に改変を加えた疑いを差し挟む余地のない事情のもとに遺言書作成の一連の過程に従って遅滞なくなされたものと認められるときは、いまだ署名捺印によって筆記の正確性を担保しようとする同条の趣旨を害するものとはいえないから、その署名押印

は同条の方式に則ったものとして遺言の効力を認めるに妨げない」とした事例（最判昭和47年3月17日民集26巻2号249頁、百選81）があります。

> **977条（伝染病隔離者の遺言）**
> 　伝染病のため行政処分によって交通を断たれた場所に在る者は、警察官1人及び証人1人以上の立会いをもって遺言書を作ることができる。

1　本条の趣旨

　本条は、伝染病のためであること、行政処分によって交通を断たれた場所に在ること、この要件を充たす場合に可能な特別方式による遺言であると、条文を素直に読めば、そのように解されます。しかし、一般に、伝染病でなくても、行政処分でなくても、交通が断たれた場所に在る者は、公正証書遺言も作成できないし、秘密証書遺言もできないという点では同視できる。したがって交通が断たれた場所に在る者を広く含むと解されており（新注釈民法（28）170頁、基本法コメ相続171頁、判例民法10・335頁）、そのため、隔絶地遺言とも呼ばれています。厳格な方式が要求される一方で、その要件が幅広く緩やかに解されている条文というのは珍しいものです。

　なお、本条の遺言者は、遺言書を自分で作成する必要があるので、口授は認められませんが、自筆で作成することまでは要求されていません。また、特則なので、記載はありませんが、原則として、当然に遺言者本人の署名、押印及び警察官、証人の署名、押印も必要となります。

2　立法の経緯

　本条は、明治民法1077条をそのまま承継したものです。梅・民法要義巻之5・303頁以下は、本条の立法趣旨について次のように説明しています。すなわち、本条は、伝染病のため、行政処分をもって交通を遮断した場所に在る者のため、遺言の特別の方式を認めたもので、この場合、2人以上の証人を得ることが難しく、公証人をその場所に立ち入らせることはできないが、警察官は、

安寧、秩序を保持し、人民を保護する職務を帯びる者であり、したがって、十分信用をなすべき者であるから、警察官1人と証人1人以上との立会があるときは、遺言に錯誤、詐欺等のおそれが少ないと認められ、また警察官は、交通遮断の場所にも立ち入ることができる者であるから、当事者のため、その立会を求めることは容易であり、本条が特に必要なのは、交通遮断の場合というのは、激烈なる伝染病の流行の際であることが多く、したがって、その伝染病のため、死に瀕した者が遺言を為そうと欲することが多いというべきだからである。

　以上の説明からすると、どこにも伝染病以外の場合は想定されておらず、実際にも、事実上の交通途絶の場合、警察官も立入り困難ですから、警察官を要件とする意味はありませんし、むしろ、それは困難というほかありません。また、洪水等で交通途絶した場合、たまたまその場に非番の警察官がいれば遺言書を作れるが、そうでなければ作れないということになり、警察官の立会を要件とする根拠が乏しいというほかありません。立法の経緯に照らしても、これを条文の文言に反して拡張する理由は見出しがたいところがあります。少なくとも本条の前身である明治民法の立法の経緯からは、拡張する理由は見出しがたいところがあります。明治民法では、従軍中の軍人及び軍属の場合（同法1078条）、従軍中に疾病等で死亡の危急がある場合（同法1079条）、軍艦及び海軍所属の船舶中にある場合（同法1080条）など軍隊に関係する場合の特別方式の遺言の特則が設けられていたので、これらの規定は、戦後承継されませんでした。その際、本条を交通途絶一般に拡張する必要があったとすれば、しっかりとそれに適した要件を検討し、文言も改める必要があったわけですが、それをしないで解釈だけ拡張するというのは、なかなか無理があるのではないかと思います。もし、拡張した解釈をとるのであれば、警察官が立ち会えない交通途絶も多くあるわけですから、実態に即した要件を検討して立法的に解決すべきだろうと思います。

3　実務の運用

　本条に関しては、現在、どの程度の実例があるのか不明です。そもそも伝染病を理由として、行政処分により交通途絶にした例と言えば、かつてのハンセ

ン氏病のケースがある程度で、現在、そのような措置が執られるということはありません。また、洪水等による交通途絶を広く含むと解釈しても、先に述べたとおり、そのような場合には、警察官も立入り困難であり、仮にあり得るとしても、航空自衛隊の自衛官が空から降りて接触を持つような場合に限られ、本条の立会いの要件を充たすことはできないでしょう。そう考えると、この条文自体の存在意義が問われることになります。

> 978条（在船者の遺言）
> 　船舶中に在る者は、船長又は事務員1人及び証人2人以上の立会いをもって遺言書を作ることができる。

1　本条の趣旨

　本条は、船舶中に在る人の遺言について、特別方式を定めた規定であり、隔地者遺言の一つということができます。船舶中と言ってもたまたま乗船しているというのではなく、航海に出て容易に帰来できないような場合には、通常の公正証書遺言や秘密証書遺言ができないので、特別な方式を認めたものです。この場合、証人だけではなく、船長又は船舶の運航に従事している事務員1人と別に証人2人以上の立会が必要とされています。これは、公正証書遺言又は秘密証書遺言に代わるものですから、自筆である必要はありません。船舶内でも自筆証書遺言の要件を充たしていれば、自筆証書遺言として有効であることは当然のことです。また、遺言者、船長又は事務員、証人2名の署名、押印が必要であることも同様です。

2　立法の経緯

　本条は、明治民法1080条を承継したものです。明治民法では、同じ条文の中に、軍艦及び海軍所属の船舶の場合、将校又は相当官1人及び証人2人以上の立会が必要である旨が含まれていましたが、戦後の改正の際に削除されました。そして残ったのが現在の本条であり、その立法趣旨に変更はありません。

3　実務の運用

本条に該当する事例がどの程度あるのかは、統計資料もなく、実情は不明です。家庭裁判所の検認は必要ですので、あれば検認を受けることになるのですが、どの方式の遺言について検認をしたのかまでの詳しい統計は公表されていませんので不明です。

979条（船舶遭難者の遺言）
1　船舶が遭難した場合において、当該船舶中に在って死亡の危急に迫った者は、証人2人以上の立会いをもって口頭で遺言をすることができる。
2　口がきけない者が前項の規定により遺言をする場合には、遺言者は、通訳人の通訳によりこれをしなければならない。
3　前2項の規定に従ってした遺言は、証人が、その趣旨を筆記して、これに署名し、印を押し、かつ、証人の1人又は利害関係人から遅滞なく家庭裁判所に請求してその確認を得なければ、その効力を生じない。
4　第976条第5項の規定は、前項の場合について準用する。

1　本条の趣旨

本条は、船舶遭難者の遺言の場合について、特別の方式を定めたものです。死亡危急時遺言を定める976条と同様の趣旨ですが、船舶の遭難という状況がありますから、通常の死亡危急時遺言は証人3人の立会を必要としているところ、2人の立会でよいとし、その要件を緩和しています。家庭裁判所の確認の手続が必要である点は、死亡危急時遺言と同じです。

2　立法の経緯

本条は、明治民法1081条と同様の趣旨を承継しています。ただし、同条は、明治民法1079条を準用しており、1079条は、従軍中の軍人及び軍属が疾病、傷病等の理由により死亡の危急に迫った場合、証人2人以上の立会で、口頭にて遺言をすることを規定したもので、これを艦船遭難の場合に準用することで、船舶遭難の場合、証人2人の立会で遺言ができる旨を規定していたもので、こ

れを承継したのが本条ということになります。また、明治民法1081条ただし書きでは、海軍所属の船舶でない船舶中にある者が遺言をした場合、その確認を裁判所に請求することを要するとされており、これを承継したのが本条の5項ということになります。また、本条の2項は、口のきけない者の特則であり、これは、通常の死亡危急時遺言を定める976条2項と同様、平成11年の改正によって付け加えられたものです。

3　実務の運用

本条も、どの程度の実例があるのかは分かりません。船舶が遭難して転覆し、遺言者が死亡する状況下において、遺言書だけが無事に関係者の手に渡るということはあまりないかもしれませんが、防水の袋に入れて、生き残った人の手に託され、20日以内に家庭裁判所に確認申請がされる状況があれば、ありうると考えられます。司法統計年報によると、平成27年の本条と通常の死亡危急時遺言（976条）の場合との両方の遺言確認件数の合計は、976条の3でも触れたように144件あり、毎年100件前後で推移していますが、976条と本条とを区別した統計は公表されていませんので、どの程度あるのか分かりません。私が家庭裁判所に在勤中は、通常の死亡危急時遺言は何度か実例がありましたが、本条の遺言確認事件は経験がありません。かなり少ないのではないかと推測されます。なお、本条も、普通遺言ができるようになってから6か月以上遺言者が生存した場合、その効力を失うことになります（983条）。

980条（遺言関係者の署名及び押印）
　第977条及び第978条の場合には、遺言者、筆者、立会人及び証人は、各自遺言書に署名し、印を押さなければならない。

1　本条の趣旨

本条は、伝染病隔離者の遺言（977条）の場合及び在船者の遺言（978条）の場合において、遺言者、筆者、立会人及び証人がそれぞれ遺言書に署名、押印

をすることが必要であることを規定したものです。筆者というのは、この2条の場合、遺言者が遺言書を作成するにおいては、自筆でなくてもよく、他の人に手書きをしてもらってもよく、また、ワープロを打ってもらってもよいので、実際に手書きをしたり、ワープロを打ったりした人を筆者として、その署名、押印も必要であることを意味しています。

2 立法の経緯

本条は、明治民法1082条を承継したものです。同条では、1077条（伝染病隔離者遺言）、1078条（従軍中の軍人及び軍属の遺言）、1080条（在船者の遺言）が含まれていましたが、戦後の改正で、1078条は承継されませんでしたので、1077条と1079条の場合だけが承継されています。

3 実務の運用

原則として、自分で署名（自筆）する必要があります（例外は次条）。押印は、原則として自分の印であることが必要ですが、戦前の裁判例では指印でもよいとしたものがあります。

981条（署名又は押印が不能の場合）
　第977条から第979条までの場合において、署名又は印を押すことのできない者があるときは、立会人又は証人は、その事由を付記しなければならない。

---

1 本条の趣旨

本条は、伝染病隔離者の遺言（977条）、在船者の遺言（978条）、船舶遭難者の遺言（979条）の場合、署名、押印を必要とする者のうち、署名又は押印ができない者があるときは、立会人でも、証人でもよいので、その事由を書くことができる人が付記しなければならないこととしたものです。一般に署名、押印をするのは、その遺言者であるときは、自分自身が、筆者、証人、立会人の場合は、遺言者が、その真意に基づいて、その遺言書を作成したことを担保す

るもので、署名、押印がないと、その確認をしたのかどうか分かりません。しかし、これらの遺言では、遺言者自身が署名できなかったり、署名できる適切な証人、立会人がいるとは限りませんので、その場合には、署名、押印できない理由が、本人の真意でないから署名押印できないのではなく、真意の確認はできているが、別の事情があって、署名押印できないということをその立会人又は証人が付記することで、真意確認がされていることを担保しようとするものです。したがって、理由の記載がないと、真意ではないから署名押印ができないのだとも考えられ、そうすると必要な証人、立会人の署名がある場合と同視することはできないので、方式の不備として無効になると解されます。

2 立法の経緯

本条は、明治民法1083条を承継したものです。同条では、1077条から1081条までの5条について同様の規定を置いていましたが、1078条は従軍中の軍人及び軍属の場合、1079条は従軍中に死亡の危急の迫った軍人等の場合です。戦後、これらは削除されたので、伝染病隔離者（1077条）、在船者（1080条）、船舶遭難者（1081条）の3条の場合だけ承継されたものです。

3 実務の運用

実際に、どのような理由で署名又は押印ができないのかは、ケースバイケースで具体的には千差万別だろうと思われます。筆記用具はあるけれども、朱肉やインクなど押印を可能にするものがないため、押印できないという場合には、そういう理由を付記して押印ができないことを記載することになるでしょう（ただし、関係者の少なくとも一人は署名、押印が必要という学説もあり、もしそのような解釈だとすると、そのような場合、遺言ができないことになります）。

982条（普通の方式による遺言の規定の準用）
　第968条第2項及び第973条から第975条までの規定は、第976条から前条までの規定による遺言について準用する。

第7章　遺　言（960条〜1027条）

1　本条の趣旨

　本条は、自筆証書遺言における加除その他の変更の規定（968条）、成年被後見人の遺言に関する規定（973条）、証人及び立会人の欠格事由に関する規定（974条）、共同遺言の禁止規定（975条）について、これを特別方式の遺言である976条から981条までの遺言について、準用するという規定です。いずれも、特別方式が必要となる事情のある場合の遺言書であることを考えても、なお、遺言が遺言者の真意に出たものであるかどうかを明確にするために必要とされることから、準用されています。もっとも、特別方式は、公証人が関与できない場合の方式ですから、欠格事由のうち公証人の関係者（974条3号）については、準用の必要はありません。

2　立法の経緯

　本条は、明治民法1084条を承継したものです。同条は、自筆証書遺言における加除その他の変更の規定（1068条2項）、禁治産者の遺言に関する規定（1073条）、証人及び立会人の欠格事由に関する規定（1074条）、共同遺言の禁止規定（1075条）について、これを特別方式の遺言に準用するというもので、その趣旨は同じです。

3　実務の運用

　成年被後見人の医師2名立会の規定は、特別方式の遺言が可能となるケースではなかなか要件を充たすのは難しいのではないかと思われ、少し要件を緩和する必要があります。

983条（特別の方式による遺言の効力）
　第976条から前条までの規定によりした遺言は、遺言者が普通の方式によって遺言をすることができるようになった時から6箇月間生存するときは、その効力を生じない。

1 本条の趣旨

本条は、特別方式による遺言の効力についての規定であり、特別方式による遺言者が普通方式の遺言ができるようになったときから、6か月間生存していれば、その効力は生じないものとされます。

2 立法の経緯

本条は、明治民法1085条を承継したもので、その立法趣旨も特に変更はありません。梅・民法要義巻之5・315頁以下は、次のように説明しています。特別方式は、みな急迫やむを得ない場合に簡易の方法によるものであるが、遺言に錯誤、詐欺などの危険がある上から論じれば、普通方式には及ばない、だからもし遺言者が直ちに死亡せず、普通方式によることができるようになれば、例えば病気が治って自筆証書、公正証書又は秘密証書を作ることができるようになり、または、交通遮断が解かれ、船が港に戻ったら、更に普通方式により遺言をすべきであるとする。ただ、直ちに普通方式の遺言をしろと言っても難しいので、6か月の期間を与え、普通方式の遺言ができるようになって6か月生存するときは、特別方式による遺言は効力を失うものとし、故に遺言者の意思が変更しないのであれば、更に普通方式で同じ遺言をすべきである。

3 実務の運用

要するに特別方式の遺言は、普通遺言ができない場合に特別に簡易に認められたものだから、普通方式の遺言ができるようになれば、改めて普通方式の遺言をするように求め、6か月間しないで、生存していれば、これによって自動的に特別方式の遺言は効力を失うこととしたものです。ここで効力を失うというのは、遺言として無効だということで、死亡しても遺言としての効力が発生しなくなるという趣旨です。

第7章 遺 言（960条〜1027条）

> 984条（外国に在る日本人の遺言の方式）
> 　日本の領事の駐在する地に在る日本人が公正証書又は秘密証書によって遺言をしようとするときは、公証人の職務は、領事が行う。

1　本条の趣旨

　本条は、外国にいる日本人が公正証書遺言又は秘密証書による遺言をしようとした場合について規定をしたものです。外国には日本の公証人がいませんから、これらの遺言をしようと思うと、特別な規定がないとできないことになりますので、公証人に代わり、その国に駐在する日本国の領事が公証人の職務を行うことができるとしたものです。したがって領事が駐在する国でなければできないことになります。他方、日本人がその国で公正証書遺言や秘密証書遺言を領事の前で行う場合、日本人はそこに居住している必要はなく、その地に滞在していれば可能です。

2　立法の経緯

　本条は、明治民法1086条をそのまま承継したもので、その立法趣旨も変わりありません。本条は、普通方式の遺言に関する規定だと言えるが、公証人が行うべき職務を領事が行うので、この点について普通方式と異なるので、特別方式の中に収めたと言われます（梅・民法要義巻之5・317頁）。

3　実務の運用

　実際に領事が公証人の代わりになって、どの程度、遺言公正証書又は秘密遺言証書が作成されているのかは定かではありません。
　領事には、総領事、領事、副領事、代理領事がおり、いずれも領事の職務を行っていることから、いずれの領事でも差し支えないでしょう。ただし、名誉総領事は実務を行っていないということで、除かれるものと思われます。

第3節　遺言の効力

> 985条（遺言の効力の発生時期）
> 1　遺言は、遺言者の死亡の時からその効力を生ずる。
> 2　遺言に停止条件を付した場合において、その条件が遺言者の死亡後に成就したときは、遺言は、条件が成就した時からその効力を生ずる。

1　本条の趣旨

本条は、遺言の効力発生時期について規定をしたものです。原則として、いつでも遺言を撤回することができますから、遺言が効力を発生すれば何らかの権利者になることができる者も、遺言者が死亡するまでは、何の権利もないと考えられています。2項は、1項の特則規定であり、遺言に停止条件が付された場合において、その条件が遺言者が死亡したときに成就していない場合には1項の効力が生じないで、条件が成就したときからその効力が生じるとしたものです。遺言書でできる行為にはいろいろありますが、そのすべてに停止条件をつけることができるわけではありません。停止条件は条件が成就したときに効力が生じますから、本条があってもなくても、同様の結論になりますが、本条2項は、遺言に停止条件をつけることができ、その法的効果は、通常の停止条件と同じく、条件成就のときであることを明らかにした点に意義があります。

2　立法の経緯

本条は、明治民法1087条をそのまま承継したものです。その立法の趣旨について、梅・民法要義巻之5・318頁以下は次のように説明しています。

すなわち、遺言は、遺言者の最後の意思であり、その効力が死亡の後に生じるとするのは各国皆そうであるが、遺言者の死亡の時に生じるとするのか、遺言によって利益を受ける者が承認をしたときに効力が生じるとすべきかは、大いに考える価値のあることである。相続の場合は、相続の開始の時に効力が生じる。これはそうしないと一時権利義務の主体を失うことになるからである。

これに対し、遺言の場合、遺贈以外はいつ効力が生じないといけないというわけではなく、遺贈の場合は、一旦相続人に権利が帰属し、受遺者が承認したときにその所有に帰するとしても法理上支障はない。その一方で、遺言により利益を受ける者が自分の知らない間に権利又は義務者となるというのはとても当を得ないもので、特に遺言者は受遺者に対し、何ら権力を有しないのに遺言者の意思で法律上拘束を受けるようなことは、従来、何の関係もなかった受遺者にとっては、迷惑だといわなければならない。だから、遺言はむしろ受遺者が承認をしたときからその効力が生じるものとするのが妥当であるようにみえる。しかし、退いて考えると、遺言者の意思は、自己の死亡の時より直ちに効力を生じさせるというところにあり、そうでなくても、これに期限や条件を付することができる、だから、何らの期限条件を付さないときは、遺言者の死亡の時に効力が生じると欲したものと推測せざるを得ない。受遺者には迷惑な場合がないわけではないが、概して受遺者に利益になることが多い。もし、その利益を受けることを欲しなければ、何時でも放棄できるから、純理上、拘束を受けるようにも見えても、実際には拘束を受けないことに帰する。これに反して、もし、遺言が承認の時に初めてその効力が生じるとすれば、その間に遺言の目的から生じた利益はみな相続人に帰し、そのために受遺者の利益を害することが多いであろう、甚だしい場合には、相続人がその間に遺言の目的を処分したときは、処分を有効と見なさないわけには行かない。故に外国においても大抵遺言の効力は、遺言者の死亡の時から生じるとしている。遺贈以外の遺言については、例えば私生子の認知は出生の時に遡って効力を生じるし、廃除の意思表示は、死亡の時に効力が生じるが、廃除の効果は裁判所の判決が確定したときに生じ、その効力を死亡の時に遡及させている等々。

　また、遺言に期限や解除条件を付した場合は、死亡時に効力を生じさせてよいが、遺言に停止条件がある場合は、その効力を遺言者死亡の時に遡らせることができないというわけではないものの、本条2項では、通則に従い、条件成就の時に効力が生じるものとした。というのは、停止条件の効力を既往に遡らないものと定めた以上（127条）、遺言についてだけ反対の主義を採用する理由がない。だから、この場合、条件成就の時からその効力が生じるものとした。この条文がなくても通則の当然の結果である。

以上の立法趣旨の説明は、現在の本条の解釈においても妥当すると考えられます。

3 実務の運用

以上のとおり、遺贈に関しては、停止条件が付されていない限り、遺言者の死亡により、効力が生じるから、遺贈目的物について果実が生じるなら、遺言者死亡後の果実は受遺者に帰属するし、目的物の所有権も、特定物であれば、遺言者死亡の時に移転することとなります。遺贈も遺言者の意思表示によって生じる物権変動ですから、遺贈の効果が生じた後は、登記をしなければ、第三者に対し遺贈によって権利を取得した旨を主張できなくなります（最判昭和39年3月6日民集18巻3号437頁、百選73）。ただし、「相続させる」旨の遺言については、原則として、遺贈であるとは解されず、特定人に特定の遺産を帰属させる効果を生じさせるもので、遺産分割方法の指定であり、他の相続人の法定相続分を差し押さえた債権者に対し、登記なくして対抗できるとされています（最判平成14年6月10日家月55巻1号77頁、百選74）。

コラム⑩　遺言による権利承継と対抗要件

一般に共同相続人が相続をした場合、共有関係となりますが、この取得については、当然承継であって、その共有持分に関しては、登記をしなくても第三者に権利を主張できると解されています（最判昭和38年2月22日民集17巻1号235頁）。これに対し、遺産分割によって法定相続分と異なる権利を取得した場合には、新たな物件変動があったものとして、登記をしなければ対抗できないと考えられています（最判昭和46年1月26日民集25巻1号90頁）。また、遺贈の場合、死亡を不確定期限とする贈与と考えられ、したがって意思表示による物件変動であり、登記がなければ第三者に対抗できないと解されています（最判昭和39年3月6日民集18巻3号437頁）。

これらは、判例法理によるものであり、民法上の規定はありませんし、不動産以外の債権等の物件変動をどう理解すべきか、また、債務の承継の場合はどうかなどについては、必ずしも明確ではありません。

中間答申では、この点に鑑み、まず、遺贈や相続分の指定（相続させる旨の遺言など）により、法定相続分を超える遺産を取得した場合、登記、登録等第三者

に対する対抗要件を取得しないと第三者に対抗できないことを明文で規定するものとしています。また、債権の帰属の変動についての対抗要件については、法定分割と異なる債権の帰属が示されている場合には、相続人全員又は遺言執行者による債務者への通知又は債務者の承諾が対抗要件となり、債務者以外の第三者に対しては、確定日付のある証書によるべきこととするとされています。また、可分債務を承継した場合には、相続分の割合で承継し、相続分の指定又は包括遺贈により承継した場合、各相続人の負担部分は、その承継割合による旨を定めています。

　一般に指名債権譲渡の対抗要件は、債権者からの通知又は承諾とされていること（467条）、相続分の指定又は包括遺贈により権利を承継した者は、その割合で債務も承継するものと考えられていること、可分債務の承継については、可分債権と同様、法律上当然に分割されると考えられていることなどからすると、以上の中間答申の内容は、いずれもこれらの現行法の解釈を前提としており、これらの解釈を明文化するものということができます。

986条（遺贈の放棄）
1　受遺者は、遺言者の死亡後、いつでも、遺贈の放棄をすることができる。
2　遺贈の放棄は、遺言者の死亡の時にさかのぼってその効力を生ずる。

1　本条の趣旨

　本条は、受遺者の遺贈を放棄する権利について規定をしています。もとより受遺者には、遺言者の意思に拘束される理由はなく、遺言の効力は死亡により一旦生じて、受遺者に対し権利移転の効力が生じますが、これを放棄するのは受遺者の自由です。しかし、そうすると、放棄するまでは受遺者として権利を取得したことになってしまうので、放棄の効力は遺言者の死亡の時に遡り、最初から受遺者として扱わないこととしたものです。なお、包括受遺者については、相続人と同一の権利又は義務を持ちますから、いつでも好きな時に放棄するか、承諾するかを決めることができるとするわけにはいきませんから、本条は特定遺贈についてのみ、適用され、包括遺贈の場合には、相続人の承認、又

は放棄の手続によるべきであると解されています。包括遺贈にも適用されるとする考え方もありますが、相続債務も承継していることを考えると、権利関係を明確にするため、包括遺贈の場合は含まないと解するのが相当ではないかと考えられます。

2 立法の経緯

本条は、明治民法1088条をそのまま承継したものです。立法趣旨にも変更はありません。梅・民法要義巻之5の同条の解説では、これに包括遺贈が含まれるか特定遺贈だけなのかは明言をしていません。

3 実務の運用

本条が包括遺贈を含むか否かに関して、これを否定した裁判例（東京地判昭和55年12月23日判時1000号106頁）があります。また、家庭裁判所の実務では、包括受遺者から相続放棄の申述の申立てがあれば、相続人に準じて、その申述を受理しています。

遺贈の放棄は、何時でもできると解されていますが、一部の放棄もできると解されています。例えば、遺贈されたものの一部を取得するだけの遺産分割協議を成立させた場合には、その余の部分の存在を知りながら、行われたものである限り、一部を放棄したものと認定した裁判例（東京地判平成6年11月10日金法1439号99頁）があります。誰に対して意思表示をすれば、放棄の効力が生じるのかという問題があります。遺贈義務者は遺贈を受けていない相続人であり、相続人の誰か1人に対し放棄する旨の意思表示をすれば、遺贈の放棄の効果が発生すると解釈できるでしょうし、遺言執行者から遺贈の目的物の取得を求められ、これを拒めば、遺贈を放棄したと解釈されることになるでしょう。いずれにしても、放棄の方法や時期については何らの規定もありませんから、意思解釈の問題になります。

第7章　遺　言（960条～1027条）

> 987条（受遺者に対する遺贈の承認又は放棄の催告）
>   遺贈義務者（遺贈の履行をする義務を負う者をいう。以下この節において同じ。）その他の利害関係人は、受遺者に対し、相当の期間を定めて、その期間内に遺贈の承認又は放棄をすべき旨の催告をすることができる。この場合において、受遺者がその期間内に遺贈義務者に対してその意思を表示しないときは、遺贈を承認したものとみなす。

1　本条の趣旨

本条は、遺贈義務者らの受遺者に対する遺贈の承認又は放棄についての催告権を規定しています。受遺者は、いつでも放棄できるとされていることから、遺贈義務者や利害関係人にとっては、その受遺者が遺贈を承認するのか放棄するのかはっきりしなければ、法律関係が確定せず、不安定な地位に立たされることになりますから、遺贈義務者や利害関係人に催告権を与えて、一定期間内に確答がなければ、遺贈を承認したという法律効果を発生させることを認めたものです。前条で述べたとおり、包括受遺者は、相続人と同視される結果、自分が包括受遺者となったことを知った時から3か月間は、放棄するか否かを決めることができますから、本条は特定遺贈の場合に適用されると解されます。

2　立法の経緯

本条は、明治民法1089条をそのまま承継したものです。その立法趣旨も同じです。

3　実務の運用

本条の催告は、遺贈義務者ではなく、利害関係人でもできることになっています。しかし、受遺者の放棄するか承認するかの意思表示は、遺贈義務者に対して行う必要があります。催告の効果は、確答がないことによって承認とみなされることです。この効果は、催告したものだけではなく、すべての遺贈義務者及び利害関係人に及びます。なお、利害関係人が催告する場合、遺贈義務者に催告したことを伝えておかないと、遺贈義務者としては、特定受遺者から返

事がくることを予想していないので、意思表示を受領する機会を逸するおそれもあり、また、確答したのかしないのか、催告した利害関係人には分からなくなってしまうおそれがあります。したがって利害関係人としては、遺贈義務者に催告した旨を伝えておき、受遺者に対しては、一定期間内に特定の遺贈義務者に承認するか放棄するか、意思表示をするよう催告し、いずれの意思表示もない場合、遺贈を承認したものとみなされる旨を伝える必要があります。

　受遺者は、承認するか放棄するかの判断のできる能力を具備している必要があります。したがって、未成年者の場合は、法定代理人に対し催告する必要がありますし、成年被後見人の場合は、成年後見人に対し催告する必要があります。

> 988条（受遺者の相続人による遺贈の承認又は放棄）
>   受遺者が遺贈の承認又は放棄をしないで死亡したときは、その相続人は、自己の相続権の範囲内で、遺贈の承認又は放棄をすることができる。ただし、遺言者がその遺言に別段の意思を表示したときは、その意思に従う。

1　本条の趣旨

　受遺者は遺贈の承認も、放棄もできますが、いずれもしないまま死亡をした場合、この受遺者の持っている承認するか、放棄するかを決める地位をそのまま承継することになります。相続人が複数いれば、自己の相続分割合の範囲内で決めることができるというのが本条の趣旨です。これに対し、遺言者は遺言において異なる意思表示をすることができます。その場合は、遺言者の意思表示に沿った法律効果が発生することになります。

2　立法の経緯

　本条は、明治民法1090条をそのまま承継したものであり、その立法趣旨についても変わりはありません

3　実務の運用

　これは単純なように見えて、実は実務的にはなかなか難しい問題です。まず、受遺者の相続人は、本来の受遺者の相続を放棄するか、承認するかを、自分が相続人になったことを知ってから3か月以内に意思決定することができ、その間に相続放棄をすれば、相続しなかったものと見なされます。他方、受遺者が遺贈を受けた者であり、遺贈義務者から遺贈を承諾するか否かの催告を受けていたことを知ったとします。そして、その期間が1か月であったとします。そうすると、本来の受遺者の相続を放棄するか否かを決定する前に、遺贈を承諾するか否かを決めなければならないことになります。その際、確答しなければ、法定単純承認をしたことになり、同時に受遺者としても遺贈を受けることを承認したとみなされるのでしょうか。それとも、単純承認とはならず、その後、放棄すれば、承認の効果は遡及的に消滅することになるのでしょうか。あるいは、相続放棄ができる間は、催告期間は経過せず、相続を承認したときから、催告期間が進行を開始すると解されるのでしょうか。そもそも受遺者を相続しなければ、催告に応じる資格もないことを考えると、受遺者を相続してから、催告期間が進行すると解した方が、複雑な法律関係を生じさせずに済むように思われます。しかし、多数説は、自己のために相続が開始されたことを知り、被相続人に催告があったことを知った時から起算されると解していると言われています（基本法コメ相続179頁）。もし、そうだとすると、催告期間満了後に相続を放棄することもあり得るのであり、催告に対して意思表示をしなかったことが遺贈の承認になり、ひいては相続の承認になるとすると、放棄ができなくなることになります。そもそも相続放棄をするから、催告に応じる義務がないと考えて回答しなかったら、遺贈はもちろん、相続も承認したものとみなされてしまったというのでは、通常の予測に反することであり、疑問があります。もちろん相続を放棄しますので、催告に回答することはできませんと遺贈義務者に伝えれば、987条の承認の効果は発生しませんから問題ないのですが、通常、相続を放棄しようと考えている人は、遺贈にも関心がありませんから、催告に応じなかった場合でも、その後、相続自体を放棄すれば、987条の効果は発生しないと解すべきでしょう。

> 989条（遺贈の承認及び放棄の撤回及び取消し）
> 1　遺贈の承認及び放棄は、撤回することができない。
> 2　第919条第2項及び第3項の規定は、遺贈の承認及び放棄について準用する。

1　本条の趣旨

　本条は、遺贈の承認又は放棄は、撤回することができないことを明らかにしたものです。他方、総則編及び親族編の規定により、無効、取消原因がある場合には、その適用により、無効又は取消しとなることは妨げられないこと（919条2項の準用）、しかし、取り消すかどうか不分明であると、遺贈の効果が生じるかどうかが不分明となることから、追認ができるようになってから6か月が経過したときは、時効により消滅すること、遺贈の承認又は放棄をしてから10年が経過したときも、取消権は消滅すること（919条3項の準用）を明らかにしたものです。基本的には、相続の承認又は放棄の撤回と取消しの可否について定めた919条と同様に解されることになります。ただし、相続の放棄の取消しと異なり、遺贈の放棄の取消しの場合、家庭裁判所への申述は不要です（919項4項の不準用）。

2　立法の経緯

　本条は、基本的に明治民法1091条を承継したものです。すなわち、明治民法では、「1　遺贈ノ承認及ヒ放棄ハ之ヲ取消スコトヲ得　2　第1022条第2項ノ規定ハ遺贈ノ承認及ヒ放棄ニ之ヲ準用ス」と規定されており、これがそのまま戦後承継されてきました。そして、平成16年法律第147号によって、本条1項についても、919条1項についても、「取消し」とされていたものを「撤回」に改め、また、919条2項が改正され、2項の次に3項を加えたことから、本条2項でも、919条2項の他に3項も準用することになったものです。準用規定の内容は、総則編及び親族編の規定による取消しはできること、その取消権は追認できる時から6か月経過することで時効消滅し、また、承認又は放棄の時から10年間経過したときも消滅することであり、明治民法以来、内容に変化はありません。明治民法1022条の2項の本文とただし書きが、現在の

919条の2項と3項に分けて記載されただけです。

3　実務の運用

　明治時代から、解釈に変更はありません。いずれも撤回はできないが、一般の意思表示の原則により取消しは認められるとするものです。そして早期に権利関係を確定させるため、取消権の時効期間を6か月に制限したものです。

> 990条（包括受遺者の権利義務）
> 　包括受遺者は、相続人と同一の権利義務を有する。

1　本条の趣旨

　本条は、包括受遺者は、相続人と同一の権利義務を有する旨を定めたものです。包括遺贈というのは、遺言者の積極財産、消極財産の全部または双方を含めた割合的一部を遺贈するもので、その内容においては、相続人の権利義務と大きな違いはありません。そこで包括受遺者は、相続人ではないものの、相続人と同一の権利義務を有するものとしたのです。

2　立法の経緯

　本条は、明治民法1092条をそのまま承継したものです。本条の立法趣旨について、梅・民法要義巻之5・340頁以下は、次のように説明しています。立法論としては議論があるが、わが立法者は、本条の規定をもって妥当だとした。それは、包括受遺者とは遺産の全部又は何分の1を遺贈として受けるべき者で、遺留分権利者がない場合、絶対包括の受益者、遺産全部の受遺者であり、或いは遺産の何分の1の受遺者である。然るに遺言者がその遺産の全部又は何分の1を遺贈すべき旨を定めた場合、必ず資産と負債とを合わせて、これを遺贈する意思を有するものというべきである。そうでなければ、全財産、全財産の何分の1とは言えない。特に遺留分権利者がある場合、その者の受けるべき部分と受遺者の受けるべき部分との関係において、負債も受遺者が一部負担するの

でなければ、頗る不均衡が生じるおそれがある、あるいは、遺留分権利者がその遺留分の全部を受けるように見えるが、実際は、そうでない場合を生じることなしとしない。そして、一旦、遺言者、受遺者、相続人の間で、受遺者が負債の一部を負担すべきものとする以上、他の利害関係人、殊に債権者及び債務者に対しても、また同一の効力を認めるのでなければ、遺言者の意思も貫徹することができず、相続人又は受遺者も損害を受けることがあるべきだから、特にこれを相続人と同一視した。殊に遺産全部の遺贈をした場合、もしその受遺者が債権者に義務を負担するとしなければ、名義上、相続人は一銭の財産を受けずして、ただ債務のみを負担するに至るべく、不当である。そこで包括受遺者を相続人と同視することとしたのである。

3 実務の運用

包括受遺者は、相続人と同じく遺言者が有していた権利と義務を承継しますが、相続人になるわけではありませんから、代襲相続は生じません。また、相続分を相続人の1人が譲渡した場合、他の相続人は、これを取り戻すことができますが、包括受遺者にはできません。また、包括受益者の権利取得は、遺言者の意思表示によるものですから、第三者に自己の権利を主張するためには、登記が必要です。他方、包括受遺者は、その共有持分を単独で取得するためには、他の相続人との間で遺産分割の手続が必要になります。また、遺産全部の包括遺贈を受けた者がいる場合には、相続人不存在にはならないと解されています（最判平成9年9月12日民集51巻8号3887頁参照）。

> **991条（受遺者による担保の請求）**
> 　受遺者は、遺贈が弁済期に至らない間は、遺贈義務者に対して相当の担保を請求することができる。停止条件付きの遺贈についてその条件の成否が未定である間も、同様とする。

第7章　遺　言（960条〜1027条）

1　本条の趣旨

　本条は、受遺者の担保請求権について規定をしたものです。遺贈に期限が付されている場合、受遺者は直ちに遺贈義務者に対し、その弁済を求めることができません。しかし、期限が到来するまでの間に相続財産が処分されるなどして、遺贈義務者が無資力になってしまうと、弁済期が到来した時に弁済を受けることができなくなってしまいます。そこで、このような受遺者の地位を保護するため、受遺者から遺贈義務者に対し担保の請求ができることとしたものです。このことは、遺贈に停止条件が付されており、その条件が直ちに成就する見込みのない場合も、同様の危険があるので、その場合も担保を請求できることとしたものです。

2　立法の経緯

　本条は、明治民法1093条をそのまま承継したものです。特に立法趣旨にも変更はありません。

3　実務の運用

　本条には、担保を請求できるとあるだけで、どのような担保を請求できるのかについては何も規定がありません。そもそも請求の趣旨に担保を提供せよと記載し、そのとおりの判決ができるかとなると、これでは請求内容が全く特定されていませんから、強制執行も不可能であり、判決することはできません。それでは、遺産である不動産に、受遺者のため、遺贈を受けた金額を被担保債権として、抵当権を設定し、かつ、抵当権設定登記手続をせよという判決を求めることができるだろうか。その場合、遺贈義務者は、同程度の担保価値のある担保を提供することによって、当該請求を排除できるだろうか。また、特定物の場合、始期付き所有権移転請求権を保全するための仮登記（不動産登記法105条2項）ができるだろうかなど、現実にどのような請求が可能なのかと考えると問題が多い。実体的権利の担保請求権の存在を前提として、具体的にどのような内容の担保が相当かは、非訟手続である審判事項として家庭裁判所に請求できるとした方が実際的であるように思われます。また、処分されて無資力になる危険があるのであれば、密行性のある保全手続によらないと実効性に

欠けるおそれがあります。

> 992条（受遺者による果実の取得）
> 　受遺者は、遺贈の履行を請求することができる時から果実を取得する。ただし、遺言者がその遺言に別段の意思を表示したときは、その意思に従う。

1　本条の趣旨

　本条は、受遺者による果実の取得権について規定をしています。遺贈の効果は、遺言者の死亡によって生じますから、受遺者は、原則として、遺言者死亡の時から果実を取得することができると解されています（学説上争いがあります）。ただし、始期又は停止条件が付されている場合、期限到来又は条件成就の時から果実を取得することができます。天然果実（栗の木の栗など）、法定果実（家賃や利息など）の双方を含むと解されています。

　遺言者がこれと異なる意思を、遺言書の中に表示していた場合は、その意思に従うことになります。「その遺言」とあるので、厳密には、同じ遺言書の中に記載されている必要がありますが、遺贈の遺言をした後、別の遺言書に果実取得権の内容についてのみ、追加の遺言書を作成した場合も含まれると解してよいでしょう。遺言書に記載される必要がありますが、一通の遺言書に記載されていなければ無効だとする理由はないからです。

2　立法の経緯

　本条は、明治民法1094条をそのまま承継したものです。梅・民法要義巻之5・344頁は、本条の果実取得権の適用については、果実を生ずべき物の所有権、地上権、永小作権または利息付債権などに限るべきだとしています。また、別段の意思の例として、遺言者は、その死亡の時より受遺者に果実を取得させようと欲することもあるだろうし、または、遺贈の目的物の引渡までは相続人その他遺贈義務者をして果実を取得させようと欲することもあるだろう（旧民法392条1項は、受遺者が遺贈物の引渡を要求した時より果実を取得するとしていた）

と記載しています。

3　実務の運用

　本条の素直な解釈からすると、通常、死亡の時から遺贈の履行を請求することができますから、やはり、死亡の時から果実取得権があるということになりそうですが、しかし、死亡の時に遺贈義務者が遺言があることを知っているか分かりません。既に相続人など遺贈義務者が果実（利息など）を費消して相当期間経過してから、突然、遺言書が出てきて、それまでの利息を支払えと言われると予期に反する場合が出てきます。受遺者としては、特段の事情がなければ、遺贈の事実を知って請求したときにその後の果実を請求できると規定した方が実際的ではなかったかと考えられます（その点では、旧法の規定の仕方の方が遺言者の通常の意思に合致するようにも思われます）。遺贈義務者が善意で果実を取得した場合は、善意占有者の果実取得権の規定（189条1項）に基づき果実を取得できると解する見解や善意の不当利得者の規定（703条）に準じて現存利益を返還すればよいとする見解などがあることから分かるように、遺言者死亡の時からにすると、遺贈義務者が遺言を知らなかった場合など、紛争の発生を引きおこす懸念があり、そのような紛争を生じさせるような遺言をすることが通常の遺言者の意思だと立法するのは、あまり望ましいことではなく、もう少し合理的な意思を原則規定とする必要があるでしょう。

　そうは言っても、実際にこの果実取得権を巡って、相続人と受遺者との間で紛争になることはあまりないようであり、遺言の趣旨から株式等及びその果実である株式の配当を遺贈する趣旨であるとされた事例（大判大正6年12月12日民録23輯2090頁）があるほかは、見当たりません。

993条（遺贈義務者による費用の償還請求）
1　第299条の規定は、遺贈義務者が遺言者の死亡後に遺贈の目的物について費用を支出した場合について準用する。
2　果実を収取するために支出した通常の必要費は、果実の価格を超えない限度で、その償還を請求することができる。

1　本条の趣旨

　本条は、前条の果実取得権が受遺者に帰属することも踏まえて、遺贈の目的物について遺贈義務者が費用を支出した場合の償還請求権について規定をしています。遺贈義務者が遺言者の死亡後に遺贈の目的物について費用を支出した場合、留置権者が留置物について必要費または有益費を支出した場合の規定である299条を準用していますので、まず、必要費と認められるものは全額について償還義務があります（同条1項の準用）。また、有益費についてはこれによる価格の増加が現存する場合に限り、受遺者の選択に従い、その支出した金額または増加額を償還する義務がありますが、裁判所は、受遺者の請求により、その償還について相当の期限を許与することができる（同条2項の準用）ことになります。

　また、果実を収取するために支出した通常の必要費については、その果実の価格を超えない限度で、その償還を請求することができます。特に始期や終期の記載はありませんが、遺贈義務者が遺言者の死亡の時から遺贈の目的物を管理して必要費用を支出している場合、遺言者死亡の時から、目的物を引き渡すまでの必要費を償還請求できると考えられます。期限や停止条件が付されている場合は、果実取得権も期限の到来または停止条件成就の時から受遺者に帰属するので、その後の必要費ということになります。これは通常の必要費であり、特段の事情があり、遺贈義務者としても、やむを得ない支出であったという場合には果実の価格を超えることも認められることになります。通常、果実取得のための費用が果実の価格を超えれば、その果実を放棄することもできるので、その段階で過分の費用を支出してまでその果実の取得を希望するか受遺者に確認し、不要であれば果実を放棄するのが合理的な選択ではないかと思われます。

2　立法の経緯

　本条は、明治民法1095条をそのまま承継したものです。立法趣旨にも変化はありません。

3　実務の運用

　有益費の支出について、支出額か増加額からの選択権が遺贈義務者にあるか

受遺者にあるかについて学説は分かれているようですが、299条が留置権者ではなく所有者に選択権があると規定していること、同じ所有者に裁判所に対する期限許与請求の権利を与えていることからすると、同条の所有者は、本条の受遺者と読み替えるのが正しい準用だと考えられます。梅・民法要義巻之5・345頁も受遺者の選択に従うとしています。言い換えれば、増加額というのは、客観的評価が難しいものですから、受遺者において、現実の支出額よりも増加額が大きいと判断すれば、現実の支出額を償還することでよいし、増加額が支出額を下回ると考えれば、増加額を選択できると解されます。増加額に争いがある場合、どちらに主張立証責任があるでしょうか。受遺者が増加額を選んだ以上、それが現実の支出額を下回るとの立証ができなければ、現実の支出額を負担すべきことになるでしょう。遺贈義務者に増加額が支出額を下回ることを立証する利益は何もないからです。

994条（受遺者の死亡による遺贈の失効）
1　遺贈は、遺言者の死亡以前に受遺者が死亡したときは、その効力を生じない。
2　停止条件付きの遺贈については、受遺者がその条件の成就前に死亡したときも、前項と同様とする。ただし、遺言者がその遺言に別段の意思を表示したときは、その意思に従う。

1　本条の趣旨

本条は、受遺者が遺言者よりも先に死亡した場合の効力について規定をしたものです。通常、遺言者は、受遺者が相続人であっても、そうでなくても、その者に遺贈をしたいという趣旨で遺贈を行うものですから、遺言者の通常の意思としては、もし、受遺者が遺言者よりも先に死亡したならば、遺贈をしないであろうと考えられます。この通常の意思を考慮して、遺言者の死亡以前に受遺者が死亡したときは、その効力を生じないとしたものです。同様に停止条件がある場合も、条件成就以前に受遺者が死亡した場合、結局受遺者本人が遺贈の利益を得ることはないので、その遺贈は効力を生じないものとしています。

なお、「死亡以前」とされていますので、同時死亡の場合も含みます。例えば、一つの危難に遺言者と受遺者が遭遇し、同時に死亡したと推定され、反証がない時は、遺贈の効力は生じないことになります（32条の2）。

本条の趣旨は、公益を図るものでもないし、当事者間の公平を図るものでもなく、もっぱら遺言者の通常の意思を規定したものですから、遺言者が、それと異なる意思をその遺言書に表示している場合には、その意思に従うことになります。

2 立法の経緯

本条は、明治民法1096条をほぼそのまま承継しています。ほぼというのは、戦後しばらくはそのまま承継されていたのですが、昭和37年改正の際、「死亡前」とされていたものが「死亡以前」に改められました。「死亡前」というと、同時死亡を含まない趣旨と理解されるおそれがあったので表記を変更したもので、条文の趣旨を変えたものではなく、疑義をなくすための改正と言ってよいでしょう。

3 実務の運用

死因贈与には遺贈の規定が準用されています（554条）。死因贈与というのは、贈与者の死亡によって効力を生じる贈与契約の一種であり、その性質に反しない限り、遺贈の規定を準用するとされていることから、何が準用されるのか必ずしも明らかではなく、学説・裁判例は分かれています。おそらく、その性質に反するかどうかは、他に何も手がかりがなければ、死因贈与も、通常贈与者の意思は、当該受贈者のみに対するものだと言ってよいかにあるかと思われます。死因贈与をする理由は多様であり、実質は遺産分割の趣旨であるが、相続人の1人が高齢で当該不動産を取得し、同人が亡くなれば若い相続人に死因贈与をしておくということもあります。このような場合、相続されることも念頭にありますので、遺贈と同じように考えることはできません。そうすると、本条の適用場面で、遺贈と同視することはできないように思われます。仮に遺贈と同視されるとしても、2項の準用により、そのようなケースでは、死因贈与契約の解釈として相続されることも予定されていると判断されることになるで

しょう。

　同様に「相続させる」旨の遺言の場合、本条が類推適用されるかについて学説・裁判例とも分かれています。「相続させる」旨の遺言は、特段の事情がない限り、遺産分割方法の指定であり、遺贈ではないと解すべきであるとされており、また、遺贈についての準用規定もないから、類推適用ができるかどうかということになります。これについて学説や裁判例が分かれるということは、遺産分割方法の指定として相続させる場合、遺言者の通常の意思を遺贈と同視することはできないケースが少なからずあることを推測させます。したがって、一律に類推適用されるかされないかと断定するのではなく、事案に応じて解釈するのが相当ではないかと思われます。もっともその場合は、本条の類推適用の問題ではなく、相続させる旨の遺言の解釈問題とした方がすっきりするかもしれません。

> 995条（遺贈の無効又は失効の場合の財産の帰属）
> 　遺贈が、その効力を生じないとき、又は放棄によってその効力を失ったときは、受遺者が受けるべきであったものは、相続人に帰属する。ただし、遺言者がその遺言に別段の意思を表示したときは、その意思に従う。

1　本条の趣旨

　本条は、遺贈がその効力を生じない場合または受遺者が遺贈を放棄することによって、遺贈の効果が失われた場合、遺贈の目的物は、原則として、相続人に帰属することを規定したものです。これは、遺言者の通常の意思を推測した規定ですから、その遺言書に、それと異なる意思が表示されていれば、その意思に従って帰属することになります。なお、本条の相続人に包括受遺者が含まれるか否かについては争いがあります。

2　立法の経緯

　本条は、明治民法1097条をそのまま承継したものです。本条の立法趣旨に

ついて、梅・民法要義巻之5・351頁以下は、次のように説明しています。すなわち、前条の規定により遺贈がその効力を生じることができず、または、受遺者が放棄したことによりその効力が遡及的にないことに至ったときは、遺贈の目的である権利はどうすべきかに関して、二種の主義を取ることができる。第一の主義は、通常の場合は、その理由がないようで、特に特定遺贈のみの場合には、ほとんどこれを適用することができないが、包括遺贈では、一つの遺贈が効力を生じないため、他の遺贈の部分を増加するものとすることができ、特に共同受遺者の1人について遺贈が効力を生じない場合においては、その失効または放棄は他の受遺者を利するものとすべき理由がないわけではない。そしてこれは共同相続人について、1039条について取った主義と権衡を得るもののようである。しかし、そうは言っても、元来遺贈が効力を生じないときは、その遺贈の目的である権利は相続財産に属すべきことはもとよりで、いやしくも遺言者が反対の意思を表示しない限りは、これを相続人に帰属させることが最もその当を得たものであろう。そして共同相続人について1039条2項を採用した主義も、結局、これと異なるところはない。なぜなら放棄をした相続人の相続分は他の共同相続人に帰属するのはそのとおりだが、これはその共同相続人であるがためではなく、単に相続人が1人減少したため、残余の相続人間に分配すべき財産を増加させたに過ぎず、故にむしろ、第二の主義を取ることで、かえって1039条2項の主義に合うものというべきである。これが本条においてこの主義を採用した理由である。ただし、これはもとより公益規定ではないから、もし遺言者が遺言中に別段の意思を表示したときは、その意思に従うべきことはもとよりである。

　ここで明治民法1039条というのは、相続放棄の規定であり、1項は、放棄は相続開始の時に遡ってその効力を生じると規定し、2項は、数人の遺産相続人がある場合において、その1人が放棄をしたときは、その相続分は他の相続人の相続分に応じてこれに帰属すると規定していました。しかし、この当然のことを規定した2項があることで、かえって解釈問題が生じたことから、昭和37年にこれを削除したことは、939条の解説で触れたとおりですが、以上の立法趣旨から考えれば、本条の相続人に包括受遺者が含まれないことは明らかです。

第7章　遺　言（960条〜1027条）

3　実務の運用

　本条の立法趣旨からすると、994条以外の理由で遺言が効力を生じない場合本条に含まれないのですが、条文には何も限定はありません。おそらく遺言書が本人の真意ではないとか、本人の自筆ではないとか、本法が定める方式に従っていないなどの理由で、遺言書それ自体の効力が生じない場合、2項の別段の意思表示だけが有効であると解することはできないので、あくまで同じ遺言書の別段の意思表示は有効であるが、遺贈が効力を生じない場合を想定していると考えられ、そうすると994条以外の理由で遺言が効力を生じない場合というのはあまり考えられず、明治民法の解釈と同様になるものと思われます。しかし、994条以外の理由により、遺言自体が無効の場合も含めて、何らかの理由により無効であり、または遺贈が効力を生じない場合を広く含むと解されているようであり、これには疑問があります。そもそも遺言自体が無効である場合、本条を規定する意味はありません。だからこそ無効とは言わずに、「遺贈が、その効力を生じないとき」（明治民法では「遺贈カ其効力ヲ生セサルトキ」）というように明治民法と全く同じ表現を使っているわけです。どこにも「無効または」とは書かれていないのです。

　包括遺贈を含むかどうかについても、通説は含むとしているとの理解があります。しかし、通常、相続人がいる場合において、複数の包括受遺者に割合的にその一部を帰属させる遺贈を行う場合、それぞれの割合がその包括受遺者にふさわしいと考えて、本来は相続人に帰属すべき遺産を受遺者に帰属させているわけですから、相続人に相続させたくないので、複数の相続人以外の者に遺産の全部を分割して帰属させる遺贈をするような特別の場合を除けば、1人の包括受遺者がその相続分を放棄すれば、これを別の包括受遺者にも帰属させるのが通常の遺言者の意思だと推測することはできません。むしろ、包括受遺者を排除し、相続人に帰属するとするために（前掲・梅のことばを借りれば第二の主義を採用したことで）、本条が立法化されたことを考えると、社会的事実として、遺言者が複数の包括受遺者に遺贈する場合において、その1人が放棄した場合、その分を相続人と包括受遺者とを区別せず帰属させる意思であるのが通常であるということが確認されない以上、その解釈を大幅に変更することには慎重であるべきであろうと思われます。もし、当該遺言者の意思として、包括

受遺者も含むと解すべきだと判断されるのであれば、本条ただし書きを適用することで何ら問題はないわけですし、そもそも本条の規定すら必要があったのか疑問が生じます。なぜなら、本条がなくても、通常、包括受遺者が放棄すれば、他の相続人及び相続人と同一の権利義務を有する包括受遺者に帰属すると解することができるからです。

996条（相続財産に属しない権利の遺贈）
　遺贈は、その目的である権利が遺言者の死亡の時において相続財産に属しなかったときは、その効力を生じない。ただし、その権利が相続財産に属するかどうかにかかわらず、これを遺贈の目的としたものと認められるときは、この限りでない。

1　本条の趣旨

本条は、遺贈の目的物が相続時に相続財産に属していなかった場合の効力について規定をするものです。その場合には、原則として、その効力は生じませんが、例外的に、相続時に相続財産に属していなくても、遺贈の目的とした場合は、当然には無効にならないことを規定したものです。

2　立法の経緯

本条は、明治民法1099条とほぼ同じです。ほぼ同じというのは、多少変更されているからです。明治民法1099条では、「遺贈ハ其目的タル権利カ遺言者ノ死亡ノ時ニ於テ相続財産ニ属セサルトキハ其効力ヲ生セス但其権利カ相続財産ニ属セサルコトアルニ拘ハラス之ヲ以テ遺贈ノ目的ト為シタルモノト認ムヘキトキハ此限ニ在ラス」と規定されていました。もしかしたら遺贈の目的である財産が相続時において、相続財産にならないことがある、それにもかかわらず、敢えて遺贈の目的としたと認められるというようなニュアンスがあったのですが、戦後、文語体を口語体にする際、「属すると属しないとにかかわらず」とされ、平成16年の文言の改正で、現在の条文に至ったもので、属するかど

うかに関係なく遺贈の目的としたかのような表現になっています。通常は、どっちでもいいが、遺贈の目的とするというよりも、これから権利を取得して自分の所有にするつもりであり、あるいは、今は自分のものだが、相続時にはいろいろな事情で自分のものでないかもしれないが、もし、そういうことがあったとしても、それでも、この財産だけはこの受遺者に遺贈するという場合が想定されており、相続財産であってもなくても、どちらでもいいけど、かならず受遺者に遺贈したいというケースはあまりないだろうと思います。解釈上、大きな違いはないと言えますが、文語体を口語体にしたり、表現を変更する場合には、気を付けるべき点です。梅・民法要義巻之5・354頁以下でも、上記のようなケースが想定されているようです。いずれにしても、遺言者の意思解釈の問題です。

3 実務の運用

　本条は、特定物について、原則無効とすることは争いがありません。しかし、個々の動産、個々の土地建物というように細かく特定をしていることまで必要かについては争いがあります。一筆一棟として特定されていなくても、包括的に特定され、相続財産になったかどうかが識別できる場合には、本条を適用する余地はありそうです。なお、遺贈の目的となっていることを知りながら、遺言者が敢えてこれを処分し、その結果、相続財産にならなかった場合は、そもそも遺言を撤回したことになるので、本条の適用の問題ではありません。ただ、完全に遺贈したことを失念して、間違って処分をしてしまったような場合は、当然に遺言を撤回したとみることは困難ですから、本条が適用されるでしょう。

> 997条
> 1　相続財産に属しない権利を目的とする遺贈が前条ただし書の規定により有効であるときは、遺贈義務者は、その権利を取得して受遺者に移転する義務を負う。
> 2　前項の場合において、同項に規定する権利を取得することができないとき、又はこれを取得するについて過分の費用を要するときは、遺贈義務者は、その価額を弁償しなければならない。ただし、遺言者がその遺言に別段の意思を表示したときは、その意思に従う。

1　本条の趣旨

　本条は、前条ただし書の場合に該当し、遺贈が有効と解されるときは、遺贈義務者は、受遺者に対し、どのような義務を負担するのかを定めたものです。まず、遺贈義務者は、原則として、その権利を取得して受遺者に移転をする義務があります。しかし、そうは言っても、第三者の権利を目的とする場合、第三者から移転を受けることができるとは限りません。また、仮に権利を取得できるとしても、過分の費用を負担してまで移転をする義務を負担するとするのはバランスを失します。そこで、そのような場合には、その価額を賠償すべきものとしたものです。もちろん、これは遺言者の通常の意思を考えて置かれた規定ですから、遺言者がその遺言に別段の意思を表示している場合には、その意思に従うことになります。

2　立法の経緯

　本条は、明治民法1099条をそのまま承継したものです。その趣旨についても特に変更はありません。梅・民法要義巻之5・355頁では、過分の費用を要する場合として、権利者が遠方にいる場合や目的物が遠方にある場合等が例示されています。

3　実務の運用

　通常、相続財産でないと知りながら遺贈をするということはなく、多くの場合は、相続財産となるはずであったものがそうならなかったケースであろうと

考えられ、そのような場合、例えば、敢えて自分で処分しながら、相続人である遺贈義務者にその権利者から買い戻してまで受遺者に移転しろということはあまりないことで、そもそも996条ただし書の規定により有効となることがあまりないものと考えられます。

> **998条（不特定物の遺贈義務者の担保責任）**
> 1　不特定物を遺贈の目的とした場合において、受遺者がこれにつき第三者から追奪を受けたときは、遺贈義務者は、これに対して、売主と同じく、担保の責任を負う。
> 2　不特定物を遺贈の目的とした場合において、物に瑕疵があったときは、遺贈義務者は、瑕疵のない物をもってこれに代えなければならない。

1　本条の趣旨

本条は、遺贈の目的となる不特定な権利または物について、追奪によりその権利を失った場合及び物に瑕疵があった場合の担保責任について規定しています。遺贈義務者は、第三者に追奪された場合は売主と同じ責任を負い、物に瑕疵があった場合は瑕疵のない物に取り替える義務がある旨を規定しています。本来、追奪担保責任も、瑕疵担保責任も、有償双務契約における義務であり、一方的に無償で与えられる権利であるのに同様の規定が置かれることについては、立法論的に批判があります。

2　立法の経緯

本条は、明治民法1100条をそのまま承継したものです。梅・民法要義巻之5・356頁以下によると、前2条は、売主の担保責任と似ていて、売主は、目的である権利が第三者に属するときは、原則として、その権利を取得して買主に移転する義務があり、贈与では担保義務がないのが原則である。前2条は、法律が贈与について取ったのと同じ主義をとっている。なぜなら遺贈は贈与に酷似しているからである。本条は、不特定物を遺贈の目的とした場合について、

998条

遺贈義務者の担保責任を規定したものである。そして本条に規定したことは当然にしてほとんど言うを俟たないところである。故に贈与売買については規定をおかず、ただ本条に規定を置いたのは、死人に口なしの諺のように遺贈者は、既に死亡し、その意思を尋問することができず、遺贈の効力は、専ら遺贈者の意思に従って定まるべきであるから、特に明文を置いて、当事者間の争いを防ごうとしたに過ぎない。なぜなら、不特定物をもって遺贈の目的とした場合、その目的物は確定していないのであるから、遺贈義務者は、その上に自己が完全な権利を有するものをとって与えるべきであるのに、自己の権利に属しないものを与えた場合は、未だその義務を尽くしたことにならない。従って受遺者に対し担保の義務があるのはもとよりである。その義務を履行しない場合、相手方は損害賠償を求める権利があるに過ぎない。しかし、遺贈の場合、不特定物と言っても、財産中にある物をもって遺贈の目的とすることが多いから、遺言者が完全な権利を有しないことを発見し、受遺者が追奪を受ける場合においては、既に相続財産の処分を終わった場合が多いであろうから、損害賠償をさせることが多いであろうことを察して、売主と同じ担保責任としたのである。また、不特定物に瑕疵がある場合、遺言者は瑕疵のある物を与えることを命じたわけではなく、瑕疵のない物を与えるべきはいうまでもなく、したがって、遺贈義務者が瑕疵のある物を与えた場合、まだ義務を履行したとは言えない。したがって瑕疵のない物に代えるのは言うまでもないことである。

　以上のように説明するのですが、そもそも売主の担保責任は、特定物に関するものであり、不特定物の場合には、追奪を受けた場合でも、他の物を交付すれば足りることであり、果たして上記のように、それが困難な場合が一般的と言ってよいのかについては、批判が多いと言われています。これも立法の背景となっている社会的事実が100年前は分からないものの、少なくとも現在ないとすれば、それは時代に合わない法を改正すべき問題であり、法社会学的調査をした上で、立法的提言をする必要があります。

3　実務の運用

　本条に対しては、上記のような批判がある一方で、実際には、実務上、問題になることはあまりなさそうです。通常の遺産分割でも、担保責任の規定が置

第7章 遺　言（960条～1027条）

かれていますが、ほとんど問題となることはありません。ましてや、遺贈について担保責任が問題になることは考えにくいところがあります。そもそも相続財産の中から、わざわざ不特定物を遺贈するということは普通にはないことであり、遺贈義務者が、その中からわざわざ担保責任が生じる権利又は物を選んで、受遺者に交付するということも考えにくいところです。

コラム⑪　遺贈の目的物と担保責任

　遺贈というのは、遺言者の死亡を停止期限とする贈与であり、遺言にその旨を記載することにより、遺言者の死亡によって効力が生じます。その場合において、受遺者が遺贈を受ける場合には、遺言執行者は、その目的物を受遺者に引き渡すことが必要ですし、相続人は、遺言者の相続人として、受遺者に対し、目的物を引き渡す義務を負担することになります。一般に贈与については、担保責任を負わないとされていますが、遺贈に関しては、受遺者は担保を請求でき（991条）、相続財産に属しないものでも遺贈の目的としたと認められる場合には、遺贈義務者はこれを取得して受遺者に引き渡す義務を負担する（995条、996条）とされています。また、不特定物を遺贈の目的とした場合において、受遺者が追奪を受けた場合は、売主と同じ担保責任を負い、また、目的物に瑕疵がある場合は、瑕疵のない物を請求できるものとされています（998条）。しかし、遺贈も贈与であることからすると、そこまで強い義務を負担させるのは相当ではないと考えられます。

　そこで、中間答申では、相続財産に属する物又は権利を遺贈の目的とした場合、遺贈義務者は、相続開始時の状態（不特定物の場合には、特定された時の状態）で、その物又は権利を引き渡し、又は移転する義務を負うこととし、上記998条の規定を削除することとしています。

　負担付遺贈の場合は、負担の限度で売買に類似する性質を持つことから、売買に関する担保責任に類する効果を認めるのが相当ですが、通常の遺贈の場合は、贈与と同じく片務行為であり、重い担保責任を負わせるのは相当ではないことを考えると、妥当な改正案ではないかと考えられます。

> 999条（遺贈の物上代位）
> 1　遺言者が、遺贈の目的物の滅失若しくは変造又はその占有の喪失によって第三者に対して償金を請求する権利を有するときは、その権利を遺贈の目的としたものと推定する。
> 2　遺贈の目的物が、他の物と付合し、又は混和した場合において、遺言者が第243条から第245条までの規定により合成物又は混和物の単独所有者又は共有者となったときは、その全部の所有権又は持分を遺贈の目的としたものと推定する。

1　本条の趣旨

　本条は、遺贈の目的物が滅失するなどして、償金請求権に転じた場合、その権利を遺贈の目的としたと推定し、あるいは、遺贈の目的物が付合、混和により合成物、混和物の権利者となったときは、その全部を遺贈の目的としたと推定する規定で、遺贈の物上代位と呼ばれています。「償金」とありますが、誰かが目的物を破壊して、損害賠償請求権に変じた場合や物損事故等で滅失し保険金請求権が発生したような場合も広く含みますし、2項の付合、混和によって第三者が所有権を取得し、償金請求ができる場合なども広く含まれると解されています。また、付合、混和により、本来の遺贈の目的物が他の物と一緒になって独立して元々の目的物だけを取り出すことができなくなった場合、その全部について権利を取得すれば、その物を遺贈する趣旨であったというのが通常の遺贈者の意思に合致するであろうと考えられることから、本条の推定規定を置いたものです。

2　立法の経緯

　本条は、明治民法1101条をそのまま承継したものです。その立法趣旨について、梅・民法要義巻之5・360頁以下は、その立法趣旨について上記のように説明しており、その趣旨は、本条においても変わりはないものと思われます。

3　実務の運用

　1項について、遺贈の目的物が滅失するなどして、償金請求権しか存在しな

いのにもかかわらず、滅失する前の目的物を遺贈する旨の遺言をしても、効力は生じないと解されています。また、遺贈する旨の遺言書を作成後、遺贈の目的物が滅失するなどし、遺言者が償金請求権を取得し、更に、その償金を受領することで、償金請求権自体が消滅すれば、遺贈は無効になると解されています。

2項について、一般に付合、混和、加工を「添付」と呼んでおり、本条は、そのうち付合と混和について規定を置いています。その立法趣旨からは、敢えて添付の中から加工だけを除いたとは解されないので、加工についても同様に解することができると解されています。

> 1000条（第三者の権利の目的である財産の遺贈）
>   遺贈の目的である物又は権利が遺言者の死亡の時において第三者の権利の目的であるときは、受遺者は、遺贈義務者に対しその権利を消滅させるべき旨を請求することができない。ただし、遺言者がその遺言に反対の意思を表示したときは、この限りでない。

1　本条の趣旨

本条は、遺贈の目的である物や権利に第三者の抵当権や対抗力ある賃借権などがついていても、受遺者は、遺贈義務者に、その権利の消滅を求めることはできないということを規定しており、特定物であることを前提としています。そして特定物の遺贈では、相続時の原状有姿で権利を移転するものですから、それに用益権や担保権が付着していても、そのままの状態で権利を取得することになります。その場合、不動産であれば、賃貸人としての地位を引き継ぎますし、抵当権の場合、物上保証人としての地位を取得します。これも、通常の遺言者の意思を推測して規定されているものですから、遺言者がその遺言に、これと異なる意思を表示している場合には、その意思にしたがって権利を取得することになります。

2 立法の経緯

本条は、明治民法1102条をそのまま承継したものであり、その立法趣旨も特に変わりはありません。

3 実務の運用

本条は、特定物の遺贈については、特段の事情がなければ、相続時の状態で遺贈の効果が生じるという原則を注意的に規定したもので、本条によって新たな権利義務を形成するものではありません。

1001条（債権の遺贈の物上代位）
1 債権を遺贈の目的とした場合において、遺言者が弁済を受け、かつ、その受け取った物がなお相続財産中に在るときは、その物を遺贈の目的としたものと推定する。
2 金銭を目的とする債権を遺贈の目的とした場合においては、相続財産中にその債権額に相当する金銭がないときであっても、その金額を遺贈の目的としたものと推定する。

---

1 本条の趣旨

本条は、債権の遺贈の物上代位について規定したものです。債権を遺贈した場合、通常、債権者の地位がそのまま受遺者に移転し、受遺者から当該債権の債務者に請求するということが予定されています。しかし、遺言者が生前にその遺贈の目的となっている債権の弁済を受けた場合、遺贈の効果がどうなるのかが問題になります。通常、弁済を受けることによって、その遺贈の目的である債権は消滅します。遺贈の効果が発生する前に目的物が消滅すれば、これによって遺贈の効果は生じないことになるとするのが通常です。しかし、ちょうど目的物が滅失して償金請求権が生じたように、債権に代わるものが相続財産中に残っていれば、それに代位して、その弁済を受けたものが遺贈の目的となるとするのが遺言者の通常の意思であると考えられるところから、債権につい

ても、物上代位を認める規定を置いたものです。

　しかし、金銭債権の場合、弁済を受ければ、金銭ですので、特定性がなく代位することができませんし、場合によっては、弁済を受けたお金も含めて、不動産を購入したり、預貯金をしたりして、現金の形で残っていない場合がしばしばあります。この場合、何に代位してよいのか特定ができませんので、その金額を遺贈の目的として扱うこととしたものです。

2　立法の経緯

　本条は、明治民法1103条をそのまま承継したものであり、その立法趣旨も変わっていません。

3　実務の運用

　本条1項は、遺言者が弁済を受けたこと、その受け取った物がなお相続財産中にあることが必要です。したがって、受け取った物が相続時に相続財産の中に存在していなければ、それがかつてあったとしても、その物を遺贈の目的としたと推定することはできません。したがって、遺贈はその効果を生じないことになります。

> **1002条（負担付遺贈）**
> 1　負担付遺贈を受けた者は、遺贈の目的の価額を超えない限度においてのみ、負担した義務を履行する責任を負う。
> 2　受遺者が遺贈の放棄をしたときは、負担の利益を受けるべき者は、自ら受遺者となることができる。ただし、遺言者がその遺言に別段の意思を表示したときは、その意思に従う。

1　本条の趣旨

　本条1項は、負担付遺贈の受遺者の負担義務の範囲を、遺贈の目的の価額を超えない限度において負担した義務を履行する責任がある旨を規定しています。

負担付遺贈とは、受遺者に一定の法律上の義務を負担させる遺贈であり、例えば、受遺者に不動産を遺贈するが、自分の飼っていた犬がなくなるまで面倒をみなさいとか、賃貸中の不動産を遺贈するが、賃料の中から毎月5万円を特定人が死亡するまで渡しなさいとかいうように、何らかの財産を遺贈しながら、法律上の義務を受遺者に負担させるものが負担付遺贈です。前者の場合、利益を得るのは犬の所有者ですが、後者の場合、毎月5万円をもらう人です。この人を受益者と呼んでいます。受遺者が義務を履行しない場合、履行するよう請求できるのは遺言者の相続人である遺贈義務者です。遺贈義務者は、その犬の面倒をみろ、受益者に毎月5万円を支払えと要求することができる半面、受益者は、受遺者に対し、その負担を履行するよう求める権利まで取得するわけではないと解されています。ただ、そうすると負担付とは言え、受益者自身はその不履行に対し、自らは何もできず、遺贈義務者に対し、催告するよう求めることができるにとどまることになります。それでは受益者の地位が弱すぎるとして、第三者のためにする契約に準じて、受益の意思表示をした場合には、受遺者は、受益者に対しても履行義務を負担すると解すべきではないかという学説も有力です。しかし、負担付遺贈を受けた受遺者が負担とされた義務を履行しない場合、遺贈義務者である相続人は、相当の期間を定めてその義務の履行を催告し、その期間内に受遺者が負担とされた義務を履行しないときは、負担付遺贈に関する遺言の取消しを家庭裁判所に請求できる（1027条）とされており、仮に受益者に対する義務と理解しても、受益者自身は法的措置を取り得るのか疑問があります。

　本条2項は、受遺者が遺贈を放棄した場合、負担の利益を受けることができる者が受遺者になることができる旨を規定しています。負担の利益を受けることができる者（受益者）が受遺者になった場合、受益者に負担を求める権利があるわけではないとすると、権利と義務が混同により消滅することはありませんが、実質的には、義務者と受益者が同一人格に帰することから、事実上、負担はなくなることになると解されます。

2　立法の経緯

　本条は、明治民法1104条をそのまま承継したものです。その立法趣旨も変

わりはありません。

3 実務の運用

負担付遺贈なのか、遺贈の条件なのか、必ずしも明確でない場合が実務上存在します。例えば、遺贈を受けると共に祭祀承継者に指定されることが負担付遺贈になるかが争われた事例がありますが、祭祀承継者に指定された場合、祭祀用財産の所有権を承継取得するだけで、何らかの義務を負うわけではありませんから、これは負担付遺贈にはなりません（宇都宮家栃木支審昭和43年8月1日家月20巻12号102頁）。また、同じような内容でも、負担付に解されることもあれば、条件と解されることもあり得ます。結局、これは遺言者の意思解釈の問題ですから、遺言の記載内容や、遺言をした経緯、遺言の趣旨などを総合勘案して、遺言者の合理的意思を推及する他ないだろうと思います。

これに関連して、負担付死因贈与の受贈者が死因贈与契約に基づいて、受贈者が約旨に従い負担の全部又はそれに類する程度の履行をした場合においては、贈与者の最終意思を尊重するの余り受贈者の利益を擬制にすることは相当ではないとして、遺言の取消しに関する民法1022条、1023条を準用するのは相当ではないとした事例（最判昭和57年4月30日民集36巻4号763頁、百選85）があります。

> 1003条（負担付遺贈の受遺者の免責）
>   負担付遺贈の目的の価額が相続の限定承認又は遺留分回復の訴えによって減少したときは、受遺者は、その減少の割合に応じて、その負担した義務を免れる。ただし、遺言者がその遺言に別段の意思を表示したときは、その意思に従う。

1 本条の趣旨

本条は、負担付遺贈の受遺者について、限定承認や遺留分請求によって遺贈が減少した場合、負担だけがもとのままだとアンバランスになるので、通常の遺言者の合理的な意思を推認して、その割合で負担の方も減少させるのが相当

であると考えられるところから、その旨を規定したものです。したがって、遺言者の意思がこれと異なる場合には、その意思に従うことになります。

2 立法の経緯

本条は、明治民法1105条をそのまま承継したもので、その趣旨にも特に変更はありません。

3 実務の運用

遺贈は、贈与と異なり、相続財産の中からされることになるので、相続人が限定承認をし、相続債権者の債権額が大きければ、受遺者は劣後するため、遺言どおりに遺贈を受けることができない場合が生じます。また、遺贈が遺留分を侵害している場合には、遺留分が優先するので、遺贈が減殺される場合があります。そのため、遺言者も、受遺者も、当初は遺贈にみあった負担だと思っていても、実際に遺贈を承認した後に、上記の理由により遺贈だけが減少してしまうと、予期に反する結果になることがでてきます。したがって、上記の理由で遺贈が減っても負担は減りませんと遺言に書いてあるなど、特段の意思が同じ遺言によって示されていない限り、同じ割合で負担も減るというのが遺言者の通常の考えだと理解することになります。最初から、遺言に遺贈が減少しても、負担は減りませんと明記されていれば、それを前提として受遺者はこれを承諾するかどうかの意思決定をすることになりますので、その場合は、その意思に従うことになります。

第4節 遺言の執行

本節は遺言の執行について規定をしています。遺言の執行というのは、遺言書には、様々な内容が記載されていますが、その内容を遺言書どおりに実行するためには、法に則った手続が必要になります。本節は、この遺言の内容を実現する手続について定めたものです。

第7章　遺　言（960条〜1027条）

> 1004条（遺言書の検認）
> 1　遺言書の保管者は、相続の開始を知った後、遅滞なく、これを家庭裁判所に提出して、その検認を請求しなければならない。遺言書の保管者がない場合において、相続人が遺言書を発見した後も、同様とする。
> 2　前項の規定は、公正証書による遺言については、適用しない。
> 3　封印のある遺言書は、家庭裁判所において相続人又はその代理人の立会いがなければ、開封することができない。

1　本条の趣旨

　本条は、遺言書の検認について定めています。検認というのは、遺言書が発見された場合、家庭裁判所において、どのような遺言書が存在しているのかを確認し、その内容を保存しておく手続です。

　遺言書を保管している人は、相続の開始を知った後、速やかに家庭裁判所に遺言書を提出して、検認を請求する義務があります。また、保管を委託されたわけではなくても、遺言書があることを発見した場合も同じです。

　遺言書の検認が必要となるのは、公正証書遺言以外の遺言です。公正証書遺言の場合、その内容は公証人役場に保管されていますので、家庭裁判所でその内容を確認、保存をしなくても、偽造されたりするおそれはありませんから、検認の対象から除かれています。

　遺言書は、封印をしていても、していなくても有効ですが、可能な限りもとのままの遺言書の状態を確認する必要がありますから、封印されている遺言書については、家庭裁判所において、相続人又はその代理人の立会いのもとで、開封されなければならないものとされています。

2　立法の経緯

　本条は、明治民法1106条と全く同じ規定であり、そのままこれを承継しています。立法趣旨も特に変わりはありませんが、明治民法の時代には、家庭裁判所がありませんでしたので、明治民法には、裁判所とのみ記載されています。

3 実務の運用

　遺言書の検認はどの程度行われているでしょうか。平成27年の司法統計年報によると、全国の家庭裁判所で、年間総計1万6888件の検認が行われています。10年前は1万3000件程度でしたが、年々増加し、平成24年には1万6000件を超え、現在に至っています。遺言書を作成する人が増加しているのか、検認手続の必要性が普及して検認手続が増加しているのか、定かではありません。

　検認手続は、まず、遺言者の生まれた時から亡くなる時までの戸籍を調査し、相続人となる可能性のある人を一通り調べます。もし子どもがいれば、子どもの戸籍、離婚をしていれば、離婚した元妻の戸籍から子どもの戸籍を調べ、その子が生きているかどうかも調べます。一通り戸籍がそろったら、家庭裁判所は、検認をする日時を指定して、戸籍上判明している相続人に出頭するよう通知を出します。そして、検認の期日において、裁判官は、遺言書の保管者に遺言書の提出を求め、封印されていれば、全員の前で開封をします。その際、通常、遺言書の記載が遺言者本人の筆跡かどうかを各相続人に確認をします。もともと、遺言書の検認は、それを本人が作成したのかどうかを確認する手続ではないので、そこで、真正な遺言書かどうか、本人の筆跡かどうかを確定することはしませんが、同姓同名の別人の可能性もないわけではありませんので、一応内容の整合性とともに確認をしています。特定の相続人に不利となる内容の場合など、遺言書自体を手渡すと、破棄される危険もありますので、回覧しないで、内容を見てもらうだけに止める場合もあります。

　検認が一通り終わると、裁判所書記官が検認した遺言書の形状や内容、検認手続における当事者の発言などについて、検認調書を作成します（家事事件手続法211条）。通常、遺言書のコピーを作成して調書に添付しますが、コピーは拡大縮小ができますので、寸法等も調べます。その上で、遺言書の原本は当事者に返還します。したがって、最終的に遺言書を返還するまでには、数時間かかることがあります。検認調書は、家庭裁判所で保管されますので、後日、遺言書の偽造や変動があっても、検認当時、未開封の遺言書であれば開封当時の内容がどのようなものであったかが分かるので、偽造変造を防止することになります。しかし、最初から開封されている場合もあり、1枚の紙切れの場合

もありますので、あくまで検認当時の遺言書の現況を保存する以上のことはできません。したがって、検認をした遺言書についても、後日、本人の作成か、本人の直筆かについて紛争が起きることがありますし、その結果、遺言書の効力が否定されることもあります。

なお、検認手続は、義務的なものであり、一度、申立てをすれば、申立人は、家庭裁判所の許可をえないで、勝手にこれを取り下げることはできません（家事事件手続法 212 条）。

コラム⑫　自筆証書遺言の保管

　公正証書遺言は、その原本が公証人役場に保管されますが、自筆証書遺言の場合には、その遺言の保管について、現行民法は何の規定も置いていません。そのため、遺言者が自筆証書遺言をしても、その遺言書が発見されない場合もあるでしょうし、誰かが発見し、隠匿する場合もあるでしょうし、遺言書が発見されても、そのまま検認を受けないままで、毀滅される場合もあり得ます。遺言者の最終意思を明確にし、遺言者が求める方法により、遺産の処理がされるのが望ましいとすれば、何らかの仕方で自筆証書遺言を保管しておき、遺言者が亡くなった場合、相続人がその保管者に遺言内容を確認できる仕組みを作ることが望ましいと考えられます。

　そこで、中間答申では、遺言者が一定の公的機関に遺言書の原本の保管を委ねる制度を創設し、遺言者本人に限り、保管の申し出ができることとし、相続人、受遺者、遺言執行者（相続人等）は、相続開始後に保管の有無を確認することができることとしています。その場合、確認を求めた者だけが遺言書の内容を知るというのは相当ではないので、他の相続人等にも連絡することとしています。こうすれば、遺言書の紛失、未発見、隠匿等を防止し、その内容も保存でき、遺言者意思にそった相続が実現できるという点では、望ましい制度だと考えられます。ただ、細かい点では、いくつか問題点があります。

　第1に、自筆証書遺言の方式を満たしているのかどうかは誰が判断するのか。その判断をしないで、申出があれば、有効か無効かにかかわらず、保管をするのか。もし、無効な遺言書も含めて保管をするとなると、保管の必要のない遺言書も保管され、無駄な経費支出となるおそれがありますし、有効な遺言書だけ保管をするとなると、実質的な判断も伴いますので、一定の判断能力を持つ資格のある人に判断させる必要が生じます。

第2に、保管の際、遺言者の許諾を得て開封し、内容を画像データとして保管し、原本が滅失しても、画像データを有効とする制度設計がされている点です。画像データですから、コピーと同じ性質を有しますが、そうすると、画像データから自筆かどうかが確認できるほど正確性を持つ画像データである必要があり、画像データで有効なら、画像データのみであっても、有効な遺言書と解釈しないとアンバランスになるおそれがあることです。
　第3に、相続人の場合は、法定されているので確認可能ですが、受遺者や遺言執行者がその保管されている遺言書の受遺者や遺言執行者になっているのかは、遺言書を確認しないと判明せず、事前に受遺者や遺言執行者であることの証明は不可能です。そうすると、受遺者や遺言執行者である可能性のある人から確認の申請があった場合、その都度、保管されている遺言書において、その申出人が受遺者又は遺言執行者であるのかを確認したうえで、保管の有無を回答するということになり、そうすると、その段階で、回答がないことをもって、自分を受遺者や遺言執行者とする遺言書が保管されていないことが回答されたのと同じ結果となり、確認を求めることができる者を限定した趣旨が失われる場面が生じるおそれがあるように思われます。

> 1005条（過料）
> 　前条の規定により遺言書を提出することを怠り、その検認を経ないで遺言を執行し、又は家庭裁判所外においてその開封をした者は、5万円以下の過料に処する。

1　本条の趣旨

　遺言書の保管者又は遺言書を発見した人は、その遺言書について家庭裁判所に提出し、検認を受ける必要があります。これは多くの人の利害にかかわることなので、提出を怠った場合、過料の制裁を受けることになります。また、検認をしないまま遺言書の執行をしたり、家庭裁判所の検認をする前に開封をした場合も、過料の制裁を受けることになります。未開封であって、封書に本人の署名押印があれば、内容については遺言者の意思に基づくとの推定が働きますが、開封されてしまうとその確認ができなくなってしまいますので、必ず家庭裁判所の検認手続において開封するまで、開封することは許されないことと

されているのです。

2　立法の経緯

　本条は、明治民法1107条を承継していますが、過料の金額の上限の定めが変更されています。明治民法では、200円以下の過料とされていましたが、戦後、物価の変動に合わせて変更すべきはずのところ、200円のまま推移し、昭和54年法律第68号によって、初めて5万円に引き上げられました。昭和54年当時の200円など裁判所に来るための交通費にも満たないし、戸籍謄本を取り寄せるための費用にも満たないものであり、ほとんど規制力はありません。現在の5万円でも、果たして検認を促すだけの力を持っているのか定かではありません。しかし、遺言書を封印して作成し、必ず検認手続で開封するようにすれば、相当程度、遺言書の有効、無効の争いを防止することが可能となることを考えると、手続的には戸籍の取り寄せなど大変ですが、検認手続を行わないで紛争に費やす時間や労力と比べると、はるかに相続人全員にとって望ましいことです。

3　実務の運用

　家庭裁判所では、遺言書の保管者又は遺言書を発見した人から遺言書の提出を受けて初めて遺言書の存在を知るわけですから、どこかから確かな情報を得ないと、検認の必要があるのに検認をしないで執行がされているなどの事実を知る機会はなく、実際には過料の制裁を課すことは困難なところがあります。また、遺言書が開封された状態で家庭裁判所に提出されても、それをいつ誰が開封したのか分からないと過料の制裁を課することもできません。また、中にはお年寄りで開封してはいけないなどということは知らなかったというケースもあり、一律に過料を課することも難しい事情があります。ただ、制度として検認しなければならない、検認しないで手続を進めれば過料の制裁を受けることになるということを国民の多くが常識として理解し、検認を受けるようになっているとすれば、それなりに本条の役割は果たせているのかもしれません。

> 1006条（遺言執行者の指定）
> 1 遺言者は、遺言で、1人又は数人の遺言執行者を指定し、又はその指定を第三者に委託することができる。
> 2 遺言執行者の指定の委託を受けた者は、遅滞なく、その指定をして、これを相続人に通知しなければならない。
> 3 遺言執行者の指定の委託を受けた者がその委託を辞そうとするときは、遅滞なくその旨を相続人に通知しなければならない。

1 本条の趣旨

遺言書には、どの遺産は誰にやるとか、相続人ではないが遺贈するとか、相続人の1人を廃除するとか、第三者に寄付しなさいとか、いろいろなことが相続財産の処分に関して記載されていますが、そのとおりの内容を実現するためには、これを実行する人が必要となります。この遺言内容をそのとおりに実行することを「遺言の執行」と呼び、この遺言の執行をするために選任された人を「遺言執行者」と言います。本条は、遺言者は、その遺言執行者を遺言で指定し、あるいは、遺言執行者を指定する権限を特定の人に与えることができるということを規定したものです（1項）。

遺言執行者の選任の委託を受けた人が、これに応じる場合には、速やかに遺言執行者を選任して相続人に通知をする必要があります。相続人は、遺言内容通り速やかに実現されることを待っているのであり、委託を受けた人が遺言執行者の選任をしなければ、手続が進まないから、速やかにする必要があります（2項）。

他方、遺言執行者の指定を受けた人は、一方的に遺言者によって指定されるわけですから、これを辞退することができます。この場合も、辞退することを相続人に伝えないと、相続人は、その第三者が指定をするなら、その人を遺言執行者として手続が進められますが、そうでなければ、自分たちで遺言執行者を探して選任手続をする必要がありますので、やはり、速やかに、相続人に通知をする必要があります（3項）。

2　立法の経緯

本条は、明治民法1108条をそのまま承継したものであり、その趣旨も変わっていません。

3　実務の運用

遺言執行者の指定や指定すべき人の指定は、遺言者は、いつでもできます。数通の遺言があれば、相互に抵触しない限り、有効ですから、それぞれ別の人を指定してもよいし、後で、まとめて1人を指定してもかまいません。ただし、遺言書によって行う必要があり、遺言書外で委託をしても、当然には効力は生じません。

指定すべき人に制限はありません。相続人を遺言執行者に指定することが実際には多く行われています。複数の相続人がいれば、複数の相続人の代理人になり（1015条）、相続人の間に利害が対立するとすれば、双方代理の問題が生じます（108条）が、既に遺言書が存在しており、その内容を実現するだけですから、1人の執行者が行ってもよいと解されており、したがって、また、相続人は遺言執行者の欠格事由とはされていません（1009条）。

通常、全く知らない第三者を勝手に遺言者が遺言執行者に指定したり、指定の委託をすることはないので、本条では通知義務を課しています。しかし、もし、それほど関係がない人であれば、そもそも遺言者もよく知らない、相続人が誰かも分からない、調べようもないとなれば、通知がされない場合が生じます。また相続人が複数いれば全員にしなければならないのか、1人だけでもよいのかなどあいまいです。指定の委託を受けた人は相続人に通知しなくても制裁を受けるわけではありません。その場合、誰かがその第三者に対し、遺言者から委託されたことを伝えてから、相当期間が経過しても、遺言執行者の指定も辞退の連絡も回答がない場合には、遺言執行者を指定する意思がないものとして、家庭裁判所に対し、遺言執行者の選任を請求することができると解されます（1010条）。

遺言執行者に対し、受遺者の選定を委託した遺言の有効性が争われた事案があります。これについて、本件においては、遺産の利用目的が公益目的に限定されている上、被選定者の範囲も前記の団体等に限定され、そのいずれが受遺

者として選定されても遺言者の意思と離れることはなく、したがって、選定者における選定権濫用の危険も認められないのであるから、本件遺言の効力を否定するいわれはないとして、これを有効とした事例（最判平成5年1月19日民集47巻1号1頁、百選84）があります。

1007条（遺言執行者の任務の開始）
　遺言執行者が就職を承諾したときは、直ちにその任務を行わなければならない。

1　本条の趣旨

　遺言者の委託を受けた者が遺言執行者を指定し、あるいは、遺言者が遺言執行者を指定し、その結果、遺言執行者として指定された者が遺言執行者の職に就くことを承諾した場合には、直ちにその任務を行うことが必要とされています。遺言執行者に就職するかどうかは自由ですが、就職する以上は、遅滞なくその任務を実行することが要請されているわけです。本条はそのことを規定したものです。

2　立法の経緯

　本条は、明治民法1109条をそのまま承継したものです。その立法趣旨も変わっていません。

3　実務の運用

　遺言執行者に指定された者が就職するかどうかについて、相続人の1人であれば、比較的直ぐに判断できる場合があるでしょうが、第三者の場合、直ちに応答できない場合があります。そのため、次条にあるような催告手続が必要となる場合もあるのですが、熟考した上で、就職を承諾した以上は、直ちに実行することが求められています。遺言執行者は、受任者と同じく善管注意義務をもって職務を行うことが要請されており（1012条、644条）、怠っていると評価されれば、利害関係人の申立てにより解任されることもあります（1019条）。

第7章　遺　言（960条～1027条）

> 1008条（遺言執行者に対する就職の催告）
>   相続人その他の利害関係人は、遺言執行者に対し、相当の期間を定めて、その期間内に就職を承諾するかどうかを確答すべき旨の催告をすることができる。この場合において、遺言執行者が、その期間内に相続人に対して確答をしないときは、就職を承諾したものとみなす。

1　本条の趣旨

　遺言者により遺言執行者に指定された場合、または、遺言執行者の指定の委託を受けた者から遺言執行者に指定された場合、あらかじめ承諾を得ているとは限りませんから、その指定を受けた人は、遺言執行者に就職するかどうかを決める必要があります。しかし、いつまでに就職の諾否をするかが定められているわけではないので、そのままの状態が続くおそれがあります。そうすると、遺言書通りの内容が実現されないままになってしまうおそれがあるので、相続人又はその他の利害関係人は、遺言執行者に対し、相当の期間を定めて、その期間内に就職するかどうかの確答をするよう催告をすることができ、その催告に対し、所定の期間内に相続人に対して確答をしないときは、就職を承諾したものとみなされるという規定を設けることによって就職を促進させることとしたものです。多くの場合、遺言者は、自分の遺言の執行者を全くの第三者に委託することはないし、遺言執行者に就職してくれると期待できるから指定をしていることから、催告の結果として就職したものと擬制をしてしまえば、遺言執行者として行動してくれるであろうことが期待できると考えられているわけです。

2　立法の経緯

　本条は、明治民法1110条をそのまま承継した規定であり、その立法趣旨も特に変わってはいません。梅・民法要義巻之5・385頁によると、確答がない場合、就職をしないとみなすのではなく、承諾したものとみなすのはなぜかについて、次のように説明しています。すなわち、第1に、遺言執行者の指定は一方行為であるから、その指定そのものは、遺言または第三者の指定の意思表

示により成立するものとしている、故に法律も遺言執行者として指定された者と言わないで、既に「遺言執行者」と言う。故に理論上においても、遺言執行者がその任を辞せざる限りは、遺言執行の任に当たるべきものとせざるを得ない。第2に、実際の便宜においても、遺言執行者が速やかに定まることが利害関係人のために利益が多いとするのが常であるから、遺言執行者が何らの確答をしないときは、その就職を承諾したものとみなして、直ちにその任務に着手させるのが便利である。

3　実務の運用

実際には、全くの第三者が指定されることはなく、むしろ、当該遺言書に密接な利害を持っているか、その遺言書の実現に向けて行動してくれると期待された人が遺言執行者として指定されるのが通常であり、返事をしなくても、遺言執行者に指定されたからやってくれと言われれば動き始めるだろうということが予定されているものと考えられます。遺言者としては、その遺言どおりに執行してくれる人と信頼して指定をしているので、ほとんどの場合、確答がなくても就職したものとみなした方が現実的な選択であろうと考えられます。

1009条（遺言執行者の欠格事由）
　未成年者及び破産者は、遺言執行者となることができない。

1　本条の趣旨

本条は、遺言執行者の欠格事由について定めた規定です。遺言施行者は、遺言者が指定することができるので、遺言者が指定した以上、その意思に従うべきだとも言えますが、他方で、遺言執行の職務は、多くの人に密接な利害がかかわっており、時として多くの財産を預かり、遺言書にそってこれを実現していく必要があることから、そうした作業に相応しくない未成年者と破産者を除くこととしたものです。

第 7 章　遺　言（960 条〜1027 条）

2　立法の経緯

　本条は、明治民法 1111 条を承継したものですが、成年後見制度ができ、それまで無能力者とされてきた成年被後見人については、その残存能力を活用するノーマライゼーションの要請から、できるだけ活動の範囲を拡げるということで、明治民法以来、欠格事由とされていた「無能力者」という表現を「未成年者」に改めました。それまでは、成年被後見人に相当する禁治産者は「無能力者」として遺言執行者になることができませんでしたが、これによって成年被後見人は、遺言執行者の欠格事由にはならないということになりました。

3　実務の運用

　成年後見制度ができてから、成年被後見人も遺言執行者に就任することができることになりました。その結果、遺言者が指定をした当時は、しっかりとした意識を持っていた人が遺言者が死亡した当時には認知症になり、成年被後見人となっている場合でも、本条の催告をすることになります。その場合、成年被後見人は催告を受領することができませんから、成年後見人に対し、催告をすることになります。成年後見人は、ノーマライゼーションの視点から、成年被後見人が遺言執行者に就任して、その職務を執行できるかどうかを勘案し、かつ、成年被後見人が意思表示可能であれば、就職の意思を確認し、成年被後見人にその意思がなかったり、実際、遺言執行者としての職務を全うすることは困難であると判断される場合には、その期間内に就職しない旨の確答をすることになるでしょうから、現実に実行できないままで確答がされず、就職するということは、起きないだろうと思われます。

> 1010 条（遺言執行者の選任）
> 　遺言執行者がないとき、又はなくなったときは、家庭裁判所は、利害関係人の請求によって、これを選任することができる。

1 本条の趣旨

　遺言書によっては、遺言執行者が指定されていない場合や指定する人を第三者に委託していない場合もあります。また、委託を受けた第三者が遺言執行者を指定しなかったり、あるいは、遺言執行者が指定されても、辞任したり、解任されたりして、遺言執行者が不在になることもあります。そのような場合、遺言を執行することができません。それでは困りますから、利害関係人の請求により、家庭裁判所が遺言執行者を指定できることとしたものです。

2 立法の経緯

　本条は、明治民法1112条1項をそのまま承継したものです。ただし、明治民法当時「家庭裁判所」はありませんでしたので、「裁判所」とだけ表示されていました。その立法趣旨に変わりはありません。

3 実務の運用

　遺言執行者は、常に選任する必要があるのかと言えば、遺言の内容によっては、執行を必要としない場合があります。例えば、全財産を唯一の孫に相続させる旨の遺言をし、遺言者が死亡当時にその孫が唯一の相続人であった場合には、すべての遺産がその孫に帰属しているので、敢えて執行ということをしなくてもよく、遺言執行者は不要です。ただし、相続人がいない遺言者が特定人に包括遺贈をした場合、移転登記をする義務者がいないので、遺言執行者が必要であるとした裁判例（広島高岡山支決昭和52年7月8日家月29巻11号90頁）があります。

　なお、死因贈与契約については、その性質に反しない限り、遺贈の規定が準用されます（554条）が、遺言執行者の選任規定が準用されるのかについては争いがあります。おそらく、ケースバイケースで、執行を必要とするような関係にあり、利害関係人が遺言執行者の選任を申し立てた場合には、条文上の根拠はありますし、遺言執行者の選任が必要とされており、これを認めても、特に不都合はないと解される場合がある以上、一律に準用されないというよりも、準用されるが、遺言執行者を必要としない場合には選任されないのだと理解した方が柔軟に解釈できるでしょう。

第7章　遺　言（960条〜1027条）

> **1011条（相続財産の目録の作成）**
> 1　遺言執行者は、遅滞なく、相続財産の目録を作成して、相続人に交付しなければならない。
> 2　遺言執行者は、相続人の請求があるときは、その立会いをもって相続財産の目録を作成し、又は公証人にこれを作成させなければならない。

1　本条の趣旨

　本条は、遺言執行者の義務として、まず、速やかに相続財産の目録を作成しなければならないと規定をしています。遺言執行者が遺言を執行するためには、最初に執行対象財産を明らかにし、これを管理する必要があります。また、その内容については、相続人が最も利害関係を有していますし、遺言執行者が相続人の代理人と規定され、遺言執行者の行為の効果が相続人に及びます（1015条）から、これを相続人に交付する義務があり、また、遺産目録作成にあたっては、相続人に立会権を認める必要があります。ただし、公正証書の形にして、その内容を明確にするのであれば、敢えて立会権を認めなくても、遺産の範囲は明確になりますので、その方法によることも認められてよいと考えられます。そこで、相続人が請求した場合には、その立会のもとで相続財産目録を作成し、あるいは、公正証書にすることが選択的に規定されたものです。

2　立法の経緯

　本条は、明治民法1113条をそのまま承継したものであり、その立法趣旨も変わりはありません。梅・民法要義巻之5・390頁以下は、まず1項を定めた趣旨について、財産管理に任じる者は、初めにその財産の数量、状況等を明らかにするのでなければ、後日管理を完了した場合に、どのような財産を権利者に引き渡すべきか、また、管理者がよくその義務を果たしたのか否かを知ることができない、だから、文明国の法律は、財産目録を調製するのが常である、財産目録を相続人に交付するよう規定しているのは、相続財産は、もともと相続人の所有に属するものであるから、これに関して最も重大な利害を持っているのは相続人であるとしています。また、2項については、目録調製の方法に

ついては、原則としては、別段の規制はなく、したがって遺言執行者1人でこれを作成することも可能であるが、相続人の請求があるときは、あるいは、これを立ち会わせてその目録を調製し、あるいは、公証人をしてこれを調製させるべきものとしている、これは、目録の正確であろうとすることを欲したものであると説明しています。つまり、目録の作成は、原則として、遺言執行者だけで作成できるが、相続人が立ち会いたいと言えば、立ち会わせるか、あるいは公正証書を作成するか、どちらかにしなさいという趣旨であると、少なくとも立法者は考えていたということです。

3 実務の運用

明治時代の行政解釈では、公証人による財産目録の作成の場合にも、必ず相続人の立会が必要であるとされていたようです（基本法コメ相続194頁参照）し、これを支持する学者もいるようです。しかし、それでは「又は」とした立法趣旨に反しますし、現実問題として、すべての相続人が公正証書の作成に立ち会えるとは限りません。相続人が立ち会えるよう日程を調整していれば、速やかな財産目録の作成は困難になりますし、寝たきりの相続人が1人であれば、そこに公証人が赴いて作成することも不可能ではありませんが、2人以上が離れたところにいれば、作成ができなくなるか、2通作成することが必要となります。現行法の解釈としては、その立法趣旨に即して、原則は、遺言執行者だけで作成してよく、特に相続人の請求があるときに限り、相続人の立会か公正証書の作成かのいずれかを行うべきであると解すべきでしょう。明治民法1113条2項は「遺言執行者ハ相続人ノ請求アルトキハ其立会ヲ以テ財産目録ヲ調製シ又ハ公証人ヲシテ之ヲ調製セシムルコトヲ要ス」と規定をしていました。この「立会ヲ以テ」の次に「、」を入れると、財産目録の調製と公証人をして調製させるの双方にかかるように読むことが可能です。このように読むと公証人に調製させる場合も、立会が必要なように読めます。しかし、仮にそのように読んだとしても、「相続人の請求があるときは」となっているわけですから、財産目録を公正証書にして作成する場合は必ず相続人の立会が必要だという解釈を本条から導くことはできません。現行の本条では、「その立会をもって相続財産目録を作成し」の後に「、」があり、「又は公証人にこれを作成させなけ

ればならないと」と規定されているのであり、もし、公証人の作成にも、立会が必要だというのであれば、「その立会をもって」の次に「、」を入れる必要があります。それがない以上、現行民法の文理解釈においては、無理な解釈です。前掲・梅が述べるような立法趣旨にそった解釈をすべきでしょう。

1012条（遺言執行者の権利義務）
1　遺言執行者は、相続財産の管理その他遺言の執行に必要な一切の行為をする権利義務を有する。
2　第644条から第647条まで及び第650条の規定は、遺言執行者について準用する。

1　本条の趣旨

　本条は、遺言執行者の一般的な権利義務について規定をしています。遺言執行者は、相続財産を管理して、遺言どおりにこれを実現するのが職務ですから、当然に遺言執行に必要なあらゆる権限を持つとともに、それを実現する義務を負っているわけですから、本条1項は、そのことを明記したものです。

　その場合、何かの委任を受けた受任者と同視すべき立場になりますので委任の規定が準用されています。すなわち、遺言執行者は、善良な管理者の注意義務をもって遺言を執行する必要があり（644条の準用）、委任者の請求があるときは、受任者に事務処理状況を報告し、終了後は、遅滞なくその経過及び結果を報告し（645条の準用）、その処理に際して受け取ったものがあれば、委任者に引き渡し、自己の名で取得したものがあれば、委任者に引き渡し（646条の準用）、委任者に渡すべき金額又はその利益のために用いるべき金額を自己のために費消した場合、利息を付し、損害があれば賠償する責任があります（647条）。その半面、遺言執行者が事務処理において必要な費用を支出したときは、委任者にその費用及び利息の償還を請求でき、また、遺言の執行に当たり、債務を負担した場合、委任者に弁済をするよう求め、更には必要があれば担保を求めることもでき、過失なくして損害を受けた場合には、その賠償委任者に請

求できます（650条の準用）。

2 立法の経緯

本条は、明治民法1114条をそのまま承継しています。特に立法趣旨に変更はありませんが、梅・民法要義巻之5・392頁以下は、その立法趣旨について、次のように述べています。遺言執行者は、遺言者によって指定されたりするが、しかし、本来の委任契約ではないし、ましてや裁判所に選任された遺言執行者は一種の法定代理人であり、委任ではない、しかし、他人のために事務を処理する者であり、委任の規定を準用するのは当を得たものである、ただ、遺言執行者が何人に対して、その権利義務を負うのかは多少の疑義が生じるおそれがないとは言えないが、私の信じるところでは、相続人及び受遺者に対してこれを有すべきものとする、なぜなら、遺言執行者は相続人と受遺者の為に事務を処理する者だからである、これに対しては、遺言執行者は相続人の代理人であり（1117条）、第三者にさせたときは相続人に責任を負い（1118条2項）、遺言執行者の委託を受けた者は相続人に通知し（1108条2項、3項）、就職の催告の回答は相続人にすべきとされ（1110条）、財産目録も相続人に交付すべき（前条1項）とされていることなどから、遺言執行者の相手方は相続人であるという考えがある、しかし、これは一を知って二を知らない者である、なぜなら相続財産は、どんな遺贈その他の負担があっても概して相続人に属することは疑いを容れないから、之を相続人の代理人とみなしたのは当を得ている、しかし、厳密な理論から言えば、遺言執行者は一部受遺者の代理人とみなすべきであるから、敢えて相続人の代理人と「みなす」としているのである、つまり、厳密な理論に反するが、実際の便宜上、相続人の代理人とみるのである、しかし、往々にして、相続人の利益に反して受遺者の利益を保護しなければならないことがある、この場合、受遺者のためにする事務が果たして適当に処理されるかどうかを知りたいと思うのは、相続人ではなく受遺者である、それにもかかわらず、相続人だけが報告を求める権利（645条）があるとすると、相続人は自分の利益のことだけを考え、受遺者の利益をみないことが多いであろう、また、結局、受遺者に引き渡すべき物について、これを相続人に引き渡すべき（646条）ものとすれば、その不当であることは固よりいうまでもない。また、遺贈

の目的物について費用を支出した場合（647条）、受遺者に求めるべきことはもちろんにして決して相続人に請求できないのは疑いを入れないところである、また善管注意義務を負って管理される（644条）かどうかに利害を有するのは相続人だけではない、遺言執行者は本来受遺者を保護するために設けたものと言うこともできるのであって、委任事務を処理する場合の本人とは、相続人のこともあれば、受遺者の場合もあるのであり、だから「準用」なのである。

　その規定をそのまま承継する以上、受遺者を含まないというのであれば、それなりにしっかりとした理由が必要となるでしょう。

3　実務の運用

　本条2項は委任の規定を準用していますが、実際には委任者がいるわけではありませんから、この委任者が誰であるかが問題になります。これについては、遺言者の地位を承継する相続人がこれに相当すると考えてよいと言われています（基本法コメ相続196頁参照）。しかし、それならば、受遺者が遺言通りの受遺者への交付を求め、相続人がこれを拒絶した場合、遺言執行者は、相続人の意思にそって行動すべきなのでしょうか。相続人間の意見が分かれた場合、どの相続人に従えばよいのでしょうか。また、相続人が複数おり、受遺者もいるような場合において、それぞれの遺言執行の項目によっては、特定の相続人や受遺者を委任者として考える必要がある場合も出てきますが、その場合も、すべての相続人について委任の規定が準用され、すべての受遺者については委任の規定が準用されないと解するのが合理的な解釈なのでしょうか。

　適宜、執行すべき遺言の内容に応じて、その遺言執行によって利益を受ける者との関係で考えるべき要素があることに留意をする必要があることは、上記の立法の趣旨に照らしても明らかです。例えば、特定遺贈を受けた受遺者がいる場合において、その特定遺贈をさせるためだけに費用が生じたり、第三者から遺贈の目的物を取得したなどの場合において、その費用を受遺者の負担とすべき旨が遺言書に明記されている場合などには、その費用は、当該特定受遺者に請求し、遺贈の目的物を当該受遺者に引き渡すのが合理的であると考えられる場合があります。したがって、仮に遺言者の相続人が委任の規定の準用の際の委任者であると一応考えるとしても、単純に相続人だけが委任者だと言い切

れず、それぞれ誰を委任者と考えるべきなのかを考えながら適切に準用することが必要です。

なお、「相続させる」旨の遺言がある場合、遺言執行者の職務権限はどこまで及ぶのか。この点に関して、相続させる旨の遺言が即時に効力が生じるからと言って、当該遺言の内容を具体的に実現するための行為が当然に不要になるというものではなく、対抗要件を取得する行為は、遺言の執行に必要な行為に該当し、遺言執行者の職務権限に属し、他の相続人が自己名義の所有権移転登記を経由したため、遺言の実現が妨害されている場合には遺言執行者は遺言執行の一環として、真正な登記名義の回復を原因とする所有権移転登記手続を求めることができると解するのが相当であるとした事例（最判平成11年12月16日民集53巻9号1989頁、百選88）があります。

> 1013条（遺言の執行の妨害行為の禁止）
> 　遺言執行者がある場合には、相続人は、相続財産の処分その他遺言の執行を妨げるべき行為をすることができない。

1　本条の趣旨

本条は、相続人が遺言の執行を妨害することを禁止することによって、適正な遺言の執行を実現することを目的とする規定です。遺言執行者は、相続人の利益だけではなく、受遺者の利益も図る必要があり、相続人の意向に反してでも、遺言内容を執行することが必要となってきます。相続財産は、相続人間の共有であり、民法上の共有ですから、各相続人は自分の相続分を自由に処分できるというのが原則ですが、遺言執行者がいるときは、遺言の執行が優先しますから、遺言の執行を妨げる行為は、相続財産の処分はもとより、それ以外の行為もできないこととしたものです。

2　立法の経緯

本条は、明治民法1115条をそのまま承継したものです。立法趣旨にも変更

はありません。

3 実務の運用

相続人に対し処分することを禁止することによって、円滑な遺言執行が可能になるわけですが、その場合、問題となるのは、第三者保護との関係です。遺言というのは、自分の財産を相続させるに当たり、これを相続人間の共有とし、その共有状態の解消を相続人らに委せるのではなく、どの遺産を誰の所有にするとか、誰の取得割合を増やすとか、通常と異なる分け方を指定するものです。そして、特定の財産を特定人に「相続させる」旨の遺言のように、死亡と同時に物権的効力が生じるものから、遺贈のように相続人が受遺者に対し権利を移転する義務を負担するにとどまるものまで様々です。しかし、第三者にはそのような事情は分かりません。相続時に物権的効力が生じて第三者や特定の相続人の所有に帰していれば、その他の相続人には、もともと処分権限がありませんから、無権利者であり、そこから承継取得しても、第三者が保護されないのはやむを得ないことです。これに対し、遺贈などの場合には、相続人が受遺者にその権利を移転する義務を負っているにとどまりますから、相続人の1人が第三者に遺贈の目的となっている相続財産を譲渡することは可能です。そのため、本条によってその処分権限を奪っておく必要があるわけです。しかし、例えば、AがBに不動産を贈与し、その所有権移転登記をする前にAがCに譲渡した場合、対抗関係となり、先に登記を取得した方が優先することになります。AがBに不動産を遺贈し、その所有権移転登記をする前にAの包括承継人である相続人A'がCにその不動産ないし、その不動産の相続持分を譲渡した場合とどこが違うのでしょうか。それは、A'には本条によって処分権限がないという点です。管理権限は遺言執行者が持っているので、相続人A'にはそもそも処分権限がないのです。つまり、「相続人が、同法1013条の規定に違反して、遺贈の目的不動産を第三者に譲渡し又はこれに第三者のため抵当権を設定してその登記をしたとしても、相続人の右処分行為は無効であり、受遺者は、遺贈による目的不動産の所有権取得を登記なくしても右処分行為の相手方たる第三者に対抗することができるものと解するのが相当である」（最判昭和62年4月23日民集41巻3号474頁、百選89）という結論になるわけです。もし、

処分を禁止しても、第三者保護のため、対抗関係になるとすると、本条を設けた意味がなくなるということです。ただし、第三者としては、そんなことは分からないので、取引安全のため、遺言執行者は速やかに遺言執行者の管理下にある旨の登記をして保全できるよう立法的手当をすべきでしょう。第三者からみれば、同じ法主体が一方で贈与し、他方で処分をするのと同じことなのに、なぜ相続の場合にだけ、受遺者が保護されないといけないのか疑問のあるところです。もっとも、遺言執行者が速やかに就任し、不動産の受遺者がいるのであれば、速やかに受遺者に対し遺贈を原因とする所有権移転登記手続をすればよいことであり、それをしないで、被相続人の登記のままで、あるいは、共同相続人の登記のままで放置していたような事情があれば、94条2項を類推して第三者を保護できるような解釈をする必要があるでしょう。

コラム⑬ 遺言執行者の権限

遺言執行者については、相続財産の管理その他遺言の執行に必要な一切の行為をする権利義務を有する（1012条1項）とされ、また、遺言執行者は相続人の代理人とみなされています（1015条）。しかし、他方で、遺言執行者がある場合には、相続人は、相続財産の処分その他遺言の執行を妨げるべき行為をすることができないとされています（1013条）。これらの規定からは、果たして遺言執行者がどのような権利を持ち、どのような義務を負担しているのか、また、相続人の代理人となるというのがどのような趣旨なのか、相続人が相続財産の処分その他遺言の執行を妨げるべき行為をした場合、どのような法的効果が生じるのか、必ずしも条文上はっきりしません。

そこで、中間答申では、遺言執行者の権限の中に遺言執行を妨害する行為の排除を明記し、遺言執行の効果が相続人に帰属するものとし、遺言執行者に就任すれば、遅滞なくその旨及び遺言内容を相続人に通知すべきこととしています。そのうえで、上記1013条を削除するか、又は、遺言執行を妨げる行為は無効であるが、善意の第三者に対抗できないとすることが規定されています。また、併せて、類型ごとに権限の内容を定めることとし、特定遺贈がされた場合、遺言者の別段の意思表示がある場合を除き、遺贈の履行をする権限を有すること、特定の財産を特定の相続人に取得させる旨の遺言（いわゆる相続させる旨の遺言）がされれば対抗要件を具備する権限を有すること、預貯金債権の場合、その預貯金債権を行使できること、いずれも遺言者の別段の意思表示がある場合を除くことな

どを規定しています。更に、遺言執行者の復任権、辞任、解任、特定の行為についての権限喪失、家庭裁判所による新たな選任等ができることなども規定しています。

　遺言執行者について、果たしてここまで細かい規定を置く必要があるのか、疑問がないとは言えませんが、遺言執行者の職務をできるだけ具体的に分かりやすくすることで、その範囲が明確になる半面、あまり具体的に規定をすると、それ以外の権限があるのか疑問が生じることにもなります。実際の実務では、様々なことが生じてきますので、少し一般化、抽象化した規定を置いておくことも必要な面があります。

> 1014条（特定財産に関する遺言の執行）
> 　前3条の規定は、遺言が相続財産のうち特定の財産に関する場合には、その財産についてのみ適用する。

1　本条の趣旨

　本条は、遺言が特定財産の帰属についてのみ定めている場合について規定しています。つまり、遺言がすべての相続財産に言及しているのではなく、その中の特定の財産についてだけ表示されている場合、遺言執行の対象となるのは、その特定財産だけですから、財産目録の作成も、その特定財産だけに限られますし、遺言執行者の権利義務も、その対象財産だけに関するものとなり、相続人が処分その他の妨害行為を禁止されるのも、当該特定財産についてのみということになります。

2　立法の経緯

　本条は、明治民法1116条をそのまま承継したものです。その立法趣旨にも変わりはありません。

3　実務の運用

　本条が特定財産というのは、遺言に記載があり、執行を必要とするような財

産が特定されていれば、その財産についてだけ、執行ができるようにすればよいということで、要するに相続財産のうち、不動産全部とか、動産全部とか、農地全部とか、何らかの指標によってその範囲が明確であればよく、不動産が何筆あるかとか、動産に何があるのかなど、はっきりとしていなくても、特定されていると理解されます。例えば、遺言書に、私の所有する不動産全部をAに遺贈するとだけ記載があれば、不動産以外の相続財産は、遺言執行の対象外ですから、それについて財産目録を作成する必要はないし、遺言執行者の権限は及ばないし、相続人が処分をするのも禁止されないということになります。

1015条（遺言執行者の地位）
　遺言執行者は、相続人の代理人とみなす。

1　本条の趣旨

　本条は、遺言執行者の地位について定めており、これを相続人の代理人とみなすとしています。みなすというのは、そうではないが、そのように考えるという趣旨で、反証はできません。実際、遺言によって指定されたからと言って、当然に相続人の代理人になるわけではありませんし、家庭裁判所が選任した場合には、相続人は一切代理権授与などの行為を行っていません。したがって、そのままでは代理人になりようがないのですが、遺言執行者が遺言の執行として行った行為の効果は相続人に帰属するので、そのことを明確にするため、相続人の代理人とみなしたものです。ただし、実体的にはどのように考えるべきかについて学説上、種々の争いがあります。

2　立法の経緯

　本条は、明治民法1117条をそのまま承継したものです。その立法趣旨について、梅・民法要義巻之5・397頁以下は、次のように説明しています。すなわち、遺言執行者は、本来受遺者の為に設けたもので相続人の事務を処理する

のは、受遺者の利益を保護するのに必要だからである、そうは言っても、受遺者の利益を正当に保護するほか、相続人の利益をも保護し、結局、公平に双方の利益を保護すべきであるから、遺言執行者は同時に相続人と受遺者との事務を処理するものと言わざるを得ない、そうは言っても、その法律上の資格を定めるに当たって同時に双方の代理人だとみるのは、とても錯綜する関係が生じ、ほとんど実際には行いがたい、そして理論上から言えば、ある事項についてこれを相続人の代理人とみなし、他の事項は受遺者の代理人とみなし、又他の事項はと考えるのは行いがたい、そこで実際の便宜を考えて、すべて相続人の代理人と見なすことにした、というのも、遺言執行者がいないときは、概して相続人がその任に当たり、また、相続財産は原則として相続人に属するのであるから、遺言執行者を相続人の代理人としたことが当を失したものということはできない。

3 実務の運用

　遺言執行者が相続人の代理人であると見なしても、実際には、普通の代理人とかなり違うところがあります。第1に、普通の委任による代理人であれば、いつでも委任を終了することで代理権は消滅します。しかし、相続人の意思で遺言執行者の代理権を奪うことはできません。第2に、普通の委任では、双方代理が禁止されます。しかし、遺産の取得を巡り、相続人間にどれだけ激しい対立や争いがあり、利害が相反する状況にあっても、遺言執行者の代理権には影響がありません。第3に、相続人の廃除のように、相続人の代理人でありながら遺言執行者はその相続人の地位を剥奪することが職務とされる場合があり、どれほど遺言執行者の行為と相続人の利益が矛盾、衝突しても、代理権は喪われません。代理人と共通するのは、ただ一つ、遺言執行者が行った行為の効果が本人に帰属するという点ですが、実はこれも間違っています。遺言執行者が遺言どおりのことをした場合に遺言執行者の行為が相続人に帰属するのであり、遺言どおりに執行しなかったときは、その行為は無効であり、相続人に帰属しません。遺言執行者の行為が相続人に帰属するのは、代理であるからではなく、遺言の効果にすぎません。

　そう考えると、どこから見ても、『代理』などとはとても言えないだろうと

いうのが代理人説に対する立法論的、解釈論的批判です。

　実務的には、遺言執行者というのは、「遺言者の意思を忠実に実行する法定の職務者」であると理解した方が遙かに分かりやすいものになります。どうせ擬制をするなら、遺言者の死後の代理人と言った方が遙かに理解しやすいものです。遺言執行者は、遺言者の代理人であるから、相続人の意思を無視して行動でき、相続人は遺言者の相続人であるから、その効果が帰属するのです。相続人や受遺者は、遺言者の意思に従う限りにおいて、遺言執行者により、その利益が保護されるのです。遺言に廃除の記載があれば、遺言執行者は速やかにその相続人を相手方として家庭裁判所に推定相続人廃除の申立をしなければならない（893条）のは、遺言執行者が相続人の代理人であるからではなく、遺言者の代理人であるからであり、遺贈が遺留分を侵害している場合、侵害された相続人は、受遺者に対してだけではなく、遺言執行者に対しても減殺請求できる（大判昭和13年2月26日民集17巻275頁）のは、遺留分を侵害するような遺言をした遺言者の代理人の性格及びひいては受遺者の代理人の性格を遺言執行者が持っているからに外ならず、現実的な利害を実務的に考えれば、遺言者の代理人と観念した方がはるかに理解しやすくなります。遺言者のその遺言についての代理人であるから、その遺言の範囲内でしか権限を持たない（1012条）のであり、その遺言の内容が相続人や受遺者の利益と対立することも当然にあるわけです。遺言者は死んでいるから遺言者の代理人というのは擬制にしても無理があるというのであれば、遺言者の遺言意思に拘束された相続人及び受遺者の代理人と言ってもよいかもしれません。要は実務的解釈をするには、そのように理解をすれば、妥当な結論を導くことができ、かつ、遺言に関する条項を整合的に理解できるということです。それを相続人の代理人だなどというからわけが分からなくなるのです。明治時代からとりあえずの擬制として作られた条文を無理に維持するのではなく、速やかに改正すべきでしょう。

第7章 遺　言（960条〜1027条）

> **1016条（遺言執行者の復任権）**
> 1　遺言執行者は、やむを得ない事由がなければ、第三者にその任務を行わせることができない。ただし、遺言者がその遺言に反対の意思を表示したときは、この限りでない。
> 2　遺言執行者が前項ただし書の規定により第三者にその任務を行わせる場合には、相続人に対して、第105条に規定する責任を負う。

1　本条の趣旨

　本条は、遺言執行者の復任権を定めた規定です。遺言執行者は、本来、法律の規定により代理人と見なされたものですから、法定代理人です。法定代理人は、復代理人を選任できるのが原則で、復代理人にその職務を委ねることも認められています。しかし、遺言執行者というのは、遺言者の指定により、若しくは、遺言者に委託された第三者の指定により、または、家庭裁判所により適任であるとして選任された者ですから、就職した以上は、当然、自分自身で職務を執行する責任があります。そうでなければ、遺言書で指定できるとした意味がありませんし、本来、遺言者の意思は、この人に遺言を執行してほしいという趣旨で、遺言執行者に指定をしているのですから、実質的には委任による代理人というべきものです。そうだとすると特にそこで復代理の選任を許容していない以上、指定された人が遺言の執行業務を遂行する責任があります。そのことを明確にするため、第三者にその任務を行わせることができないとしたものです。ただし、これには例外があり、ひとつは、やむを得ない場合です。病気のため、しばらくの間、自分では職務できなくなってしまったが、これまでの経緯から完全に辞職するのは相当ではないというような場合が考えられます。もう一つは、遺言者が同じ遺言書の中で、反対の意思を表示した場合です。遺言者の意思に従う限りにおいては、第三者にその任務を行わせることができるということです。なお、ここで第三者にその任務を行わせるということの意味ですが、例えば弁護士が遺言執行者に選任された場合、履行補助者としてその事務員を使うことは普通に行われていることであり、それは本条には該当しません。遺言執行者が自ら意思決定をすることが必要な職務をある程度全体と

して第三者に委ねてしまうような場合を指していると理解されています。

本条2項は、その場合、その第三者の行った行為について、遺言執行者の責任を定めたものです。すなわち、特に遺言執行者が遺言者の指名によって復代理人を選任した場合でない限り、その選任及び監督について責任を負います。遺言者の指名によって復代理人を選任した場合でも、その復代理人が不適任又は不誠実であることを知りながら解任を怠ったときは、やはり責任を負うことになります。

2　立法の経緯

本条は、明治民法1118条をそのまま承継したものです。梅・民法要義巻之5・399頁以下は、その趣旨について、要旨次のように説明しています。遺言執行者は法定代理人であるから、本来、106条により自己の責任で復代理人を選任でき、やむを得ない事由があるときのみ、その選任及び監督についてのみ責任を負うわけですが、遺言執行者の場合、上記のとおり、遺言者の指定等によって信任されて遺言執行者となったものであるから、やむを得ない場合を除き、復代理を認めないこととし、遺言者が特に許した場合はこれに従うこととしたものである、そして106条は、法定代理人がやむを得ない事由で復代理人を選任した場合には、105条1項のみの責任を負うとしているところから、遺言執行者がやむを得ない事由で復代理を選任した場合と似ていることから、105条の責任を負うとしたのである、そして遺言者の指名に従って復代理人を選任したときは、その不適任又は不誠実なることを知ってこれを解任することを怠ったのでなければ、その責に任じないこととしたのである（105条2項）。

以上のように説明した上で、最後に、本条2項で遺言執行者は相続人に対し責任を負うとされているのは、前条で相続人の代理人とされていることからもとよりであるが、立法論としては、1114条と権衡を得させるため、むしろ、「相続人に対し」の文字を削るのを可とすべきかと疑問を呈しています。

3　実務の運用

前掲・梅の最後の「相続人に対し」を削るべきかという疑問が出てくるのは、次のようなケースがあるからです。例えば、遺言者がが大切にしていた代々引

き継がれたダイヤの指輪を特別に受遺者に遺贈するという遺言に基づいて、遺言執行者が預かっていたダイヤを復代理人に預けていたところ、紛失してしまったという場合、損害を受けたのは受遺者であって相続人ではありません。受遺者は誰に損害賠償を求めることができるかと考えると、まず、相続人は遺言執行者の指定や選任には何もかかわっていないので、責任のとりようがないものです。もちろん相続人は遺言者の相続人として受遺者に対し遺贈義務を負っているわけですが、少なくとも、その紛失に関しては、責めに帰すべき事由はないと言ってよいでしょう。しかし、遺言執行者が105条の責任しか負わない場合において、同条の責任は「相続人に対し」となっているとすると、受遺者には責任を負わなくてもよいように読めます。そうすると、むしろ、前条を「遺言者の意思に拘束された相続人及び受遺者の代理人」として、本条の「相続人に対し」を「相続人又は受遺者に対し」とした方が網羅的にカバーできるのではないかと思われます。もちろん現行法の解釈としても、相続人に対しというのは通常の場合であり、受遺者の権利が侵害された場合には、受遺者に対しても責任を負うという解釈は可能ではないかと思われますが、そこは明文がないので、争いになるでしょう。

1017条（遺言執行者が数人ある場合の任務の執行）
1 遺言執行者が数人ある場合には、その任務の執行は、過半数で決する。ただし、遺言者がその遺言に別段の意思を表示したときは、その意思に従う。
2 各遺言執行者は、前項の規定にかかわらず、保存行為をすることができる。

1 本条の趣旨

本条は、遺言執行者が数人ある場合、その任務の執行方法について規定をしています。原則は、過半数で決めるということです。例外として、第1に、遺言者が別段の意思表示をしたときです、その場合はその意思に従うと規定しています。第2に、保存行為です。これは、各遺言執行者が単独で意思決定をして行うことができます。

2 立法の経緯

本条は、明治民法1119条をそのまま承継したものであり、立法趣旨にも変更はありません。梅・民法要義巻之5・402頁以下は、立法例としては、共同一致しなければ、その任務を行うことができないとする主義、各遺言執行者が独立してその任務を行うことができるとする主義、過半数で決めるとする主義があるが、最後のものが妥当であるとし、文明国の通義と言ってもよいとしていますが、可否同数の場合どうするのかについては触れていません。

3 実務の運用

本条で問題となるのは、可否同数の場合です。遺言者が偶数の遺言執行者を選任し、かつ、それぞれが単独で遺言を執行できると解釈できる遺言書であれば、それぞれが単独でできるわけです。冷静に考えてみると、偶数(といっても通常2人、多くても4人まででしょう)の遺言執行者を指定しながら過半数で決めるよう求める遺言者が実際にいるとは考えがたいし、その偶数の遺言執行者の全員の意見が一致した場合のみ遺言を執行してくれ、一致しない場合は執行しなくてもよいと考える遺言者がいるとも考えがたいところがあります。通常の遺言書の意思解釈としては、偶数の遺言執行者を指定するとだけある場合には、権限の分掌があるか、それぞれが単独で遺言書の趣旨にそって執行してくれればよいという趣旨であるのが通常です。本条を前提として、家庭裁判所が偶数の遺言執行者を指定することもあり得ないことです。遺言で相続人の廃除を求めているケースで、2人の指定遺言執行者のうち、1人が相続人廃除の申立てをした事案で、単独でできる旨の遺言者の別段の意思が表示されていないから、可否同数であるとして、廃除の申立てを不適法として却下した事例(徳島家審昭和57年7月13日判時1063号205頁)がありますが、疑問です。そもそも遺言書で遺言者が相続人廃除を求めているのであれば、遺言執行者として廃除を求めるのは当然のことであり、2名の遺言執行者を指定している以上、過半数となるためには、2人の意見が一致しない限り、できないわけですから、そうすると、意見が分かれれば、遺言書で廃除を求めていても、執行しなくてよいというのが遺言者の意思ということになってしまいます。そういう場合の遺言者の意思は、遺言書で推定相続人の廃除を求めている以上、双方または、

どちらかの遺言執行者に廃除の申立てをしてもらってもよいと考えるのが合理的な遺言者の意思です。特段の事情がない限り、1人が申立てをしたのではだめですというのが遺言者の意思だと解釈するのは、明らかに通常の遺言者の意思とは異なる意思解釈ではないかと思われます。むしろ、遺言者が偶数の遺言執行者を指定している場合、遺言者の合理的意思を推認すれば、可否同数のときは、執行しなくてもよいというのではなく、それぞれの遺言執行者に遺言通りに執行してくださいという意思に解釈するのが相当であり、本条は奇数の遺言執行者が指定されている場合に適用されると理解すべきではないかと思われます。そうでなければ可否同数の場合の処理を規定していない民法は、立法の過誤、欠缺であり、可否同数の場合にどうするかの明文を置くべきです。

1018条（遺言執行者の報酬）
1　家庭裁判所は、相続財産の状況その他の事情によって遺言執行者の報酬を定めることができる。ただし、遺言者がその遺言に報酬を定めたときは、この限りでない。
2　第648条第2項及び第3項の規定は、遺言執行者が報酬を受けるべき場合について準用する。

1　本条の趣旨

　本条は、遺言執行者の報酬について規定をしています。通常、遺言者が遺言執行者を指定する場合、その執行者が受任してくれるかどうかを考えて、無報酬でもやってくれると考えれば無償で指定をするし、有償でないと受任してくれないと思えば、相当額の報酬の支給を遺言書で示すことになるでしょう。裁判所が相当と考えた額という報酬の定め方もあり得るでしょう。その場合には、それに従うことになり、遺言執行者に指定された場合、それを引き受けるかどうかは、その報酬額を勘案して決めることになります。
　しかし、遺言者が遺言執行者の報酬について、その遺言で報酬額を定めていない場合、遺言執行者としては受任しづらいところがあります。簡単に済むこ

とならよいのですが、多くの労力を必要とする場合には、相当額の報酬がないと受任しづらくなります。そこで、家庭裁判所は、相続財産の状況そのほかの事情によって遺言執行者の報酬を定めることができるとしたものです。

その場合、受任者と似たような立場ですから、受任者が報酬を受ける場合と同じように、委任事務の履行後に報酬を受けるのが原則ですが、期間によって定めたときは、期間経過後に請求でき（648条2項の準用、同条項で準用される624条2項の準用）、受任者の責任ではなくして途中で終われば終了までの報酬が請求できます（648条3項の準用）。

2 立法の経緯

本条は、明治民法1120条を承継するものですが、戦後の改正で、一部変更されています。明治民法では、遺言執行者は、遺言に報酬を定めたときに限り、これを受けることができる（1項）、裁判所において遺言執行者を選任したときは、裁判所は事情によりその報酬を定めることができる（2項）、遺言執行者が報酬を受けるべき場合には、648条2項、3項を準用する（3項）旨を規定していました。その理由として、梅・民法要義巻之5・406頁以下は次のように説明しています。すなわち、遺言者や遺言者が委託した第三者が指定をした相続人の場合は、親族や親友など全く好意に訴えてその任務に就くことを望むことが多く、我が国の慣習では、これに報酬を与えるのはかえって侮辱に近いことが稀ではないから、遺言に報酬を定めたときだけ報酬を与えることとした、これに対し、裁判所が選任した遺言執行者の場合は、親族ではなく、弁護士など経験のある者を選ぶ場合が多く、正当な事由がないと辞任できない（1112条2項）から、裁判所が一切の事情を斟酌して報酬を与えることとしたものである。

しかし、親族だと言っても、遺言執行者の業務は相当に大変な場合があり、また、善管注意義務を負わせて、更に何かあった場合の責任を幅広く負わせていることを考えると、無報酬を原則とするのは相当ではないと考えられたことから、特に遺言者の意思表示がない限り、遺言者が指定し、または、遺言者の委託した第三者の指定した遺言執行者の場合にも、原則として家庭裁判所に対し、相当額の報酬を請求できることとしたものです。

第 7 章 遺　言（960 条～1027 条）

3　実務の運用

　本条に基づく報酬請求権については、家事事件手続法別表第一の 105 項に定められています。平成 27 年度の司法統計年報によると、平成 27 年の報酬請求事件数は、425 件です。同じ年の遺言執行者選任申立事件数が 2530 件であることを考えると、6 分の 1 になります。指定遺言執行者にも報酬請求権がありますので、6 分の 1 というのはマックスの数字で、実際にはもう少し低いと考えられます。ここ数年の事件数の推移をみると、報酬請求事件数は、平成 20 年ころまで 200 件に満たなかったものが、年々増加し、平成 21 年に 200 件を超え、平成 23 年に 300 件台になり、平成 24 年に 400 件台になって、毎年少しずつ増加しています。他方、遺言執行者申立事件数は、平成 20 年に 2000 件を超えて、その後少しずつ増加し、平成 25 年に 2500 件を超えて、その後少しずつ増加しています。傾向としては似ています。遺言書検認の数（平成 27 年では 1 万 6888 件）からすると、遺言執行者選任件数は、その約 15％であり、報酬請求がされたのは、約 2.5％です。仮に検認された遺言書の半数に遺言執行者がいると仮定すると、遺言執行者の総数のうち、報酬を請求したのは、約 5％ということになります。この数字をみる限り、まだまだ日本人の中には、遺言者から執行者になってくれと頼まれた親戚、友人、知人などは、その期待に応えて亡くなった人の遺志を実現してやりたいというだけで引き受け、報酬を請求しようという考えはないという実態が浮かび上がってきます。つまり戦後、多くの人は遺言執行者に選任されれば報酬を請求したいと思うだろうと、原則と例外とを逆にしたわけですが、その実態をみると、案外請求をしていないことが分かります。これは梅先生がおっしゃるように、亡くなった人からその遺志を実現してくれと頼まれたのに報酬などもらえるかという心理に起因するのか、あるいは、戦後、遺言書に何も書いていなくても、家庭裁判所に報酬を請求できるようになったことが、戦後 70 年を経過しても、人々に知られていないことに起因するのか、実態調査をしないとはっきりしません。

> 1019条（遺言執行者の解任及び辞任）
> 1　遺言執行者がその任務を怠ったときその他正当な事由があるときは、利害関係人は、その解任を家庭裁判所に請求することができる。
> 2　遺言執行者は、正当な事由があるときは、家庭裁判所の許可を得て、その任務を辞することができる。

1　本条の趣旨

本条は、遺言執行者の解任と辞任について定めたものです。遺言執行者は、遺言者が指定し、若しくは、遺言者の委託した第三者が指定し、または、家庭裁判所から選任された者ですから、同人が遺言執行者として相応しくないと認められる客観的な事情がないと解任されるべきではないし、また、遺言執行者になることを承諾した以上は、最後まで職務を遂げるのが原則であり、途中で辞めるにはそれなりの理由が必要となってくると考えられることから、それぞれに「正当な事由」が必要とされたものです。したがって、1項の正当な事由と2項の正当な事由は、同じことばを使っていますが、解任事由と辞任事由とではその趣旨が異なりますので、それぞれについて判断されることになります。

2　立法の経緯

本条は、明治民法1121条をそのまま承継したものです。その立法趣旨も同様です。

3　実務の運用

本条に規定する遺言執行者の解任の審判については、家事事件手続法別表第一の106項に規定され、辞任の許可の審判については、同別表第一の107項に規定されています。平成27年度の司法統計年報によると、解任事件と辞任事件とを合計した数が188件とされています。その内訳は、統計資料が公表されていないので、分かりません。実務感覚からすると、解任に至るのはよほどの場合で、いろいろな事情で辞任するケースが多いのではないかと推測されますが、はっきりしたことは分かりません。

第7章 遺　言（960条〜1027条）

　解任事由になるとされた事例に、遺言執行者が相続人に対し、遺産目録の作成、交付、状況報告を書面、口頭でせず、今後も応じない状況にあることから解任したもの（大阪高決平成17年11月9日家月58巻7号51頁）、解任事由にならないとされた事例に、遺言執行者が作成すべき相続財産目録について、遺言者の妻や長男の協力が得られないため、半年以上かかり、一部欠落があるとしても、任務懈怠があるとは言えないとした事例（広島高松江支決平成3年4月9日家月44巻9号51頁）などがあります。

1020条（委任の規定の準用）
　第654条及び第655条の規定は、遺言執行者の任務が終了した場合について準用する。

1　本条の趣旨

　本条は、遺言執行者の任務が終了した場合において、委任終了時に関する654条と655条を準用することとしたものです。654条は、委任終了の場合において、急迫の事情があるときは、受任者又はその相続人若しくは法定代理人は委任者又はその相続人若しくは法定代理人が委任事務を処理することができるに至るまで、必要な処分をしなければならない旨を規定しており、655条は、委任の終了事由は、これを相手方に通知したとき、又は相手方がこれを知っていたときでなければ、これをもってその相手方に対抗することはできない旨を定めています。遺言執行者の任務が終了した場合というのは、いろいろなケースがあります。現実に遺言執行が終了したとき、遺言執行者が死亡、破産、解任、辞任したときなどを指しています。

2　立法の経緯

　本条は、明治民法1122条をそのまま承継しています。

3　実務の運用

本条についても、やはりあいまいなところがあります。委任の規定を準用する場合、受任者が遺言執行者になることは分かりますが、委任者が相続人だけを指すのか受遺者を含むのかはあいまいです。相続人の代理人と考える以上は、受遺者は含まないというのが一貫することになりますが、実務上の必要性という観点からみると、遺贈の対象財産の処理に関する限り、任務終了において通知を必要とするのは、受遺者になりますから、受遺者に通知をする必要があり、それがなければ受遺者に対抗できないと解する必要があります。このように相続人の代理人という規定とその他の条項との解釈の整合性が、いろいろな場所で欠けてきてしまうというのは、望ましいことではないでしょう。

1021条（遺言の執行に関する費用の負担）
　遺言の執行に関する費用は、相続財産の負担とする。ただし、これによって遺留分を減ずることができない。

1　本条の趣旨

本条は、遺言の執行に関する費用を誰が負担をするのかについて規定をしたものです。遺言の執行は、遺言者の意思に基づいて行われるものですから、当然、相続財産の中から負担をするのが原則になります。遺言の執行には、遺言書の検認、相続財産目録の作成、相続財産の管理費用のほか、遺言執行のため、相続人廃除の申立をすれば、それに要する費用が生じますし、受遺者に対し、遺贈されたものの引渡や移転登記をするのに要する費用も生じますし、執行対象財産の権利関係に関する訴訟等が必要となれば、その訴訟に要する費用も含まれることになります。しかし、最終的に遺言によって遺留分を侵害された相続人が遺留分請求をした場合、本来、取得すべき遺留分額から本件の費用を控除することはできないということを明らかにしたのが本条ただし書です。

2　立法の経緯

本条は、明治民法 1123 条をそのまま承継したものです。立法趣旨も同じであり、特に変化はありません。

3　実務の運用

1012 条は委任の規定を準用しており、受任者は委任者に対し、その費用の償還を請求できることになっています（650 条の準用）。そうすると、相続財産がある場合は、そこから本条により、償還を受けることになりますが、それを超える費用が発生している場合、遺言執行者は、相続財産を超える部分を相続人に請求することができるかが問題となります。この点に関して、本条の相続財産の負担とするという趣旨は、相続財産を超える部分については、別途相続人に請求できないことを規定しているとした裁判例（東京地判昭和 59 年 9 月 7 日判時 1149 号 124 頁）があります。つまり相続財産を処理するための費用ですので、過分の費用を要する場合には、そもそも執行する義務はないと解され、それにもかかわらず相続財産額を超える過分な費用を費やして執行したからという理由で、相続財産額を超える費用を相続人や受遺者に請求することはできないということになります。したがって、遺言執行者としては、このまま執行を続ければ、執行費用が相続財産額を上回ると判断された時点で、その旨を相続人及び受遺者に通知し、相続人及び受遺者が固有財産から負担をしてまで遺言の執行を望まないということであれば、そこで執行を中止して、清算処理をすることになるでしょう。

第 5 節　遺言の撤回及び取消し

> 1022 条（遺言の撤回）
> 　遺言者は、いつでも、遺言の方式に従って、その遺言の全部又は一部を撤回することができる。

1 本条の趣旨

遺言は、遺言者の最終の意思を表示するものですから、その最終の意思が変われば、当然にそれに応じて遺言書の内容も変わることになります。したがって一度した遺言の意思表示も、遺言の方式に従って、その遺言の全部又は一部を撤回することができることとしたものです。

2 立法の経緯

本条は、明治民法1124条を承継したものですが、同条では、遺言を撤回することができるとするのではなく、取り消すことができる（「取消スコトヲ得」）と規定し、戦後もずっとそのまま承継されてきました。その表題も、明治民法では、「第5節　遺言の取消」とされ、これも戦後ずっとそのまま承継されてきました。そして、平成16年になって、これを「第5節　遺言の撤回及び取消し」に改め、本条の「取り消すことができる」とされていたのを「撤回することができる」に改めたのです。しかし、それは、趣旨が変更されたわけではありません。通常、意思表示の取消しというのは、既に意思表示がされていて、それを遡及的にないものにすることを意味します。しかし、本条の取消しというのは、そうではなく、未だ効力が生じる前の段階で、その意思表示の効果が生じないようにすることなので、本来の意味の取消しとは異なります。明治民法以来、そのまま取消しという表現を使ってきていたのですが、やはり本来の意味の用語にすべきであると考えられたことから、「取消し」を「撤回」に改めたものです。また、第5節には、そのような意味で撤回に改めた条文もあれば、そのまま取消しという表現が妥当する条文もあるので、それまで「取消」とされていたのを「撤回及び取消し」と表記することとしたものです。内容に変化はありません。

3 実務の運用

遺言者は、死亡するまでの間いつでも遺言撤回できますが、ある遺言書の意思表示を撤回したのかどうかがあいまいになっていると、そこで紛争が生じますから、遺言の撤回も、遺言と同様の方式で行うことが必要とされたものです。遺言の方式によるのは、その意思が本人の意思として確実なものかどうかを示

すためのものですから、どの方式でもかまいません。

　問題となるのは、死因贈与の場合です。死因贈与については遺贈の規定が準用されます（554条）が、どの条項が準用されるのかは解釈に委ねられています。基本的に死因贈与は、死亡を停止条件とする贈与契約であるとすると、書面による贈与契約は撤回することができない（550条）から、遺言書によってした死因贈与を撤回することはできないと考えられる半面、本条を準用するとすれば、例外的に遺言による死因贈与の場合には、撤回ができると解する余地があります。

　この点について、負担付死因贈与契約がされ、受贈者がその効力が生じる前にその負担を履行した後、贈与が撤回されたケースについて、最判昭和57年4月30日（民集36巻4号763頁）は、次のように判示しました。すなわち、「受贈者が約旨に従い負担の全部又はそれに類する程度の履行をした場合においては、贈与者の最終意思を尊重するの余り受贈者の利益を犠牲にすることは相当でないから、右贈与契約締結の動機、負担の価値と贈与財産の価値との相関関係、右契約上の利害関係者間の身分関係その他の生活関係等に照らし右負担の履行状況にもかかわらず負担付死因贈与契約の全部又は一部の取消をすることがやむを得ないと認められる特段の事情がない限り、遺言の取消に関する民法1022条、1023条の各規定を準用するのは相当でないと解すべきである。」

　これによって、死因贈与契約についても本条が準用されるとした判例（最判昭和47年5月25日民集26巻4号805頁）が変更されたというよりも、死因贈与契約に本条が準用されるかどうかは、ケースバイケースで、事案によって準用が認められるとするのが判例の立場であると解されます。

1023条（前の遺言と後の遺言との抵触等）
1　前の遺言が後の遺言と抵触するときは、その抵触する部分については、後の遺言で前の遺言を撤回したものとみなす。
2　前項の規定は、遺言が遺言後の生前処分その他の法律行為と抵触する場合について準用する。

1 本条の趣旨

前条は、撤回する旨が遺言の方式にしたがってされた場合、その遺言の全部又は一部が効力を失う旨を規定したのに対し、本条は、客観的にみて、前の遺言と後の遺言とが抵触する場合には、その抵触部分について、後の遺言で前の遺言を撤回したものと見なすとするものです。言い換えれば、本人は撤回の意思があったかどうかは分からないが、後の遺言で前の遺言と矛盾する遺言をした場合、後の遺言を尊重し、前の遺言の抵触部分を撤回したものとみなしてしまうというのが本条1項の趣旨です。同様に、例えば、ある建物をAに遺贈するという遺言書を作成した後、その建物を遺言者自ら処分をすれば、これによってAに遺贈することができなくなったわけですから、そのように生前に、前の遺言と抵触する行為が行われた場合も、それと抵触する遺言は撤回したものとみなすということを規定したの本条2項です。いずれも遺言者の通常の意思を推測し、遺言書の内容や効力を明確にするため、これに対する反証を許さないことにしたものです。

2 立法の経緯

本条は、明治民法1125条をそのまま承継したものです。その立法趣旨に変更はありません。

3 実務の運用

本条の趣旨は、理論的にはとてもよく理解できるものの、実際にどのような場合に撤回したものと認めるべきかはなかなかに難しい問題を含んでいます。例えば、遺言者が遺言により育英財団法人の設立のため寄付行為を行った後、同じ目的の育英財団法人を設立するため、寄付行為をしたところ、主務官庁の許可が得られなかった。そして、それから1か月ほどして遺言者が死亡したというケースで、この生前寄付行為をしたことによって、遺言でした育英財団法人設立のための寄付行為の遺言が撤回されたと見られるかどうかが争われたケースで、最判昭和43年12月24日（民集22巻13号3270頁）は、「遺言と生前処分が抵触するかどうかは、慎重に決せられるべきで、単に生前処分によって遺言者の意思が表示されただけでは足りず、生前処分によって確定的に法律効

第 7 章 遺　言（960 条～1027 条）

果が生じていることを要する」として、本件生前の寄付行為については許可が下りておらず、成否未確定であるとして、寄付行為をしただけでは法律効果は生じないので、遺言との抵触の問題は生じないとしました。

　ところで、現実問題としては、次のような場合も考えられます。例えば、数十年前にした遺言を本人が見付けて、家族全員の前で、昔はこんなばかなことを考えていたんだ、今ではこんな遺言をするなど考えられないと遺言者が述べていたが、破棄処分をしないまま放置していたような場合において、その後、遺言が作成されていないし、如何なる抵触する処分行為もされていないとすると、どうなるのだろうか。相続人である家族全員がその遺言は遺言者本人の意思ではないということを本人の口から聞いており、それが破棄されなかったのは、さして重要なものとは誰も考えてもみなかったことによっているような場合、本条の1項にも2項にも該当しないし、次条の破棄にも該当しないが、誰が考えても、それが本人の意思ではないことが明らかであるようなときは、その遺言の効力は生じないと解されるでしょう。そして実際問題としても、相続人全員がその遺言書が遺言者の意思ではないと知っている場合、その遺言は事実上破棄されたものとして扱われることになるでしょう。実際、若い時に生命を危ぶむ病気や事故に遭遇し、その際、遺言を書いてそのままになって、本人も何を書いたのか数十年も経過して忘れてしまっているような場合、たまたまその遺言書が古い書籍類の中から発見されたからと言って、それを本人の最後の意思だと考えるのは、経験則に反することになるでしょう。その意味である遺言書が撤回されていないかどうかの見極めは、単純ではなく、よくよく考える必要があることがらだろうと思われます。

1024 条（遺言書又は遺贈の目的物の破棄）
　遺言者が故意に遺言書を破棄したときは、その破棄した部分については、遺言を撤回したものとみなす。遺言者が故意に遺贈の目的物を破棄したときも、同様とする。

1　本条の趣旨

　遺言者が意図的に遺言書を破棄する事実があれば、それはその遺言をする意思を撤回する趣旨だというのが経験則に合致します。同様に意図的に遺贈の目的物を破棄するなら、それはその目的物を遺贈する意思を撤回する趣旨であることも経験則に合致します。しかし、遺言者の真意はなかなか分からないので、そのような場合には、いずれも撤回したものとみなすこととしたのが本条です。

2　立法の経緯

　本条は、明治民法 1126 条をそのまま承継したものです。ただし、明治民法では、「破棄」は「毀滅」となっており、また、平成 16 年に「取消」が「撤回」に改正されたことは 1022 条と同じです。

3　実務の運用

　本条の趣旨は明瞭ですが、具体的にどのような行為がこれに該当するのかは難しい問題です。例えば、遺言者が死亡直前に、A の遺言書を破棄するつもりで、B の遺言書を破棄した場合、遺言者の真意は、A の遺言書を破棄して、B の遺言書を残すということですが、実際には、A の遺言書しか残っておらず、B の遺言書は破棄されて、残っていない。間違いに気がついて書き直そうとしたが、間に合わなかったという事実が認定できるとき、形式的には A の遺言書が残っているが、真意でないことがはっきりしている。このような場合、A の遺言書を有効とすれば、遺言者の真意に反することになります。遺言者の A の遺言書を破棄しろとの命に基づいて、遺言者の妻が間違って B の遺言書を破棄した場合も同じ問題が生じます。遺言書を破ることはしたが、棄てることはしなかったので、破られたままの遺言書が残っている場合、故意に破ったのだが、最終的に、それを遺言書として残す意思だったのか、撤回するつもりだったのか。破っているが棄てていないから、「破棄」ではないから撤回とみなさなくてよいのか。遺言書のうち、一部を破棄する意図でその一部を塗り潰したが、訂正印は押捺しなかった場合、遺言書の方式を具備していない問題として捉えるのか、破棄に方式の規定はないから、有効な破棄として捉えるのか。遺贈の目的としたのは B であるのに A であると勘違いをして、遺言者が意図

的にBを破棄した場合、故意にBを破棄したことは間違いないが、真意は、遺贈を撤回する趣旨ではなかったことが明らかであるとき、撤回されたとは言えないのではないか。あまりに形式的に外形的事実だけで「撤回」とみなしてしまうのは、真意に反するし、しかし、遺言外の真意を探究すると、みなすとした意味が失われてしまうということになり、実際の実務は、そう簡単ではありません。

1025条（撤回された遺言の効力）
　前3条の規定により撤回された遺言は、その撤回の行為が、撤回され、取り消され、又は効力を生じなくなるに至ったときであっても、その効力を回復しない。ただし、その行為が詐欺又は強迫による場合は、この限りでない。

1　本条の趣旨

本条は、遺言書が撤回され、または、撤回とみなされた後、その撤回行為が撤回され、取り消され、効力を失っても、一度、撤回されて効力を失った遺言書の効力は復活しないということを定めたものです。前の遺言書が撤回されたとみなされたとしても、前の遺言書を復活させるのが遺言者の意思かは定かではなく、また、一度撤回の効果が発生している以上、その復活を認めることは当然とも言えず、実際上も、撤回の撤回の撤回と繰り返され、特に一部撤回が繰り返されると、何が遺言者の最終意思なのか、かえって不分明になることから、そのような場合には、あらたな遺言をすることで遺言者の最終意思を明示するのがよいと考えたのが本条の趣旨です。ただし、詐欺または強迫によって撤回をしたため、この撤回を取り消した場合には、もとの遺言書の効力は失われないとされています。詐欺、強迫の場合には、撤回したとみなすことはできませんから、撤回の効果が生じないこととしたものです。

2　立法の経緯

本条は、明治民法1127条を承継したものです。ただし、明治民法では、撤

回も含めて取消と表現していましたから、平成16年に、「取消」は「撤回」に改められています。その趣旨に変更はありません。梅・民法要義巻之5・419頁以下は、その趣旨について、次のように述べています。前3条の場合において、一度、遺言を取り消したのに、その取消の行為が更に取り消され、または、効力を生じなくなったとき、前の遺言は果たしてその効力を回復するか否かについては、学説、立法、ともに区々にわたっている、これは遺言者の意思を推測して定めるべきであるが、前の遺言を取り消したものを取り消したからといって、前の遺言の効力を有するとすることを欲しているとみなすことは難しく、多くは、復活させる意思かどうか不明であるから、もし前の遺言を復活させる意思なら、更に新たな遺言をさせるのが正確である、これが取り消された遺言は再びその効力を生じないとした理由である、理論上は、明示の取消は復活主義をとり、黙示の取消は反対主義をとることに理由がないではない、しかし、これを2つに分けるのは、条理貫徹しない嫌いがあり、新たな遺言ができるのだから、非復活主義をとることにしたものである、これは前3条の場合であり、1129条（負担付遺贈の負担義務不履行の場合の裁判所での取消規定）の場合の取消と詐欺または強迫による取消には及ばない、1129条の再審で取消判決が取り消されれば復活するし、詐欺、強迫により取り消されれば取消が初めからないことになるので、その効力を回復すべきである

3　実務の運用

　本条は、前3条の場合としているが、1024条の事実行為による撤回については、撤回・取消し・失効は考えられないから適用はないとする見解があります。この解釈によれば、遺言書を破り、1024条の効力が生じた後、数年後に思い直して、破った遺言をセロテープで貼り直して有効な遺言書にすることは、本条の撤回の撤回に該当せず、認められることになると解されます。確かに詐欺、強迫により、遺言書を破棄した場合、これは事実行為ですから、民法総則規定による取消は考えられず、その場合には、詐欺に気がつき、強迫を免れてから、新たな遺言書を作成すれば済むことであり、本条ただし書を適用する必要もないでしょう。

第 7 章　遺　言（960 条～1027 条）

> **1026 条（遺言の撤回権の放棄の禁止）**
> 　遺言者は、その遺言を撤回する権利を放棄することができない。

1　本条の趣旨

　本条は、遺言の撤回をする権利は、放棄できないことを規定しています。遺言というのは、遺言者の最終意思に基づいてされるべき意思表示ですから、何人もこれを制限することはできません。したがって、絶対にこの遺言書を将来にわたり、撤回することはしませんと約束をしても、その効力は生じる余地はないということを規定したものです。

2　立法の経緯

　本条は、明治民法1128条をそのまま承継したものです。梅・民法要義巻之5・422頁は、その趣旨について、遺言は一方行為にして、しかもその効力は遺言者の死亡のときから生じるべきものであるから、いつこれを取り消しても何人も害することはないとみなさざるを得ない、故に遺言者がその遺言を取り消さないと明言しても、拘束力はないから、死亡の時まで遺言を取り消す権利を失わない、これは各国の法律が皆認めるところで、ほとんど明文を要しないようであるけれども、本条において特にこれを明言し、遺言者はその遺言の取消権を放棄できないとしたものであると説明しています。

3　実務の運用

　本条は、遺言の性質上、当然のことを規定したものであり、公正証書遺言を作成しても、「公正証書遺言を撤回します」とだけ書いて、日付を入れ、署名押印すれば、そこでその公正証書遺言の効力は失われます。そして、その後、「公正証書遺言は有効です」と書いて、日付を入れ、署名押印しても、撤回の撤回になりますから、それによって、公正証書遺言は復活しません（1025条）。しかし、この2通の自筆証書遺言を遺言者本人が焼いてしまえば、公正証書遺言だけが残ることになりますから、事実上、撤回の撤回ができることになります。それが本人の最終意思であるならば、特に問題もないわけです。しかし、

死人に口なしですから、この2通の自筆証書遺言を発見した者が誰にも知られず、自分に都合のよい遺言書だけを残すことも事実上可能ですし、両方焼き捨てることも可能です。他に知る人がいなければ、結局、遺言者の最終意思が何であったのか分からないままですが、そういうことがあっても、残っているのは、遺言書だけであり、遺言の撤回権が認められる以上、発見され、残っている遺言書の最終日付の遺言書が完全な効力を持ち、それよりも前の遺言書は、それと抵触する限り、効力を失うことになります。撤回権を放棄できないことによって、実際に遺言者の最終意思が反映されるのかは、必ずしも保証の限りではないところがあります。

> 1027条（負担付遺贈に係る遺言の取消し）
> 　負担付遺贈を受けた者がその負担した義務を履行しないときは、相続人は、相当の期間を定めてその履行の催告をすることができる。この場合において、その期間内に履行がないときは、その負担付遺贈に係る遺言の取消しを家庭裁判所に請求することができる。

1　本条の趣旨

　負担付遺贈というのは、遺贈をするのであるが、自分が死亡した場合は、自分の妻の面倒をみるという負担を付するような場合です。このような場合、遺言者の意思としては、自分が亡くなったら、受遺者に妻の面倒を見てもらうということで、遺贈をするのですから、もし受遺者が妻の面倒を見てくれなければ遺贈はしなかったというのが合理的な意思であると考えられます。したがって、もし、遺言が効力を生じた後、受遺者が遺贈を承諾しながら、遺言者の妻の面倒をみないとなると、遺言者の意思に反することになりますから、このような場合、相続人又は相続人の代理人とされている遺言執行者は、受遺者に一定期間を定めて、負担を履行するよう求め、その期間内に履行がされない場合、遺贈の取消しを家庭裁判所に請求できることとしたものです。

2 立法の経緯

本条は、明治民法1129条をそのまま承継したものです。その趣旨について梅・民法要義巻之5・423頁以下は、次のように説明しています。すなわち、本条は、相続人が遺言を取り消すことができることを定めたもので、負担付遺贈では、受遺者がその負担を履行しないときは、遺言者が遺贈をした趣旨に反するものであるから、これを取り消すのが遺言者の意思に沿うものである、契約であれば、当事者の一方が履行しないときは他方は解除できるが、負担付遺贈は、契約ではないものの、性質はこれに大いに類するものであるが、遺言者が死亡しているので、その取消権を相続人に与えたのである、ただ、これを取り消さないで、受遺者にその履行を求めることもでき、任意に履行しないときは強制執行に訴えることもあり得る。本条の取消権は、やむを得ず与えたもので、もとより負担の履行を希望するもので、本条でも541条のように、まず、相当期間を定めて催告し、その期間内に履行がない場合に限り、遺言を取り消すことができることとしたものである。しかし、これはやむを得ない場合であり、受益者の利益もあるので、裁判所で取消原因があるのか確認し、原因がなければ、その請求をいれるべきではない。

3 実務の運用

本条の取消しについては、家事事件手続法別表第一の108項が規定をしています。平成27年度の司法統計年報によると、その申立件数は6件であり、この10年間で最も多かったのは、平成24年の11件で、その他は一桁台で推移しています。負担付遺贈自体が少ないのか、負担の不履行が少ないのか、負担が不履行でも、それで困るのは受益者であって、相続人は困らないから、相続人が申立てをしないためなのか、その原因は不明です。分かっているのは利用されていないということだけです。もし、その原因が最後の理由によるのであれば、制度としては欠陥のあるものであり、遺言者の意思にそって受益者の利益が回復されるような立法措置を講じる必要があるでしょう。

前掲・梅が述べるとおり、遺言書が取り消された場合の効果が問題になります。例えば、先ほどの例をとれば、遺言者の意思としては、妻の面倒をみてくれる人に遺贈をすることで妻の生活が成り立つことを求めているわけですから、

遺言を取り消してしまえば、遺贈を受けながら面倒を見ないという不正義は是正されますが、遺言者の妻の生活の面倒を誰がみるのかという問題が生じます。遺言が取り消されれば、相続財産は相続人に帰属しますが、遺言者の妻の面倒をみるという負担を相続人が負うわけではありませんから、本来、妻の面倒をみてくれる人にこの遺贈をするのだという趣旨だとすると、遺贈された財産を取得した者にその負担を負わせるのが相当であるという理解になります。遺贈された財産を手にしながら、負担を履行しないのであれば、不正義は是正されないままです。したがって、取消の結果、遺贈された財産を取得した者はその負担を履行することを条件として取り消すなどの効果を認めるべきではないかと思われます。そうしないと取り消す意味がありません。もっとも、この例では、遺言者の妻も相続人であり、遺言者の子らが相続人であれば、先妻の子である場合は別として、遺言者の妻に対する扶養義務がありますから、実際上問題にならずに済むかもしれませんが、多様なケースが考えられ、多くの場合、扶養義務を負担する者がいないので、受遺者に扶養の負担を付けるわけですから、相続人が扶養の義務を負っているとは限りません。ましてや受益者が相続人であるとは限りませんから、遺言者の意思の実現ということであれば、やはり、受益者の利益をどう守るのかという観点が必要となってきます。

第 8 章

遺留分

1028条〜1044条

第 8 章 遺留分（1028 条〜1044 条）

> 1028 条（遺留分の帰属及びその割合）
>   兄弟姉妹以外の相続人は、遺留分として、次の各号に掲げる区分に応じてそれぞれ当該各号に定める割合に相当する額を受ける。
>   一 直系尊属のみが相続人である場合 被相続人の財産の 3 分の 1
>   二 前号に掲げる場合以外の場合 被相続人の財産の 2 分の 1

1 本条の趣旨

本条は、遺留分の帰属及びその割合について規定をしています。遺留分が何かについては、民法の条文では定義をしていません。遺留分というのは、遺言によっても奪うことができない相続分として理解されています。通常、自分の財産については、処分の事由があり、自分の死後の財産の処分についても遺言の自由があります。遺留分は、この遺言の自由を制限し、一定の身近な相続人については、その相続分の一定割合を必ず残さなければならないとするものです。これが認められてきた歴史的沿革については、「2 立法の経緯」で述べるとおりですが、本条は、遺留分を有するのは、兄弟姉妹以外の相続人であること、つまり、親・子・配偶者及び子の代襲相続人には遺留分があることを定めています。そして、その遺留分割合は、直系尊属のみが相続人である場合、被相続人の財産の 3 分の 1 とし、それ以外の場合、被相続人の財産の 2 分の 1 と定めています。この被相続人の財産の内容については次の計算方法の条項で具体的に規定をしています。

2 立法の経緯

本条は、明治民法 1131 条を承継するものですが、その割合については、変更されています。すなわち、明治民法 1131 条は、「遺産相続人タル直系卑属ハ遺留分トシテ被相続人ノ財産ノ半額ヲ受ク」「遺産相続人タル配偶者又ハ直系尊属ハ遺留分トシテ被相続人ノ財産ノ三分ノ一ヲ受ク」と規定していました。戦後の改正では、家督相続人の遺留分を定めた 1130 条を削除し、1131 条を本条（1028 条）として、「兄弟姉妹以外の相続人は、左の額を受ける。」という前文を掲げ、1 号と 2 号を設けました。1 号は、「直系卑属のみが相続人であると

き、又は直系卑属及び配偶者が相続人である場合　被相続人の財産の二分の一」とされ、2号は、「前号に掲げる場合以外の場合　被相続人の財産の三分の一」とされました。つまり、明治民法では、遺留分が2分の1となるのは、直系卑属だけが相続人の場合に限られ、それ以外は3分の1とされていたのに対し、戦後の改正では、遺留分が2分の1となる場合として、直系卑属と配偶者がともに相続人となる場合も加えて、これを1号とし、兄弟姉妹以外の相続人を遺留分権利者として冒頭にまとめた上で、2号をそれ以外の場合という形で整理をしたのです。そして昭和55年法律第51号により、1号と2号を入れ替えて、直系尊属のみが相続人である場合だけを3分の1とし、それ以外をすべて2分の1としたのです。つまり、昭和55年の改正までは、直系卑属が相続人である場合と直系卑属と共に配偶者が相続人である場合にのみ遺留分は2分の1とされていたのを、配偶者だけが相続人の場合及び配偶者と直系尊属がともに相続人である場合、配偶者と兄弟姉妹が相続人である場合は、いずれも遺留分は2分の1とし、結局、直系尊属だけが相続人の場合のみ3分の1とされ、現在の条文の内容となったものです。なお、平成16年の法改正の際、本条の前文は、本条のとおりに改められました。

　この遺留分制度の趣旨について、梅・民法要義巻之5・425頁以下は次のように説明しています。すなわち、遺留分とは、被相続人が必ずその相続人に遺留しなければならない財産の部分をいう、外国においては、遺留分を認める例と認めない例とがあり、我が国においては従来の慣習では、これを認めるものではないようである、そうは言っても、一度、法律で相続のことを規定する以上、立法上遺留分が必要か否かを論究して、この規定を設けなければならない、しかし、家督相続では、いやしくも家督相続を認める以上、家督相続人が家名を維持するに足りる方法を講じなければならず、家名を維持するのに必要な財産は必ずこれを家督相続人に遺すべきものとしなければならない、また、遺産相続にあっても、被相続人死亡後その近親が飢餓に迫るおそれがないようにするため、多少の遺留分を認める必要がある。

　ここでは、家名の維持と近親者の飢えを防ぐという2つの理由を掲げており、「多少」ということばに現れているように少しくらいはというニュアンスが強く、そのため、直系卑属（子）だけが相続人となる場合だけ2分の1とし、そ

れ以外はすべて3分の1としていたのです。そして、戦後、配偶者の保護が少しだけ意識されて直系卑属と配偶者とが共に相続する場合も2分の1とし、昭和55年の改正で、配偶者保護の観点が明瞭に意識化され、現在の趣旨の条文となったものです。つまり明治民法で遺留分が採用された主眼点は、家名の維持にあり、近親者の飢餓も、子のことが中心で、配偶者の飢餓はほとんど考えられていなかったわけです。

3　実務の運用

遺留分制度は、その趣旨は明瞭ですが、実際問題として、遺留分を侵害しているのか、侵害しているとして、どの程度の侵害があると計算されるのかなど、なかなか複雑な問題があります。

相続債務がある場合の遺留分侵害額の算定方法について判示した判例があります（最判平成8年11月26日民集50巻10号2747頁、百選90）。すなわち、「被相続人が相続開始の時に債務を有していた場合の遺留分の額は、民法1029条、1030条、1044条に従って、被相続人が相続開始の時に有していた財産全体の価額にその贈与した財産の価額を加え、その中から債務の全額を控除して遺留分算定の基礎となる財産額を確定し、それに同法1028条所定の遺留分の割合を乗じ、遺留分権利者がいわゆる特別受益財産を得ているときはその価額を控除して算定すべきものであり、遺留分の侵害額は、このようにして算定した遺留分の額から、遺留分権利者が相続によって得た財産がある場合はその額を控除し、同人が負担すべき相続債務がある場合はその額を加算して算定するものである。」。

1029条（遺留分の算定）
1　遺留分は、被相続人が相続開始の時において有した財産の価額にその贈与した財産の価額を加えた額から債務の全額を控除して、これを算定する。
2　条件付きの権利又は存続期間の不確定な権利は、家庭裁判所が選任した鑑定人の評価に従って、その価格を定める。

1　本条の趣旨

本条は、遺留分の算定方法について規定をしています。すなわち、

> 被相続人が相始の時において有した財産の価額＝A
> 被相続人が贈与した財産の価額＝B
> 被相続人の相続時における債務額＝C

とした場合、

> 前条の被相続人の財産＝A＋B－C

ということになります。これは遺留分の算定の基礎となる前条の「被相続人の財産」が何を指すのかを定義するものです。そして、上記のA、B、Cには、条件付の権利や存続期間の不確定な権利も含まれていますから、これについては、公正な評価が必要となります。そのため、家庭裁判所が選任した中立の鑑定人の評価に従うものと規定をしています。

2　立法の経緯

本条は、明治民法1132条1項及び2項を承継したものです。同条3項は、家督相続特権に関する規定ですから、戦後の改正で、削除され、1項と2項だけがそのまま承継されたものです。その趣旨も特に変更はありません。

3　実務の運用

被相続人が相続開始の時において有した財産というのは、いわゆる相続財産のうちの積極財産を指しています。一般に祭祀用財産は祭祀承継者に帰属するもので、本件の基礎財産には算入されないと解されています。遺贈については、物権的効力を認めるとしても、遺留分を侵害する遺贈を認めないところに本条の意義があるとすれば、当然遺贈の対象となる財産も遺留分算定の基礎財産に含まれることになります。ただし、被相続人の死亡を原因として、生命保険契約に基づき、その受取人に発生する生命保険金請求権は、相続時に有していた被相続人の財産とは言えないので、本条の基礎財産には算入されないと解されています（最判平成14年11月5日民集56巻8号2069頁参照）。

第 8 章　遺留分（1028 条〜1044 条）

　被相続人が贈与した財産の価額の算定については、1030条以下に詳しく規定されていますが、遺留分を侵害するかどうかは、相続時のみを基準にするのではなく、比較的身近で行われた贈与を考えないと、被相続人が脱法的に遺留分を侵害するため、亡くなる直前に全財産を贈与し、死亡時に財産がないから遺留分侵害は起きないとすると、遺留分を認めた趣旨が没却されるので、そのような贈与を広く含めることとしたものです。

　被相続人が相続時に負担をしていた債務については、相続人及び包括受遺者が支払義務を承継しますから、実質的に遺留分を侵害したかどうかを考える場合、この債務は控除して考える必要があります。これは相続時までに生じた被相続人の債務ですから、その中には、相続税など相続人が遺産を取得したことによって相続人に生じる債務や、遺言の執行のために生じる遺言執行者の費用は含まれません。

　条件付権利または存続期間の定めのない権利の鑑定評価については、家事事件手続法別表第一の109項にある鑑定人選任の申立てをします。そして鑑定費用を予納した上で、鑑定評価をすることになります。平成27年の司法統計年報によると、鑑定人の選任事件についてはまとめて統計がとられており、全部で平成27年では77件あり、概ね60-80件程度で推移していますが、これは限定承認の場合の鑑定人の選任（同別表93項）、財産分離の場合の鑑定人選任（同別表98項）、相続人不存在の場合の鑑定人選任（同別表100項）も含む合計件数です。したがって本条についての鑑定人選任件数は不明です。平均すれば15-20件程度でしょうか。いずれも全体の件数からは非常に少ない数です。

> 1030条
> 　贈与は、相続開始前の1年間にしたものに限り、前条の規定によりその価額を算入する。当事者双方が遺留分権利者に損害を加えることを知って贈与をしたときは、1年前の日より前にしたものについても、同様とする。

1 本条の趣旨

本条は、前条により、遺留分算定の基礎に含まれる贈与の内容について規定をしたもので、原則として、相続開始前の1年間にしたものに限り、その価額を算入するとしています。そして例外的に、当事者双方が遺留分権利者に損害を加えることを知って贈与したときは、1年以上前の贈与でも、その価額を遺留分算定の基礎財産に加えることができるとしたものです。

2 立法の経緯

本条は、明治民法1133条をそのまま承継したものです。梅・民法要義巻之5・432頁以下によると、1年以内の贈与に限定をしたのは、あまりに期間が長いと受贈者は安心して贈与を受けることができないし、取引の安全も害されるおそれがある、その半面、贈与時において、贈与財産の価額が相続財産の半分または3分の2を超える場合には、相続が開始すれば、たちまち遺留分に損害を加えることは明らかであるから、これを知って贈与をし、贈与を受けた場合には、1年以上前の贈与でも算入すべきであり、そうしても受贈者が意外の損失を受けることはないとしています。

3 実務の運用

本条は「贈与」と表示していますが、民法上の贈与だけではなく、減殺対象とすべき無償の行為を広く含むと解されています。信託法に基づく信託行為も無償行為として対象となると理解されていますし、財団設立行為も無償の支出として含まれると解されています。

「相続開始前の1年間にした贈与」というのは、贈与契約をしたものと理解されています。したがって、1年以上前の契約に基づいて、死亡直前に履行がされても、それは1年以上前の債務の履行行為ですから、ここでいう「贈与」には該当しないということになります。

「遺留分権利者に損害を加えることを知って贈与をした」というのがどのような場合かは一律には言えない難しい問題です。そもそも贈与者がいつ死ぬかも分からないし、その時点で遺留分権利者がいるのかも分からないし、どの程度の財産をその時点で保有しているのかも分からないとすると、通常、損害を

加えることを知っていたと認定するのはなかなか難しいところがあります。ただ、通常の経験則からすれば、高齢で、特に財産を増加させる可能性もない状況下で、将来、遺留分権利者となるであろう子や配偶者がおり、他方、今後債務を負担することもないであろう状況があり、その上で、贈与者の有する財産の半分以上に相当する財産の贈与を受けた場合、特段の事情がなければ、その資産が大きく増減することなく、近い将来、相続を迎え、その際、相続財産から債務を控除した財産価額が今回贈与を受けた価額を下回るであろうと予測されたような場合には、遺留分を侵害することを知って贈与をしたと評価できるように思われますが、これもケースバイケースで、諸般の事情を総合考慮して判断する必要があるでしょう。

コラム⑭　遺留分の算定方法

　遺留分の算定方法について、現行法は、2つの条文を置いています。1029条は、1項で、「遺留分は、被相続人が相続開始の時において有した財産の価額にその贈与した財産の価額を加えた額から債務の全額を控除して、これを算定する。」とし、2項で「条件付きの権利又は存続期間の不確定な権利は、家庭裁判所が選任した鑑定人の評価に従って、その価格を定める。」としています。また、1030条は、「贈与は、相続開始前の1年間にしたものに限り、前条の規定によりその価額を参入する。当事者双方が遺留分権利者に損害を加えることを知って贈与をしたときは、1年前の日より前にしたものについても、同様とする。」と規定しています。そして、この130条の第2文の、双方が遺留分権利者に損害を加えることを知っていたかどうかという基準はあいまいであり、どうやって知っていたことを立証するのか、言い換えれば、どのような間接的事実があれば、双方が損害を加えることを知っていたという事実を認定できるのかがはっきりしないという問題があり、また、複数の者に遺贈または贈与がある場合、そのうちの1人に対し遺留分減殺をすると、減殺を受けた方の相続分が法定相続分を下回ってしまうというケースも生じ、かえって不公平だということもあります。そこで、中間答申では、(1)遺留分算定の基礎となる財産に含めるべき相続人に対する生前贈与の範囲を、双方の知不知にかかわらず、相続開始前の一定期間（例えば5年間）にされたものを含めることとする、(2)遺贈又は贈与を受けた相続人の法定相続分を超える部分を減殺の対象とする、という案及び、(3)減殺請求をする遺留分権利者が得た積極財産額は、具体的相続分に相当する額であることを明示す

ることなどを提案しています。つまり(1)は、生前贈与の期間を長くすることで知不知により左右されるあいまいな部分を除去しようという趣旨のものであり、(2)は、法定相続分を上回る遺贈又は贈与だけを減殺対象としようという趣旨のもので、(3)は、遺留分権利者が得たものは遺留分侵害にならないわけですから、これを控除すべきところ、その算定は具体的相続分を基準とし、逆転現象が起きないようにするという趣旨です。このように定めることで遺留分額の算定をしやすくするというものです。これがよいかどうかは少しおくとして、いずれにしても、本来は、遺留分権利者に帰属させるべき遺留分とは何かという観点から理論的に導くのがよいわけですが、結局、どのような贈与までを含めるのかによって遺留分が異なってくること、含めるべき贈与の範囲は、理論からは導けないことが問題であり、特別受益の場合もそうですが、結局は、その範囲を導く理論は公平原則しかなく、どこまでの贈与を含めるのが公平だと当事者が感じるのか、そのバランスの問題となるので、なかなか一意的には決められないものです。ただ、基準を明確にすることは必要であり、基準からは知不知というような主観的要素を排除した方が臨床的には望ましいと言えるでしょう。

なお、遺留分権利者が承継した相続債務について、受遺者又は受贈者が弁済するなどして消滅させたときは、その限度で遺留分権利者の権利が消滅する旨の規定を置くことも提案されています。

1031条（遺贈又は贈与の減殺請求）
　遺留分権利者及びその承継人は、遺留分を保全するのに必要な限度で、遺贈及び前条に規定する贈与の減殺を請求することができる。

1　本条の趣旨

本条は、遺贈又は贈与の減殺請求について規定をしています。遺留分権利者及びその承継人は、遺留分が侵害された場合には、その侵害された限度において、遺贈及び贈与の減殺ができるとしています。

2　立法の経緯

本条は、明治民法1134条をそのまま承継したものです。梅・民法要義巻之

5・434頁以下は次のように説明しています。本条以下1145条までは遺留分保全のためにする遺贈又は贈与の減殺について規定をしている、遺贈又は贈与が遺留分を侵害する場合、その侵害する部分を減殺し、もって遺留分を補充すべきであり、これが本条の規定するところである、例えば、相続財産及び相続開始前の1年間の贈与価額を合わせたものが1万円にして、遺留分権利者がその半分を受けるべき場合において、もし相続財産から遺贈の価額を控除したものが、この半額に達しないときは、その半額に達するまで遺贈又は贈与を減殺すべきであり、その減殺の順序及び割合を1136条ないし1138条が規定している、減殺とは、遺贈又は贈与の全部若しくは一部を取り消すことを言い、目的物が特定物なら、その物の全部又は一部を返還させるべきものとし、不可分の場合、全部を返還させ、適法な部分については、遺留分権利者をして償還させることとし、受贈者または受遺者が遺留分を侵害する部分の価額を弁償してその返還を免れることができることは1144条が規定するところである。

このような理解は、基本的に現在の本条の解釈にも引き継がれています。

3　実務の運用

遺留分減殺請求権の法的性質については次のように理解されています。すなわち、「遺留分権利者が民法1031条に基づいて行う減殺請求権は形成権であって、その権利の行使は受贈者または受遺者に対する意思表示によってなせば足り、必ずしも裁判上の請求による要はなく、また一たん、その意思表示がなされた以上、法律上当然に減殺の効力を生ずるものと解するのを相当とする。」（最判昭和41年7月14日民集20巻6号1183頁、百選91）。

遺留分減殺請求権は、遺留分権利者だけではなく、その承継人も行使できると規定されており、包括承継人だけではなく、特定承継人も含まれるとされています。しかし、実際に遺留分減殺請求権を行使するかどうかは、遺留分権利者の意思に委ねられています。債権者が債権者代位権に基づき減殺請求できるかという問題があります。この点について、最判平成13年11月22日（民集55巻6号1033頁、百選92）は、次のように判示しています。「遺留分減殺請求権は、遺留分権利者が、これを第三者に譲渡するなど、権利行使の確定的意思を有することを外部に表明したと認められる特段の事情がある場合を除き、債

権者代位権の目的とすることができないと解するのが相当である。その理由は次のとおりである。

遺留分制度は、被相続人の財産処分の自由と身分関係を背景とした相続人の諸利益との調整を図るものである。民法は、被相続人の財産処分の自由を尊重して、遺留分を侵害する遺言について、いったんその意思どおりの効果を生じさせるものとした上、これを覆して侵害された遺留分を回復するかどうかを、専ら遺留分権利者の自律的決定に委ねたものということができる（1031条、1043条参照）。そうすると、遺留分減殺請求権は、前記特段の事情がある場合を除き、行使上の一身専属性を有すると解するのが相当であり、民法423条1項ただし書にいう『債務者ノ一身ニ専属スル権利』に当たるというべきであって、遺留分権利者以外の者が、遺留分権利者の減殺請求権行使の意思決定に介入することは許されないと解するのが相当である。民法1031条が、遺留分権利者の承継人にも遺留分減殺請求権を認めていることは、この権利がいわゆる帰属上の一身専属性を有していることを示すものにすぎず、上記のように解する妨げにならない。」

1032条（条件付権利等の贈与又は遺贈の一部の減殺）
　条件付きの権利又は存続期間の不確定な権利を贈与又は遺贈の目的とした場合において、その贈与又は遺贈の一部を減殺すべきときは、遺留分権利者は、第1029条第2項の規定により定めた価格に従い、直ちにその残部の価額を受贈者又は受遺者に給付しなければならない。

1　本条の趣旨

本条は、条件付権利等が贈与され、又は遺贈の目的とされた場合において、その一部を減殺する方法について規定したものです。条件付の権利及び存続期間の不確定な権利については、1029条2項により、家庭裁判所が選任した鑑定人の評価に従って、その価格を定めることとされています。そして、遺留分減殺請求によって、その権利全部が遺留分権利者に帰属しますから、全部の鑑

定評価額から減殺すべき価額を控除した残額は、受贈者又は受遺者に帰属すべき性質のものです。そこで、この場合には、その差額を受贈者又は受遺者に返還すべきこととしたものです。

2 立法の経緯

本条は、明治民法1135条をそのまま承継したものです。本条の立法理由について、梅・民法要義巻之5・437頁以下は次のように説明をしています。すなわち、本条のように条件付権利又は存続期間の不確定な権利の減殺する場合、全部であれば問題はないが、その一部の場合どのように考えるべきか、これには必ず二主義がある、第一は、条件到来又は存続期間の経過後その一部を減殺する主義、第二は、評価に従い、直ちにその一部を減殺し、残部を給付させる主義。第一の主義が理論上穏当であることはもとより論をまたずといえども、この場合、利害関係人の権利義務が不確定であること久しきにわたるおそれがあり、種々不便をみることは疑い得ない、そして一旦、遺留分について評価主義を採った以上、むしろ、評価に従って直ちに一部を減殺し、残部の価額を給付させるのが簡便である、これが民法が第二の主義を採用した所以である。

3 実務の運用

1029条の「3 実務の運用」で触れたように、実際にその権利の価額算定が問題となり、鑑定人が選任された件数がどの程度あるのかは不明です。限定承認、財産分離、相続人不存在の場合の各鑑定人選任事件との合計件数が60－80件程度であることから、何件かはあるのではないかと思われますが、数としては少ないものです。結局、遺留分権利者としても、遺留分に基づき、条件付債権を取得したとしても、条件が成就するか、成就しても回収できるのか、様々な問題がありますから実際に鑑定どおりの金額で回収できるかどうか不分明ですし、もしかしたら、受遺者又は受贈者に支払うだけで終わってしまうかもしれませんから、なかなか権利行使のしづらい場面です。

> **1033条（贈与と遺贈の減殺の順序）**
> 贈与は、遺贈を減殺した後でなければ、減殺することができない。

1　本条の趣旨

本条は、減殺の順序を定めた規定です。通常、遺贈の対象は相続財産として本来、相続人が取得を予定していたものですから、相続時に既に相続財産から離脱している贈与よりも優先的に遺贈を先に減殺すべきものとしたものです。

2　立法の経緯

本条は、明治民法1136条をそのまま承継したものです。その趣旨を梅・民法要義巻之5・438頁以下は次のように説明しています。被相続人は、遺留分を侵害するに至るまでは自由にその財産を処分することができたのに、贈与は、皆生前処分であるから皆遺贈が効力を生じる前に効力を生じたものである、もし、遺贈の全部または一部を減殺すれば、遺留分を保全するに足りる場合には、敢えて贈与を減殺する理由がない、なぜなら被相続人が贈与をしたときは、少しも遺留分を侵害する事実はなかったからであり、これが贈与は遺贈を減殺した後でなければ、これを減殺できないとした理由である。

3　実務の運用

以上の立法趣旨からすると、本条は、強行規定であり、勝手に順序を変えることはできないものです。それでは、死因贈与はどのように考えるべきでしょう。それは贈与の一種とみることもできるし、遺贈の規定を準用していることから遺贈に準じて考えることもできます。遺贈の規定を準用するので遺贈として扱うという裁判例もありますが、遺贈よりも贈与に近いものの、贈与よりは遺贈に近いとして、遺贈の次に減殺すべきであるとする裁判例（東京高決平成12年3月8日高民集53巻1号93頁、百選97）があり、これを支持する意見もあります（基本法コメ相続221頁）。しかし、例えば、3年前に死因贈与契約をした場合において、その合意をした時点において、遺留分を侵害することを予測できない状態にあったとすると、それは遺留分を侵害することを知ってした贈

与とは言えず、遺留分減殺の対象にはならないのではないか。合意をした時点を基準とし、その履行の日時は関係がないとすると、その方が一貫した理解になるのではないかと思われます。

> **1034条（遺贈の減殺の割合）**
> 　遺贈は、その目的の価額の割合に応じて減殺する。ただし、遺言者がその遺言に別段の意思を表示したときは、その意思に従う。

1　本条の趣旨

　本条は、遺贈が複数ある場合において、どの順序で減殺をするのかを規定したもので、遺贈はいずれも相続人の一方的な意思に基づいて遺言書に記載されることによって効力を生じることから、どれを優先するという理屈はないので、それぞれの目的の価額の割合に応じて、減殺の効力が生じるとしたものです。ただし、遺贈は契約ではなく、遺言者の意思に基づくものですから、遺言者において、万一遺留分を侵害した場合、この遺贈についてはできるだけ減殺対象にしてほしくないというものがあれば、その優先順位について遺言者の意思を優先しても、遺留分権利者を不利益にするものではありませんから、遺留分対象財産から外すことは許されないとしても、順位をつけることは認められてよいと考えられ、遺言者が別段の意思を表示したときは、その意思に従うこととしたものです。

2　立法の経緯

　本条は、明治民法1137条をそのまま承継したものです。その立法趣旨も基本的に変わりはありません。

3　実務の運用

　遺贈を受けた者が相続人である場合、遺留分減殺を受けることによって自分自身の遺留分が侵害される場合が出てきます。そうすると、その遺留分権利者

は、今度は侵害された分を別の受遺者に請求することになりますが、また、それによって遺留分を侵害される相続人である受遺者がいればどうなるのか、これを認めると非常に複雑な法律関係を生じることになります。そこで、最判平成10年2月26日（民集52巻1号274頁、百選95）は、相続人に対する遺贈が遺留分減殺の対象となる場合、その遺贈の目的の価額のうち、受遺者の慰留分額を超える部分だけが本条の「目的の価額」に該当すると解すべき旨を判示しました。

1035条（贈与の減殺の順序）
　贈与の減殺は、後の贈与から順次前の贈与に対してする。

1　本条の趣旨

　本条は、贈与の減殺順序について規定をしています。遺留分を侵害する危険性は、遺贈が最も大きいものであり、贈与の場合も、その時期が相続時に近いものほど遺留分を侵害する危険性の高いものであると理解されることから、贈与の減殺については、後の贈与から順次、先の贈与へと、遺留分侵害の状態が解消されるまで、減殺すべきものとされたものです。

2　立法の経緯

　本条は、明治民法1138条をそのまま承継したものです。梅・民法要義巻之5・440頁以下によると、遺贈については平等に減殺するのが本則であり、当を得たものであるが、贈与は、そうではなく、その効力の生じる時期が各々異なるために、遺留分を侵害するに至るまでになした一切の贈与はみな適法なものにして、少しもこれを減殺すべき理由がない。故に贈与が遺留分を侵害する場合においては、後の贈与より始め、順次前の贈与に及んで減殺すべきこととするのがもとより至当と言わざるを得ないとしています。

3　実務の運用

本条は、「後の贈与」「前の贈与」とのみ規定をしており、これが贈与契約の成立の時期か贈与が現実に履行された時期なのかについては、何も触れていません。もし、履行の時期だとすると、5年前の贈与でも1年前に履行されたものであれば、遺留分侵害の知不知にかかわらず、減殺対象に入ることになりますが、それは相当ではないこと、当事者双方が遺留分権利者に損害を加えることを知って贈与をしたときは1年前の日より前にしたものについては同様とする（1030条）とあるのは、履行期のことではなく、贈与契約をしたときを指していると理解されること、同じ条項の中で、1年以内の「贈与」は履行期をさし、1年以上の「贈与」は契約時を指すと解釈することには無理があることを考えると、この「贈与」は履行期ではなく、契約時を指すと解するのが相当と思われます。したがって、同時に契約すれば、前後関係は決められないので、2つの贈与の価額の割合に応じて同時に減殺するというのが法の趣旨に適うと考えられます。

> **1036条（受贈者による果実の返還）**
> 受贈者は、その返還すべき財産のほか、減殺の請求があった日以後の果実を返還しなければならない。

1　本条の趣旨

本条は、受贈者が減殺請求により、贈与を受けた財産を遺留分権利者に返還すべき場合には、遺留分請求があった日以降の果実は、天然果実、法定果実を問わず、返還すべきことを規定したものです。慰留分減殺によって、当該受贈者の目的物の全部が減殺された場合には、その全部についてということになりますし、その一部の場合には、その割合に応じてということになります。

2　立法の経緯

本条は、明治民法1139条をそのまま承継したものです。本条の立法趣旨に

ついて、梅・民法要義巻之5・441頁以下は、次のように述べています。すなわち、果実は元本の一部となるもので、その果実採取の当時の元本の所有者に果実が帰属するのはもとより当然であり、厳密な理論から言えば、遺留分を害する贈与は違法であるから、いやしくも減殺請求がある以上、贈与の時から業に既にその全部又は一部は無効であるのと同一の結果を生じさせるのが妥当であり、したがってその果実は贈与の日以後のものを全部返還せしむべきことのようであり、また、仮にこの主義をとらなくても、遺留分を侵害する贈与は相続開始時に確定しているのだから、その日から果実を返還させるべきであり、現に外国にその例をみるが、本条は、その主義をとらず、減殺請求があった日以降の果実を返還させるに止めた、なぜなら、受贈者は、贈与者の生前にあっては、その贈与が結果的に遺留分を害するかどうか知ることができず、また、相続開始後も相続財産がどの程度あるのかも知りがたく、その贈与が果たして減殺されるべきものかどうか知らないものとせざるを得ない、そして果実は収取すれば、これを消費するのを常とするから、後日、贈与後の、あるいは相続開始後の果実を返還しなければならないとすると、固有財産からこれを出さなければならないこともあり得る、これは受贈者にとって酷に失すると言わざるを得ない、そこで減殺請求の日以後の果実の返還にとどめた。なお、本問は贈与についてのみ規定をしている、遺贈については本条の規定がないから、右の理論に従い、果実は一切受遺者に与えないものとする、したがって受遺者が既に遺贈の目的物を受け取り、果実を収取したのであれば、減殺すべき部分に応じて、その全部又は一部を返還せざるを得ない。なぜなら、遺贈の効力、遺留分はみな相続開始時に確定すべきもので、本条のような規定を必要としないからである。

3 実務の運用

本条と一般の果実取得権との関係が問題になりますが、一般に善意の占有者は果実取得権を持ち（189条1項）、その半面、悪意の占有者は、本権者に果実を返還し、かつ、既に費消し、過失によって損傷し、又は収取を怠った果実の代価を償還する義務を負う（190条）とされています。したがって、この原則からすると、本件遺贈又は本件贈与が遺留分権利者の権利を侵害しており、し

第 8 章　遺留分（1028 条〜1044 条）

たがって減殺請求を受ければ、これを返還すべきことを認識した時点で悪意になるので、その後の利息は遺留分権利者に返還すべきことになります。本条は、この悪意になる日を遺留分減殺請求の日としたもので、190 条の特則であると考えられています（広島高岡山支昭和 40 年 5 月 21 日高裁民集 18 巻 3 号 239 頁参照）。

　本条が 190 条の特則であるとすれば、遺贈についても当然に触れるべきところ、立法者は、敢えて、本条の適用を贈与に限定して規定をしているわけですから、遺贈と区別する趣旨であったことは、前掲・梅が述べるとおり、明らかです。遺贈の場合には、受遺者が遺贈を承認する時点においては、既に相続は開始されており、その遺贈が遺留分権利者の権利を侵害するかどうかは、相当程度予測できる状態になっています。その上で敢えて占有を開始し、その果実を取得したとすれば、一般的には、その時点の悪意が認定できるはずです。その点は、贈与者の場合とかなり事情が異なります。そこで、敢えて本条については贈与だけを規定し、遺贈については規定を置かなかったわけですから、本条を遺贈に類推適用するためには、それなりのはっきりとした理由が必要になるはずです。その点では、本条を遺贈に類推適用した東京高判昭和 60 年 9 月 26 日（金法 1138 号 37 頁）には、疑問がありますし、本条を類推適用すべきであるとする学説（基本法コメ相続 223 頁）にも疑問があります。

> 1037 条（受贈者の無資力による損失の負担）
> 　減殺を受けるべき受贈者の無資力によって生じた損失は、遺留分権利者の負担に帰する。

1　本条の趣旨

　本件は、受贈者の減殺をした場合において、その受贈者が既に無資力であった場合、そのために減殺できなかったとき、それを理由として更に先の時点の贈与の減殺ができるかという問題があります。この点について、本条は、受贈者が無資力であったため、減殺が功を奏さず、損失が生じた場合には、それは

遺留分権利者の負担とする旨を規定したものです。本来、先の受贈者が減殺を受ける義務がないのに、後の受贈者が無資力であったからという理由で、義務を受けるに至るということは、通常、考えがたいことであり、そのことを本条は規定したものです。

2 立法の経緯

本条は、明治民法1140条をそのまま承継したものです。その立法趣旨について、梅・民法要義巻之5・443頁以下は次のように説明しています。すなわち、本条は減殺を受けるべき受贈者が無資力であった場合、その損失を何人の負担に期すべきかを定めたものである。これについては3つの主義がある。第1は、その無資力は前の受贈者の損失に帰するものとする、第2は、無資力者が受けた贈与（一部の資力がある場合においてはその償還することができない部分）を控除して遺留分を算定し、従って、その無資力の一部を前の受贈者に負担させること、第3は、これを遺留分権利者の損失に帰すること。そして本条はこの第3の主義を取ったのだが、これは、1138条の規定の当然の結果である。なぜなら、減殺は受贈者をして返還の義務を負わせるにとどまるから、その者が義務を履行するか否かは他の受贈者の与り知らないところである、然るに1138条は、贈与の減殺は、後の贈与より始め、順次前の贈与に及ぶべきものとしているから、後の贈与の受贈者が無資力であるため、前の贈与を減殺すべき理由はない。ただ外国において、反対の例をみるのは、遺留分権利者を保護し、これに事実において遺留分を得させようと欲するの情に出たもので、これがために故なく、適法の贈与を受けた者の権利を害することを得るものとするのは、当を得ない。これが本条において遺留分権利者に無資力による損失を負担させる所以である。

3 実務の運用

本条について、これを遺贈に類推適用すべきかが問題となりますが、これを遺贈にも類推適用すべきであるとするのが多数です。しかし、それではなぜ、受遺者について、本条と同じ規定を置かなかったのでしょうか。この点について、前掲・梅は何も触れていません。おそらく、通常、受遺者は、相続財産の

中から遺贈を受けるものであり、受遺者がこれを承認した時点では、遺贈された財産は、そこにあるのが通常です。遺贈されたものが実在しないのにこれを承認することは考えにくいことです。そうすると、そこには遺贈された財産があり、慰留分減殺は、その財産額を超えることはないわけですから、遺留分権利者との関係において、受遺者が無資力になる場合というのは、遺贈を受けた物を受領し、減殺請求される前に処分をしてしまったような場合に限られることになります。したがって、通常、受遺者が無資力であるため、減殺請求権者が損失を被ることはあまり考えにくいということが、その理由の一つとして考えられます。遺留分権利者としては、遺贈の事実を知った時点において遺留分侵害の事実が判明するとすれば、速やかに遺留分減殺請求をし、遺贈にかかる財産が処分されて、遺留分減殺が奏功しない危険があるのであれば、速やかに保全措置をとれば、多くの場合、受遺者が無資力であるために遺留分権利者が害されることはないと考えられます。

> 1038条（負担付贈与の減殺請求）
>   負担付贈与は、その目的の価額から負担の価額を控除したものについて、その減殺を請求することができる。

1　本条の趣旨

本条は、負担付贈与の減殺請求について規定をしています。負担付贈与の場合、受遺者は、負担をしているわけですから、単純に贈与額そのものを減殺の対象とされてしまうと、負担の方が重くなり、贈与財産以上のものを失う危険があります。そこで負担付贈与の場合には、その負担を金銭的に評価をして、その価額を目的の価額から控除した残額を遺留分減殺の目的とすべきことを規定したものです。

2　立法の経緯

本条は、明治民法1141条をそのまま承継したものです。これは、贈与の場

合にのみ適用され、遺贈の場合には、1105条が規定をしていると解されています（梅・民法要義巻之5・445頁）。すなわち、1105条は、負担付遺贈の目的の価額が遺留分減殺の訴えによって減少したときは、受遺者はその減少の割合に応じて、その負担をした義務を免れると規定をしており、あらかじめ、負担を控除しないことを明示しています。

3 実務の運用

条文の表現は、分かりやすく、例えば、負担の内容が、金銭債務の負担などの場合は、単純に、贈与された財産額からその負担となる金銭債務額を控除することで明確になります（大判大正11年7月6日民集1巻455頁参照）。しかし、例えば、遺言者の親族を扶養することを内容とするような負担である場合、これを金銭的に評価するのはなかなか困難を要することになります。

なお、本条が遺贈に類推適用されるという説もありますが、もし、本条を類推適用した場合、負担が金銭的に評価されて控除されてしまう結果、1003条の適用の余地がなくなってしまいます。明文の規定がある以上、そちらによるべきです。

1039条（不相当な対価による有償行為）
　不相当な対価をもってした有償行為は、当事者双方が遺留分権利者に損害を加えることを知ってしたものに限り、これを贈与とみなす。この場合において、遺留分権利者がその減殺を請求するときは、その対価を償還しなければならない。

1 本条の趣旨

本条は、不相当な対価による有償行為についても、一定の条件のもとで、遺留分減殺の対象となることを規定したものです。対価が不相当な場合、その部分については贈与と似た性質を持つので、当事者双方が遺留分権利者に損害を加えることを知ってした場合に限って、贈与とみなすこととしたものです。しかし、贈与とみなすとしても、対価がある以上、その対価部分については、こ

れを戻す必要がありますから、その場合には、対価を償還しなければならないものとしたものです。

2　立法の経緯

本条は、明治民法1142条をそのまま承継したものです。梅・民法要義巻之5・445頁以下によると、有償行為は贈与ではないが、その対価が不相当である場合は、その差額についてはほとんど贈与に均しいから、これを贈与とみる理由がある、しかし、そう言っても、有償行為は必ずしも相当の対価を以てするとは限らず、当事者も有償行為だと考えることも多い、そこで折衷主義をとって、当事者双方が遺留分権利者に損害を加えることを知ってこれをしたものは贈与とみなし、その他のものは一切これを減殺できないとしたものであると説明する。

3　実務の運用

不相当な対価をもってした有償行為は、売買に限らず、広く含まれると解されています。例えば、わずかの弁済で債務免除をするようなことも、不相当な対価による有償行為と言えるでしょう。本条により、「贈与」とみなされる場合、通常の贈与として減殺対象になります。そして全体が贈与として評価されるので、その全部が減殺対象となる結果、対価に相当する部分は、有償行為により取得した者に帰属すべきものですから、遺留分権利者は、これを償還する必要があります。

1040条（受贈者が贈与の目的を譲渡した場合等）
1　減殺を受けるべき受贈者が贈与の目的を他人に譲り渡したときは、遺留分権利者にその価額を弁償しなければならない。ただし、譲受人が譲渡の時において遺留分権利者に損害を加えることを知っていたときは、遺留分権利者は、これに対しても減殺を請求することができる。
2　前項の規定は、受贈者が贈与の目的につき権利を設定した場合について準用する。

1 本条の趣旨

本条は、受贈者が贈与の目的を譲渡した場合や権利を設定した場合について規定をしたものです。本来、遺留分減殺をすれば、受贈者が受けた贈与の目的財産について減殺の効果が生じるのですが、贈与の目的となる財産が譲渡されると、それに遺留分減殺の効果を及ぼすことができません。したがって、受贈者は、その代わりに、遺留分権利者にその価額の弁償をしなければならないとしたものです。また、その場合、贈与の目的の譲渡を受けた者が、遺留分権利者に損害を加えることを知っていたときは、その目的財産に対し、遺留分減殺ができるとしています。更に受贈者が贈与の目的に抵当権を設定した場合には、減殺請求をしても、抵当権に対抗できませんから、抵当権が実行されれば権利を失うことになります。したがって、このような場合にも、受贈者は価額の弁償をする必要があります。そして抵当権者が遺留分権利者に損害を加えることを知っていたときは、その抵当権者に対しても遺留分減殺の効果を主張できることになりますから、その贈与の目的について減殺請求することができることになります。

2 立法の経緯

本条は、明治民法1143条を承継したものです。梅・民法要義巻之5・447頁以下は、要旨次のように説明しています。本条は、減殺の効力が第三者に及ぶかどうかについて規定をしたもので、減殺は原則として第三者に対する効力はないものとしている。それは、減殺が受贈者に返還義務を負わせるに止まるとしたことで、取引の安全を計るためである。そこで、受贈者が贈与の目的を譲渡した場合、遺留分権利者にその価額の弁償をすべきこととした、その例外は、譲受人が譲渡当時、遺留分権利者に損害を加えることを知っていたときであり、この場合は、遺留分権利者に対しても、減殺請求できることとした。譲受人は悪意であるから、意外の損失を被るものとは言えない。そして、遺留分権利者は、この場合、選択権を持ち、受贈者に価額の弁償を求めることもできるし、譲受人に対し減殺請求することもできる。そして、一方から全部の弁償又は返還を受けられない場合、他方にも残部を請求できる。受贈者が地上権、抵当権等の権利を設定したときは、譲渡の場合と異にすべき理由がないので、2項で、

準用することにした。また、本条は贈与についてだけであるが、遺贈の場合は、減殺後これを履行するのが常であり、受遺者がその目的を他人に譲渡することは稀である、だから法文に規定がない、それでも、もし受遺者が目的財産を他人に譲渡した場合は、減殺は第三者にも効力が及ぶというべきである。

3　実務の運用

　本条は、贈与について規定をしていますが、遺贈についても類推適用されると解されています（最判昭和57年3月4日民集36巻3号241頁）。また、上記のとおり、立法当時の解釈としては、受贈者の価額弁償と悪意の譲受人への減殺請求は、選択的とされていましたが、現行法の解釈としても、譲受人への減殺請求をするにあたり、受贈者が価額弁償できないことは要件とはされていないと理解されています。いずれにしても、悪意の譲受人は、口頭弁論終結時における価額弁償をすることにより、減殺請求を免れることができます（1041条2項、最判昭和51年8月30日民集30巻7号768頁、百選94）。

1041条（遺留分権利者に対する価額による弁償）
1　受贈者及び受遺者は、減殺を受けるべき限度において、贈与又は遺贈の目的の価額を遺留分権利者に弁償して返還の義務を免れることができる。
2　前項の規定は、前条第1項ただし書の場合について準用する。

1　本条の趣旨

　本条は、受贈者及び受遺者の遺留分権利者に対する価額弁償について定めたものです。受贈者及び受遺者は、遺留分権利者から減殺請求を受けると、贈与又は遺贈された財産が物権的に遺留分権利者に帰属することになります。しかし、遺留分権利者の遺留分は、一定の価額であり、その物について特別の権利を取得することには意味がなく、専ら遺留分額を回収するためのものです。したがって、受遺者又は受贈者が、その遺留分額を弁償すれば、贈与又は遺贈された財産に対する減殺請求の効力が失われても差し支えないことになります。

そこで、本条は、受贈者または受遺者は、その価額を弁償することによって、返還義務を免れることができるとしたものです。これは、悪意の譲受人に対して減殺請求がされた場合も同じですから、その場合にも準用されることとしたものです。

2 立法の経緯

本条は、明治民法1144条をそのまま承継したものです。減殺の目的は、専ら遺留分権利者に一定の財産額を得させることにあり、その財産が何であるのかを問いません。他方、受遺者や受贈者にとっては、遺贈または贈与の目的を得たいと欲する場合がある、だから価額の弁償をして返還義務を免れることができるとしたものです（梅・民法要義巻之5・451頁）。

3 実務の運用

一般に遺留分減殺請求は、地方裁判所に対し、遺留分減殺請求をしたことを理由として遺贈または贈与された財産の返還を請求する訴訟の形をとります。これに対し、受遺者または受贈者は、価額弁済を抗弁として主張することになります。本条は、あくまで受遺者または受贈者あるいは悪意の譲受人に対し、財産返還請求に対する抗弁として認められたものですから、遺留分権利者から価額弁償を求めることは、1040条1項の場合を除き、できないとされています。

「受贈者又は受遺者は、民法1041条1項に基づき、減殺された贈与又は遺贈の目的たる各個の財産について、価額を弁償して、その返還義務を免れることができると解すべきである。」（最判平成12年7月11日民集54巻6号1886頁、百選98）。

価額弁償の抗弁は、現実に価額が弁償されない限り、返還請求権を消滅させることはできませんから、相当と認められた価額を弁償する旨の主張がされた場合、裁判所は、当該価額の弁償がされないことを条件として遺留分権利者の返還請求を認容することになります。そして価額弁償がされた場合に、返還請求の執行を免れることになります（最判平成9年2月25日民集51巻2号448頁参照）。

民法1041条1項に基づく価額弁償請求に係る遅延損害金の起算日は、遺留

分権利者が価額弁償請求権を確定的に取得し、かつ、受遺者に対し、弁償金の支払を請求した日の翌日ということになる。」(最判平成20年1月24日民集62巻1号63頁、百選99)。

コラム⑮ 遺留分減殺請求権の効力及び法的性質

遺留分減殺請求権は、形成権であり、遺留分減殺の意思表示をすることにより、減殺対象財産の返還を求めることができ、全部に及ばない場合は、共有状態になると解されています。すなわち、遺留分というのは、被相続人の意思によっても奪うことができない相続分の一定割合であるから、包括遺贈の場合、減殺請求により、すべての相続財産の一定割合が減殺請求権者に帰属するのは当然の効果であると理解されるわけです。しかし、そうなると、例えば、すべての遺産を長男甲に相続させる遺言がされた場合において、4分の1の遺留分を持つ二男乙が減殺請求をすると、すべての遺産が甲4分の3、乙4分の1の割合による共有物になる。したがって、共有状態を解消するためには、すべての遺産について共有物分割をすることが必要となり、これに対して甲が価額による弁償をすれば、返還義務を免れることができる(1041条)という制度設計がされています。したがって、多くの訴訟は、遺留分減殺請求権を行使することによって、遺留分割合の共有状態が減殺対象財産について存在する旨の確認あるいはその割合の返還をせよという形をとり、これに対する抗弁事由として、被告から価額弁償の主張がされ、相当額の弁償をすれば、共有状態が解消され、返還義務を免れるという形の判決になるわけです(主張だけで弁償未了であれば、返還を認める判決をし、弁償することでその執行を免れることになります。)。しかし、価額弁償の抗弁がされない場合、減殺対象財産が共有状態になり、お互いに利用をしようと思ったら、それぞれの遺産について事実上共有物分割をすることが必要となります。そうすると、結局、遺留分権利者にとっても、義務者にとっても、最も望ましいのは、義務者が価額弁償の抗弁を提出し、相当額を支払うことにより、すべての減殺対象財産について、完全な所有権を回復し、返還義務を免れることです。

そこで、中間答申は、これまでの減殺請求権の基本的効果及びその法的性質を変更する遺留分減殺請求制度を設計しています。その甲案は、遺留分減殺請求をすることにより、遺留分侵害額に相当する金銭の支払いを求めることができるとし、その場合、請求時から3か月間を経過するまで遅滞の責任を負わないものとする。そのうえで、受遺者又は受贈者は、金銭債務の支払いに代えて、遺贈又は贈与の目的物を返還する意思表示ができ、その旨の協議ができないときは、裁判

所に支払いに代えて返還すべき遺贈又は贈与の目的財産を定める申立てができるとしています。また、協議が整い又は裁判が確定すれば、その目的財産の価額の限度で、金銭債務は消滅することになるとされています。つまり、原則と例外を逆にして、原則が金銭請求で、例外が現物返還です。しかし、本来の遺留分減殺請求権の趣旨から考えると、なぜ原則が金銭請求権になり、例外が現物返還になるのか、説明がつきにくくなってしまいます。

これに対し、乙案は、金銭請求権の全部の支払いに代えて、遺贈又は贈与の目的財産を返還する旨の意思表示をすることができ、その場合、現行の1033条から1035条の規定にしたがって遺贈又は贈与の目的財産が減殺され、金銭債務は消滅するとしています。この場合も上記と同様の問題があります。

確かに現行制度でも、実際には、価額弁償の抗弁が出て、その支払いをすることで解決されることが多いことを考えると、遺留分減殺請求自体を金銭請求権にした方が簡明であることは確かですが、本来の遺留分減殺の法律論からきちんと考えないと、金銭請求権にするというだけでは制度設計として不十分であり、ますます訳の分からない制度になっていく危険も抱えています。

1042条（減殺請求権の期間の制限）
　減殺の請求権は、遺留分権利者が、相続の開始及び減殺すべき贈与又は遺贈があったことを知った時から1年間行使しないときは、時効によって消滅する。相続開始の時から10年を経過したときも、同様とする。

1　本条の趣旨

本条は、遺留分減殺請求権の時効及び存続期間について定めたものです。遺留分減殺請求権は、遺留分権利者が、相続の開始及び減殺すべき遺贈または贈与を知った時から1年間行使しないときは、時効によって消滅すると規定されています。また、相続開始の時から10年が経過したときも、遺留分減殺請求権は消滅することになります。

第8章　遺留分（1028条～1044条）

2　立法の経緯

本条は、明治民法1145条をそのまま承継したものです。その趣旨に特に変更はありません。

3　実務の運用

時効の起算点は、相続の開始及び減殺すべき遺贈または贈与を知った時です。本条の減殺すべき贈与を知った時とは、贈与の事実及びこれが減殺できることを知った時であり、遺留分権利者が贈与の無効を信じて訴訟上争っている場合には、これに当たらないが、しかし、「被相続人の財産のほとんど全部が贈与されたことを遺留分権利者が認識している場合には、その無効を信じているため遺留分減殺請求権を行使しなかったことがもっとも首肯しうる特段の事情がない限り、右贈与が減殺できることを知っていたと推認するのが相当である」（最判昭和57年11月12日民集36巻11号2193頁）と理解されています。

1043条（遺留分の放棄）
1　相続の開始前における遺留分の放棄は、家庭裁判所の許可を受けたときに限り、その効力を生ずる。
2　共同相続人の1人のした遺留分の放棄は、他の各共同相続人の遺留分に影響を及ぼさない。

1　本条の趣旨

本条1項は、遺留分の放棄について規定をしたものです。一般に遺留分は、被相続人の自由処分を制限するものですから、被相続人としては、遺留分を放棄させることに利益があることから、相続開始前の遺留分放棄を自由に認めると、不当に圧力を受けて遺留分を放棄するに至る危険が存在します。これに対し被相続人が死亡し、相続が開始されれば、その心配はなくなります。そこで、相続開始前の遺留分放棄に限り、家庭裁判所の許可を得ることとしたものです。

本条2項は、遺留分放棄の効果について規定したものです。相続放棄の場合、

他の相続人の相続分が増加することになりますが、遺留分放棄の場合、他の相続人の遺留分を増加させる合理的な理由はないので、共同相続人の1人がした遺留分放棄は、他の共同相続人の遺留分に影響を及ぼさないとしたものです。その結果、遺留分を放棄した相続人の遺留分は消滅し、その分だけ被相続人の自由処分できる財産が増えることになります。

2　立法の経緯

本条は、明治民法に規定がなく、戦後、新たに設けられたものです。

3　実務の運用

遺留分放棄の許可については、家事事件手続法別表第一の110項に規定されており、平成27年の司法統計年報によると、遺留分放棄の許可申請時件数は、平成27年では1176件あり、ここ数年1000件前後を推移しています。既済件数は、1152件で、そのうち認容件数が1076件であり、ほとんどのケースで遺留分放棄が許可されています。昭和20年代、30年代ころは、遺留分の趣旨が十分に理解されていない申立てもあり、却下されるケースも相当あったようですが、現在は、ほとんどが認容されているようです。

1044条（代襲相続及び相続分の規定の準用）
　第887条第2項及び第3項、第900条、第901条、第903条並びに第904条の規定は、遺留分について準用する。

1　本条の趣旨

本条は、遺留分について、代襲相続及び相続分の規定を準用する規定です。887条2項及び3項は、子の代襲相続に関する規定であり、その準用により、子の有していた遺留分を代襲相続人が代襲することになります。また、900条、901条は、相続人及び代襲相続人の相続分に関する規定であり、その準用により、それぞれの相続人の遺留分が法定相続分の2分の1または3分の1になり

ます。903条、904条は、特別受益について規定をしていますが、その準用により、特別受益も遺留分算定の基礎財産に算入されると理解されています（最判昭和51年3月18日民集30巻2号111頁）。これに対し、寄与分については、904条の2が準用されていないことから、遺留分の算定には考慮されないと解されています（東京高判平成3年7月30日家月43巻10号29頁参照）。

2　立法の経緯

本条は、明治民法1146条をほぼそのまま承継したものです。当時は、寄与分の制度がありませんでしたから、戦後、承継されたときも、条文の表示は変わりましたが、全くそのまま承継し、そのままになっています。本来、寄与分の制度ができた際、寄与分も、特別受益と同様に、遺留分減殺の基礎財産に組み込むべきではなかったかと考えられますが、実際には、本条には何の影響も与えませんでした。検討のうえで敢えて落としたのか、戦後の改革と同様、1条、1条検討するゆとりもないまま、放置されただけなのかは分明ではありません。

3　実務の運用

本条によって、相続分及び代襲相続に関する規定が準用された結果、遺留分もそれぞれの相続分の割合に従って、分割されることになりました。また特別受益の規定が準用されることにより、1030条にかかわらず、遺留分減殺の基礎財産に算入されることになりました。他方、上記のとおり、明治民法をそのまま承継した条文であるため、昭和55年法律第51号によって新設された寄与分については、本条に載せられていないため、同じ具体的相続分を公平に定めるための制度であるのに、特別受益だけが考慮され、寄与分は考慮されないというアンバランスな運用になっています。

特別受益者への贈与が遺留分減殺の対象となることについて、最判平成10年3月24日（民集52巻2号433頁、百選93）は、職権で次のように判示しました。「民法903条1項の定める相続人に対する贈与は、右贈与が相続開始よりも相当以前にされたものであって、その後の時の経過に伴う社会経済事情や相続人など関係人の個人的事情の変化をも考慮するとき、減殺請求を認めるこ

とが右相続人に酷であるなどの特段の事情のない限り、民法1030条の定める要件を満たさないものであっても、遺留分減殺の対象となるものと解するのが相当である。けだし、民法903条1項の定める相続人に対する贈与は、すべて民法1044条、903条の規定により遺留分算定の基礎となる財産に含まれるところ、右贈与のうち民法1030条の定める要件を満たさないものが遺留分減殺の対象とならないとすると、遺留分を侵害された相続人が存在するのにもかかわらず、減殺の対象となるべき遺贈、贈与がないために右の者が遺留分相当額を確保できないことが起こり得るが、このことは遺留分制度の趣旨を没却するものというべきであるからである。」

判例索引

大判明治 44 年 7 月 10 日民録 17 輯 468 頁 …………………………………9
大判大正 6 年 12 月 12 日民録 23 輯 2090 頁 ………………………………230
大判大正 11 年 7 月 6 日民集 1 巻 455 頁 ……………………………………317
大判昭和 6 年 4 月 7 日民集 10 巻 535 頁 ……………………………………125
大判昭和 7 年 5 月 11 日民集 11 巻 1062 頁 …………………………………19
大判昭和 13 年 2 月 26 日民集 17 巻 275 頁 …………………………………273
大判昭和 14 年 12 月 21 日民集 18 巻 1621 頁 ………………………………115
大判昭和 18 年 9 月 10 日民集 22 巻 948 頁 …………………………………37
東京高決昭和 28 年 9 月 4 日高民集 6 巻 10 号 603 頁 ……………………71
最判昭和 29 年 4 月 8 日民集 8 巻 4 号 819 頁、百選 65 …………………41
最判昭和 30 年 5 月 31 日民集 9 巻 6 号 793 頁 ……………………………72
最判昭和 31 年 6 月 28 日民集 10 巻 6 号 754 頁 ……………………………115
最判昭和 34 年 6 月 19 日民集 13 巻 6 号 757 頁、百選 62 ………………38
最判昭和 36 年 10 月 31 日裁判集民事 55 号 531 頁 ………………………157
最判昭和 37 年 4 月 20 日民集 16 巻 4 号 955 頁 ……………………………37
最判昭和 37 年 11 月 9 日民集 16 巻 11 号 2270 頁 …………………………37
最判昭和 38 年 2 月 22 日民集 17 巻 1 号 235 頁 ……………………………219
最判昭和 39 年 3 月 6 日民集 18 巻 3 号 437 頁、百選 73 …………………219
大阪地判昭和 40 年 1 月 18 日判タ 174 号 158 頁 …………………………64
最判昭和 40 年 2 月 2 日民集 19 巻 1 号 1 頁 …………………………………37
広島高岡山支昭和 40 年 5 月 21 日高裁民集 18 巻 3 号 239 頁 ……………314
最判昭和 40 年 6 月 18 日民集 19 巻 4 号 986 頁 ……………………………37
大阪高決昭和 41 年 7 月 1 日家月 19 巻 2 号 71 頁 ………………………14
最判昭和 41 年 7 月 14 日民集 20 巻 6 号 1183 頁、百選 91 ………………306
最判昭和 42 年 1 月 20 日民集 21 巻 1 号 16 頁、百選 72 …………………132
最判昭和 42 年 6 月 22 日民集 21 巻 6 号 1479 頁 …………………………102

判例	頁
最判昭和 42 年 11 月 1 日民集 21 巻 9 号 2249 頁、百選 60	38
東京高判昭和 43 年 6 月 13 日家月 21 巻 3 号 47 頁	86
宇都宮家栃木支審昭和 43 年 8 月 1 日家月 20 巻 12 号 102 頁	248
神戸家審昭和 43 年 12 月 14 日判時 547 号 76 頁	161
最判昭和 43 年 12 月 24 日民集 22 巻 13 号 3270 頁	287
鹿児島家審昭和 44 年 6 月 25 日家月 22 巻 4 号 64 頁	62
最判昭和 46 年 1 月 26 日民集 25 巻 1 号 90 頁、百選 71	81, 219
最判昭和 47 年 3 月 17 日民集 26 巻 2 号 249 頁、百選 81	207
最判昭和 47 年 5 月 25 日民集 26 巻 4 号 747 頁	202
最判昭和 47 年 5 月 25 日民集 26 巻 4 号 805 頁	286
最判昭和 47 年 11 月 9 日民集 26 巻 9 号 1566 頁	127
東京高判昭和 48 年 6 月 28 日下民集 24 巻 5-8 号 435 頁	162
最判昭和 49 年 12 月 24 日民集 28 巻 10 号 2152 頁	187
最判昭和 50 年 10 月 24 日民集 29 巻 9 号 1483 頁	169
最判昭和 50 年 11 月 7 日民集 29 巻 10 号 1525 頁	42
最判昭和 51 年 3 月 18 日民集 30 巻 2 号 111 頁	64, 326
大阪家審昭和 51 年 3 月 31 日家月 28 巻 11 号 81 頁	64
最判昭和 51 年 8 月 30 日民集 30 巻 7 号 768 頁、百選 94	320
徳島家審昭和 52 年 3 月 14 日家月 30 巻 9 号 86 頁	62
広島高岡山支決昭和 52 年 7 月 8 日家月 29 巻 11 号 90 頁	261
東京地判昭和 53 年 2 月 16 日判タ 369 号 344 頁	37
最判昭和 53 年 7 月 13 日判時 908 号 41 頁参照、百選 67	70
最大判昭和 53 年 12 月 20 日民集 32 巻 9 号 1674 頁、百選 59	8, 9, 10, 11
東京高決昭和 54 年 3 月 29 日家月 31 巻 9 号 21 頁	67
大阪高決昭和 54 年 7 月 6 日家月 32 巻 3 号 96 頁	71
最判昭和 55 年 12 月 4 日民集 34 巻 7 号 835 頁、百選 80	202
東京地判昭和 55 年 12 月 23 日判時 1000 号 106 頁	221
最判昭和 56 年 9 月 11 日民集 35 巻 6 号 1013 頁、百選 82	203
最判昭和 56 年 10 月 30 日民集 35 巻 7 号 1243 頁	165, 167
最判昭和 57 年 3 月 4 日民集 36 巻 3 号 241 頁	320
最判昭和 57 年 4 月 30 日民集 36 巻 4 号 763 頁、百選 85	248, 286

徳島家審昭和 57 年 7 月 13 日判時 1063 号 205 頁 ……………………………277
最判昭和 57 年 11 月 12 日民集 36 巻 11 号 2193 頁 ………………………324
最判昭和 57 年 11 月 26 日家月 35 巻 11 号 68 頁 ……………………………37
最判昭和 57 年 12 月 17 日裁判集民 137 号 619 頁 …………………………37
最判昭和 58 年 3 月 18 日家月 36 巻 3 号 143 頁、百選 83 ………………181
大阪高決昭和 58 年 6 月 20 日判タ 506 号 186 頁 ……………………………14
最決昭和 59 年 3 月 22 日家月 36 巻 10 号 79 頁 ……………………………29
東京高判昭和 59 年 3 月 22 日判タ 527 号 103 頁 …………………………187
最判昭和 59 年 4 月 27 日民集 38 巻 6 号 698 頁、百選 75 ………………94
東京地判昭和 59 年 9 月 7 日判時 1149 号 124 頁 …………………………284
東京高判昭和 60 年 9 月 26 日金法 1138 号 37 頁 …………………………314
大阪高判昭和 60 年 12 月 11 日家月 39 巻 1 号 148 頁 ……………………187
東京地判昭和 61 年 1 月 28 日家月 39 巻 8 号 48 頁 ………………………14
最判昭和 61 年 3 月 13 日民集 40 巻 2 号 389 頁、百選 58 ………………73
最判昭和 62 年 4 月 23 日民集 41 巻 3 号 474 頁、百選 89 ……………268
東京高判昭和 62 年 10 月 8 日家月 40 巻 3 号 45 頁、百選 54 …………40
東京高判昭和 63 年 4 月 25 日高裁民集 41 巻 1 号 52 頁 ………………102
最判昭和 63 年 6 月 21 日家月 41 巻 9 号 101 頁、百選 76 ………………96
最判平成元年 2 月 9 日民集 43 巻 2 号 1 頁、百選 69 ……………………82, 85
最判平成元年 2 月 16 日民集 43 巻 2 号 45 頁 ………………………………187
最判平成元年 10 月 13 日家月 42 巻 2 号 159 頁 ……………………………37
最判平成元年 11 月 24 日民集 43 巻 10 号 1220 頁、百選 55 ……………168
東京高決平成元年 12 月 28 日家月 42 巻 8 号 45 頁 ………………………67
広島高松江支決平成 3 年 4 月 9 日家月 44 巻 9 号 51 頁 ………………282
最判平成 3 年 4 月 19 日民集 45 巻 4 号 477 頁、百選 86 ………………59, 78, 179
東京地判平成 3 年 7 月 25 日判タ 813 号 274 頁 ……………………………59
東京高判平成 3 年 7 月 30 日家月 43 巻 10 号 29 頁 ……………………326
最判平成 4 年 4 月 10 日家月 44 巻 8 号 16 頁、百選 63 …………………43
東京高決平成 4 年 12 月 11 日判時 1448 号 130 頁、百選 53 ……………29
最判平成 5 年 1 月 19 日民集 47 巻 1 号 1 頁、百選 84 …………………257
最判平成 5 年 7 月 19 日家月 46 巻 5 号 23 頁 ………………………………49, 59

331

最判平成 5 年 10 月 19 日家月 46 巻 4 号 27 頁、百選 79 ················186, 203
広島高決平成 6 年 3 月 8 日家月 47 巻 2 号 151 頁 ····························67
最判平成 6 年 6 月 24 日家月 47 巻 3 号 60 頁、百選 78 ·····················187
東京地判平成 6 年 11 月 10 日金法 1439 号 99 頁 ····························221
最判平成 7 年 3 月 7 日民集 49 巻 3 号 893 頁 ···································62
東京高決平成 7 年 10 月 30 日判タ 920 号 246 頁 ····························163
最判平成 7 年 12 月 5 日家月 48 巻 7 号 52 頁 ····································11
最判平成 8 年 11 月 26 日民集 50 巻 10 号 2747 頁、百選 90 ··············300
最判平成 8 年 12 月 17 日民集 50 巻 10 号 2778 頁、百選 70 ···············43
最判平成 9 年 1 月 28 日民集 51 巻 1 号 184 頁、百選 52 ····················27
最判平成 9 年 2 月 25 日民集 51 巻 2 号 448 頁 ································321
仙台地判平成 9 年 8 月 28 日判タ 987 号 154 頁 ·······························59
最判平成 9 年 9 月 12 日民集 51 巻 8 号 3887 頁 ························153, 227
東京高決平成 9 年 11 月 27 日家月 50 巻 5 号 69 頁 ··························206
最判平成 10 年 2 月 13 日民集 52 巻 1 号 38 頁、百選 77 ···················119
最判平成 10 年 2 月 26 日民集 52 巻 1 号 274 頁、百選 95 ·················311
最判平成 10 年 3 月 24 日民集 52 巻 2 号 433 頁、百選 93 ·················326
最判平成 11 年 1 月 21 日民集 53 巻 1 号 128 頁、百選 56 ·················116
最判平成 11 年 6 月 11 日民集 53 巻 5 号 898 頁、百選 68 ···················76
最判平成 11 年 7 月 19 日民集 53 巻 6 号 1138 頁 ······························12
東京地判平成 11 年 9 月 16 日判時 1718 号 73 頁 ····························191
最判平成 11 年 12 月 16 日民集 53 巻 9 号 1989 頁、百選 88 ··············267
最判平成 12 年 2 月 24 日民集 54 巻 2 号 523 頁 ··························49, 62
東京高決平成 12 年 3 月 8 日高民集 53 巻 1 号 93 頁、百選 97 ···········309
最判平成 12 年 3 月 10 日民集 54 巻 3 号 1040 頁 ······························24
最判平成 12 年 7 月 11 日民集 54 巻 6 号 1886 頁、百選 98 ···············321
東京地判平成 13 年 2 月 16 日判時 1753 号 78 頁 ····························113
最判平成 13 年 3 月 27 日家月 53 巻 10 号 98 頁 ······························202
最判平成 13 年 11 月 22 日民集 55 巻 6 号 1033 頁、百選 92 ··············306
最判平成 14 年 6 月 10 日家月 55 巻 1 号 77 頁、百選 74 ··················219
最決平成 14 年 7 月 12 日家月 55 巻 2 号 162 頁 ································31

最判平成 14 年 9 月 24 日家月 55 巻 3 号 72 頁 ……………………………196
最判平成 14 年 11 月 5 日民集 56 巻 8 号 2069 頁 …………………………301
最判平成 16 年 10 月 29 日民集 58 巻 7 号 1979 頁、百選 61 ……………62
広島高岡山支決平成 17 年 4 月 11 日家月 57 巻 1 号 86 頁 ………………62
最決平成 17 年 5 月 20 日家月 57 巻 11 号 52 頁 ……………………………168
最判平成 17 年 9 月 8 日民集 59 巻 7 号 1931 頁、百選 64 ……………43, 81
最判平成 17 年 10 月 11 日民集 59 巻 8 号 2243 頁 …………………………40
大阪高決平成 17 年 11 月 9 日家月 58 巻 7 号 51 頁 ………………………282
最判平成 18 年 9 月 4 日民集 60 巻 7 号 2563 頁、百選 33 ………………18
最判平成 20 年 1 月 24 日民集 62 巻 1 号 63 頁、百選 99 …………………322
東京地判平成 20 年 10 月 9 日判タ 1289 号 227 頁 …………………………193
最判平成 21 年 3 月 24 日民集 63 巻 3 号 427 頁、百選 87 …………………59
最判平成 23 年 2 月 22 日民集 65 巻 2 号 699 頁 ……………………………21
東京高決平成 23 年 8 月 30 日家月 64 巻 10 号 48 頁 ………………………34
最決平成 24 年 1 月 26 日家月 64 巻 7 号 100 頁、百選 96 ………………63
最大決平成 25 年 9 月 4 日民集 67 条 6 号 1320 頁、百選 57 ……………52

事項索引

ア　行

遺言　172
　　──の効力　217
　　──の執行　249
　　──の撤回及び取消し　284-295
　　──の方式　172
　　──関係者の署名及び押印　211
　　──能力　173
　　危急時──　205
　　共同──　202
　　公正証書──　189-193
　　在船者の──　209
　　自筆証書──　185
　　成年被後見人の──　199
　　船舶遭難者の──　210
　　特別方式による──　214
　　伝染病隔離者の──　207
　　秘密証書遺言　194-199
　　普通方式による──　213
遺言執行者　255
　　──の解任及び辞任　281
　　──の欠格事由　259
　　──の権利義務　264
　　──の指定　255
　　──の選任　260
　　──の地位　271

　　──の任務の開始　257
　　──の復任権　274
　　──の報酬　278
　　遺言による──　89
遺言書の検認　250
遺産の分割　71
遺産分割協議　73
遺産分割審判　73
遺産分割の禁止　77
遺産分割の効力　79
遺産分割方法の指定　77
一身専属権　36
遺贈　177, 237, 239, 244
　　──義務者　222, 230, 239, 240
　　──の承認又は放棄の撤回又は取消し　225
　　──の物上代位　243
　　──の放棄　220
　　──の無効又は失効　234
　　特別──　177
　　負担付遺贈　246, 248
　　包括──　177
一部分割　76
遺留分　60, 298-327
　　──減殺請求　305
　　──権利者　320

事項索引

　　——の帰属及びその割合　298
　　——の算定　300
　　——の放棄　324

カ　行

価額支払請求権　82
価額の弁償　320, 324
可分債権　42, 46
過料　253
寄与分　65, 67
共同相続　40
共同相続人間の　84
具体的相続分　49
限定承認　104
　　——者による管理　110
　　——者の責任等　123
　　——の公告及び催告　112
　　——の方式　108
　　——をしたときの権利義務　109
　　共同相続人の——　106

サ　行

債権　86
財産分離　136
　　——の対抗要件　141
　　——の請求の防止等　145
祭祀に関する権利の承継　38
残余財産の国庫への帰属　168
死亡時期　5
受遺者　118, 125, 136, 143, 161, 181, 318

　　——に対する弁済　118
　　——による果実の取得　229
　　——の死亡による遺贈の失効　232
　　——の相続人　223
熟慮期間　92
　　——中の相続人の死亡　97
証人及び立会人の欠格事由　201
資力がない共同相続人がある場合　87
推定相続人の廃除　28
　　——の取消し　31
　　遺言による——　30
相続開始　3
　　——の原因　3
　　——の場所　6
相続開始後の認知　82
相続回復請求権　7
相続債権者　104, 125, 127, 136, 143, 161
相続財産　13, 98
　　——に関する費用　13
　　——の管理　98, 139, 140
　　——の管理人　126, 154, 157, 160
　　——の目録の作成　262
　　——法人　152
　　——法人の不成立　158
相続させる旨の遺言　78
相続人　15
　　——欠格事由　25
　　——の債権者　147
　　——の捜索の公告　163

——の不存在　152
相続人以外の者の寄与　69
相続の一般的効力　36
相続の承認　92
　　——の撤回及び取消し　100
相続の放棄　92, 128-134
　　——の効力　131
　　——の撤回及び取消し　100
相続分の指定　58
相続分の取戻権　70

タ　行

胎児の権利能力　16
代襲相続　18
代襲相続人　56

単純承認　102
　　——の効力　102
　　法定——　103, 127
担保責任　84
　　嫡出でない子の——　53
特別縁故者　167
特別受益　60, 63, 67, 325

ハ　行

配偶者の相続権　23, 54
配偶者の保護　43
被後見人の制限　182
普通の方式　184
包括受遺者の権利義務　226
法定相続分　50

著者略歴

昭和 27 年生まれ。昭和 52 年東京大学経済学部卒業。昭和 52 年司法修習生。昭和 54 年名古屋地方裁判所判事補。その後、最高裁判所事務総局家庭局付、東京家庭裁判所判事、那覇地方・家庭裁判所石垣・平良支部長、東京地方裁判所判事、大阪高等裁判所判事、横浜家庭裁判所判事、東京高等裁判所判事、千葉家庭裁判所判事などを経て平成 21 年退官後、早稲田大学大学院法務研究科教授。平成 26 年 3 月退職。現在、弁護士法人早稲田大学リーガル・クリニック所属弁護士・早稲田大学臨床法学教育研究所招聘研究員。

〔主要著作〕
『判例先例 渉外親族法』（日本加除出版、2014）
『場所の哲学—近代法思想の限界を超えて』（晃洋書房、2013）
『家事紛争解決プログラムの概要—家事調停の理論と技法』（共著、司法協会、2014）
『家族法実務講義』（共著、有斐閣、2013）

臨床実務家のための家族法コンメンタール（民法相続編）

2017年1月20日　第1版第1刷発行

著者　大塚正之（おおつか まさゆき）

発行者　井村寿人

発行所　株式会社　勁草書房（けいそう）

112-0005 東京都文京区水道2-1-1　振替 00150-2-175253
（編集）電話 03-3815-5277／FAX 03-3814-6968
（営業）電話 03-3814-6861／FAX 03-3814-6854
本文組版 プログレス・日本フィニッシュ・中永製本

©OOTSUKA Masayuki　2017

ISBN978-4-326-40329-5　Printed in Japan

JCOPY ＜(社)出版者著作権管理機構 委託出版物＞
本書の無断複写は著作権法上での例外を除き禁じられています。複写される場合は、そのつど事前に、(社)出版者著作権管理機構（電話 03-3513-6969、FAX 03-3513-6979、e-mail: info@jcopy.or.jp）の許諾を得てください。

＊落丁本・乱丁本はお取替いたします。

http://www.keisoshobo.co.jp

大塚正之 著
臨床実務家のための家族法コンメンタール 民法親族編
A5判／3,700円
ISBN978-4-326-40313-4

松原正明＝道垣内弘人 編
家事事件の理論と実務
（全3巻）
A5判／2,800〜3,300円
ISBN978-4-326-40310-3
40311-0
40312-7

松尾剛行 著
最新判例にみるインターネット上の名誉毀損の理論と実務
A5判／4,400円
ISBN978-4-326-40314-1

喜多村勝德 著
契約の法務
A5判／3,300円
ISBN978-4-326-40308-0

大島義則＝森大樹＝杉田育子＝関口岳史＝辻畑泰喬 編著
消費者行政法
A5判／4,000円
ISBN978-4-326-40321-9

第一東京弁護士会環境保全対策委員会 編
再生可能エネルギー法務
A5判／4,800円
ISBN978-4-326-40324-0

第一東京弁護士会災害対策本部 編
実務 原子力損害賠償
A5判／4,000円
ISBN978-4-326-40316-5

勁草書房刊

表示価格は、2017年1月現在。消費税は含まれておりません。